中公新書
ラクレ
49

読売新聞校閲部

新聞カタカナ語辞典

人名、商品名収録

中央公論新社

はじめに

約千年前に漢字からカタカナが作られ、そのカタカナを異国の事物を書き表すのに用いたといわれる新井白石の時代からでも三百年がたった。文明開化の明治期以来、諸国の文化をたくましく取り入れて発展、成長を続け、和魂洋才、和洋折衷の言葉通りカレーライスは国民食となり、クリスマスが国民的行事になったが、肝心のカタカナ語は日本語としてなじんでいるとは言い難い。

「カタカナ語の氾濫は目に余る」「カタカナ言葉の乱用をこのまま続けて、日本語の将来は大丈夫なのだろうか」「意味が全く分からないカタカナ語が新聞に出てきたら飛ばして読むが、内容がボヤけてしまって歯がゆい思いをする」などの手紙も読者から数多く届く。カタカナ語が安易に使われすぎているきらいはあるが、ほかの日本語に言い換えできないもの、定着して広く使われているものも多く、カタカナ語の理解は生活していく上でやはり必要不可欠だ。そこで、読みやすく、わかりやすい紙面づくりという役目も担っている校閲部の立場から、読者がカタカナ語を理解するのに役立つ本を作ったらどうかということになった。

担当チームは、読者がいま新聞を読むときにカタカナ語で困らないよう、ここ数年の新聞記事に登場する言葉、そして今後長く残ると思われる言葉を重点的に拾い集めることから始めた。範囲は、「デフレスパイラル」「プリオン」など記事中の通常のカタカナ語のほかに、「カルロス・ゴーン」「カンダハル」「アムネスティ」「スターバックス」のような人名・地名、団体・会社名などの固有名詞、さらには、記事だけでなく広告欄にも掲載された、私たちの生活と密接なかかわりを持つ商品名・商標名・ブランド名も選び、新聞をまるごと対象にした。

今という時代をカタカナ言葉で映し出す、ということも大事な柱に据え、「ショー・ザ・フラッグ」「キティラー」「ハリー・ポッター」など時事性、話題性のある言葉、国語辞典には載っていないような俗語や若者言葉もできるだけ盛り込んだ。

新聞社が作る辞典として、これらの言葉がニュースの中でどのように使われているか、理解しやすいように背景や関連の言葉などにも触れた。また、もとの意味から内容が変化してきた言葉は、原義を挙げて理解しやすいように配慮した。新聞を読むときにそばに置いて参考にするという使い方を一番のポイントにしたが、新聞を離れてただ読むだけでも勉強になり、分かりやすくて面白いニュース解説事典をも目指したつもりだ。

新聞づくりの中で、読者がまごついたりすることのないようカタカナ語の使用に節度を保ちながら、この本を通しても読者とつながり、さらに読者とカタカナ語を取り結ぶことができればと願っている。

最後で恐縮だが、商品名等で多くの会社に問い合わせをさせていただき、お忙しいなか丁寧な回答をいただいた。心より御礼申し上げたい。

◇

この本は、次に挙げた校閲部員が毎日の仕事の中でかかわったカタカナ語を丹念に集め、分担して調査、執筆、校閲した。

関根健一、青木淳一、朝倉仁樹、常木勇、丸尾英明、豊田一雄、中村佳恵、北澄隆一、加藤美保、新家一郎、島津暢之、坂田恵子、岡田光司、小林雅裕、若林亮

二〇〇二年春

読売新聞社校閲部長　森　拓人

本書を使う方のために

1、最近の政治や経済の動きを映し出す時事用語、海外の文化や政治を理解するのに欠かせない外国の地名や人名、企業名、話題になった流行語、人気を集めた商品やブランドなど、新聞を読むときに役に立つ最新の言葉などを広く集めた。

2、カタカナだけで表される言葉に加え、「デング熱」「合コン」「eコマース」「ルビコン川を渡る」など、漢字、ひらがな、アルファベットなどと組み合わされた言葉も取り上げた。

3、カタカナの表記は、原則として新聞各社が採用している平成3年6月28日内閣告示第2号「外来語の表記」第1表によった。「ヴァ、ヴィ、ヴ、ヴェ、ヴォ、ヴュ」は使わず、「バ、ビ、ブ、ベ、ボ、ビュ」で表し、原語（特に英語）の語尾の -er、-or、-ar、-y は、長音符号を付けて表記した。ただし、固有名詞などの場合、一般に用いられている表記を尊重し、以上の原則は適用していない。

4、見出し語は五十音順に配列した。「ー」で表される長音は、「ー」の直前の母音（ア、イ、ウ、エ、オ）に置き換えた位置に配列した（インターネット→インタアネット）。アルファベットで始まる言葉は、日本語で発音される音に置き換えた位置に配列した（eコマース→イーコマース）。

5、言語により書き表し方が異なる言葉は、カタカナ語としての発音に近いもの、外来語として受容される際のもとになったもの、語源的に古いものなどを選び見出し語とした。
6、複数の書き表し方が行われている外来語については、主に新聞などで多く採用されているものを見出し語に掲げ、本文中に「〜とも」として、別表記を載せた。
7、見出し語の後に、参考としてアルファベットによる表記を記した。
・英語以外に由来する言葉についてはアルファベット表記に続けて原語名を記した。ただし、地名、人名など固有名詞に関しては省略した。
・カタカナと漢字や仮名が組み合わされた言葉については、原語（主に英語）に対応する表現がある場合に限り、漢字・仮名部分の英訳も記した。英訳がなじまないもの、英語表記が一定でないものは省略した。
・ロシア語、ギリシャ語、アラビア語、ヘブライ語など、原つづりがラテン文字でないものは、ラテン文字を用いて表記した。
8、複数の語義に分かれるものは、①②…と番号を付け、区別して示した。見出し語を含む複合語については、見出し語の説明の後に、まとめて解説した。広く使われる複合語は、別に見出し語を立てた。
9、説明中に出てくる言葉で、別項に説明のあるものは、参照の便宜を図るため、↓を付け、当該ページを示した。

10、人名、地名は主として現在、ニュースで取り上げられることの多いものを掲載した。
・表記は、慣用として定着しているものを除いては、原則としてその国での発音に従った。
・人名には㊇を、地名には㊞の記号を付した。
・人名は、姓にあたるものを見出し語に掲げた。続けてかっこ内に、名にあたるもの、アルファベット表記を記した。
・国名は新聞で一般に使っている表記を見出し語とし、政体を示す共和国、王国、連邦などは省略した。
11、企業名、商品名、商標名、ブランド名は、ニュースや広告にしばしば登場するなど、日常生活の中でも目に触れることの多いものを中心に取り上げた。
・企業名には㊎を、商品名、商標名、ブランド名には㊌の記号を付した。企業名と商品名、商標名、ブランド名が同じ名称のものは、本文中、主としてどちらの説明をしているかにより、一方の記号で代表させた。これらの語は、商標権者が権利を有しているものであり、その使用にあたっては慎重な取り扱いが望まれる。施設（テーマパーク、ホール）などや、その他、記号を付けることがなじまない見出し語では、記号を省略したものがあるが、これは当該施設、商品、商号などに関する法的権利を否定するものではない。
・見出し語として取り上げた名称は、新聞記事、新聞広告で読者の目に多く触れるものから、現代カタカナ語の現況を映し出す実例として、任意に抽出したものであり、現在流通しているすべてのものを網羅したものではなく、また、見出し語としての採用の可否と当該商品などとの評価には一切関係ない。

・商品名の説明中、かっこ内に当該商品の発売元、製造元、発行元などを記した。

・商品名のアルファベット表記は、原則として日本での当該商品に併記してあるものに限り、それを記載した。

・車の説明では最初にその車の代表的な型を示した。

12、巻末に、同じ分野、分類に入るカタカナ語をまとめた表、アルファベット略語を掲げた。

13、本書の記事は、原則として２００１年12月時点の情報にもとづいて書いた。

新聞カタカナ語辞典　目次

新聞カタカナ語辞典——人名、商品名収録

カタカナ語

ア

アースデー　Earth Day
地球の日。アメリカでネルソン上院議員、ヘイズ全米学生自治会長らが中心になり、1970年4月22日、環境保護を呼びかけて開いた催しに始まる。90年にヘイズ氏が呼びかけ、地球環境をテーマに2回目を開催して以来、世界的な規模に拡大、毎年4月22日前後に世界各地で多彩な催しが開かれている。

アーバン　urban
都市の。都会的な。「アーバンライフ」＝都会風のしゃれた生活。「アーバンウエア」＝街中で着るための服。「アーバンヒート」＝都市熱。エアコンなどから排出される熱や、大気汚染が原因となって起きる温室効果などがもたらす都市特有の温度上昇現象。

アーミテージ（リチャード・～、Richard Armitage）
(人)米国務副長官。1945年生まれ。国務省ナンバー2の地位で、ブッシュ政権のアジア政策に影響力を持つ。

アームストロング（ランス・～、Lance Armstrong）
(人)米自転車選手。1971年生まれ。がんを克服して、フランス全土を一周する自転車レース「ツール・ド・フランス」で1999～2001年と3連覇を果たす。

アーリントン墓地　Arlington National Cemetery
アメリカ・バージニア州アーリントン郡にある国立墓地。ポトマック川を挟み首都ワシントンと接する。約2平方キロの面積に、戦死軍人、無名戦死者、第35代大統領ジョン・F・ケネディを始め政府高官らが葬られている。毎年、戦没将兵追悼記念日（5月の最終月曜日）には、大統領が訪れ、無名戦士の墓に花輪を供える。

アールデコ　art deco（フランス語）

1920～30年代、フランスを中心にヨーロッパで流行した装飾様式。フランス語のアール・デコラティフ（装飾美術）の意。19世紀末にはやったアールヌーボーの過剰な曲線的装飾に対し、アールデコは実用的で単純な直線的デザインが特徴。東京都庭園美術館（旧朝香宮邸）は本格的なアールデコ風建築。

アールヌーボー　art nouveau（フランス語）

19世紀末から20世紀初頭にかけ、ヨーロッパで流行した装飾様式。アールヌーボーは、フランス語で「新しい芸術」の意味で、1895年にパリに設けられた美術品店の名に由来する。植物の枝やつるのような曲線が特徴。1900年のパリ万博を契機に日本にももたらされ、雑誌「明星」などに影響を与えた。日本の近代デザインの先駆けとして、現代でも愛好者は多い。

アイゴー

喜怒哀楽を表現するときに韓国、北朝鮮で日常的に使われる感嘆詞。葬儀で泣き叫ぶ際に「哀号」と漢字を当てて表すのは別の言葉。感嘆詞「アイゴー」は、悲しいときだけでなく、うれしいときや腹を立てたときなど、非常に幅広く使われる表現。

アイコン　icon

パソコンの画面上で、ファイルやプログラムなどの内容を小さな絵で表したシンボルマーク。アイコンをクリック（→p117）することで、ファイルの選択や、プログラムへの命令が実行できる。画像、記号を意味するギリシャ語、イコンに由来する。

アイコンタクト　eye contact

視線を合わすこと。サッカーで、次のプレーを展開するために、声をかけるのではなく、目で合図して自分の意思を味方に伝える方法としてよく使われる。

アイススレッジホッケー　ice sledge hockey

スケートと座席がついたそり（スレッジ）に乗って行うアイスホッケー。下肢に障害がある人でもアイスホッケーが楽しめるようにと考案された。選手はそりをコントロールしながらゴム製のパックを奪い合う。アイスホッケーと同じリンクを使い、ルールもほとんど変わらない。体当たりなどアイスホッケー独特の激しさも同じ。30年ほど前に北欧で始まり、冬季パラリンピック（身障者五輪）では1994年のリレハンメル大会から正式競技になった。

アイスランド　Iceland

㊞北大西洋にある世界最北の島国。自国語名はイースラント、スカンジナビア語で「氷の島」の意。ノルウェー、日本と同じ捕鯨国で、商業捕鯨再開を主張。民族の同質性が高く家系図も整備されているため、1998年末、政府が財政難の解消を目指し、国民健康データベース法を成立させ、人口約28万人の全国民の遺伝、家系、医療情報データの管理・運営権を遺伝子分析企業に丸ごと売却した。首都レイキャビク。

アイソトニック飲料　isotonic drink

スポーツドリンク。食塩やカリウム塩、ブドウ糖など、血液成分に準じた成分を配合し、体内に吸収しやすく調整した飲み物。1980年代から製品化され始めた。アイソトニックは「等張力性」と訳され、自分の体重や、バーベル、ダンベルなどを利用して行う動的筋力トレーニングは、アイソトニック・トレーニングと呼ばれる。

アイターン（Iターン）　I turn

出身県以外の地方に移ること。和製英語。特に大都市居住者が地方に移ることを指す。自分の出身県に戻るUターンに対して作られた言葉で、元は長野県がUターン奨励の一環として「一直線に長野へ」という意味を込めて使ったのが始まり。それが「出身県以外の地方に移る（住み着く）こと」の意味に変わった。この言葉が一般化した背景には住みにくい都会を捨てて自然が豊かな地方都市に住みたいと考える人が増えたことがある。また、Jターンは出身県から東京などの都市の居住を経て、他の都市へ移ること。

アイテム　item

品目、商品。「同様に」の意味のラテン語、イテムが語源で、英語としては、個条、項目、品目などを表す。品物というよりもしゃれて聞こえるため、主にファッションの世界や若者の間で、装飾品や日用品を指して使われる。（例）「流行に敏感な彼女は早くもTシャツや水着などの夏物アイテムを買いそろえたらしい」

アイデンティティー　identity

自己同一性、存在証明、主体性などと訳される。自分がほかのだれとも違うという明確な意識をいう。1960年代、アメリカの心理学者E・H・エリクソンが使用して以来、いろいろな分野で広く使われるようになった。個人だけでなく、集団、組織、国家、民族などについてもいう。

アイドリング　idling

車のエンジンを空転させている状態。燃料を無駄に消費し、騒音や排ガスを増やす原因とされる。地球温暖化をもたらす二酸化炭素（CO_2）

の削減への取り組みが進む中、信号待ちや渋滞中の停車時にエンジンを切るアイドリングストップが提唱された。現在、路線バスや宅配トラックで普及が進んでいる。

アイバーソン（アレン・～、Allen Iverson）

(人)米プロバスケットボール協会（NBA）のフィラデルフィア・76ersのガード。1975年生まれ。2000～01年シーズンのMVP、得点王、スチール王。身長1メートル83でNBA史上最も身長が低く、体重が軽いMVP受賞者。

アイボン

(商)洗眼料（小林製薬）。1995年発売。アイ（愛情）とボ（母のようにやさしく）が命名の由来。

iモード　i-mode

(商)NTTドコモの携帯電話によるインターネットサービス。簡単な操作でいろいろな情報提供サービスを受けられ、ゲーム、電子メールも楽しめることから、若者を中心に人気を呼んでいる。他の携帯電話会社でも同種のサービスを行っているが、iモードはサービスの種類が豊富なことから、圧倒的なシェアを握っている。

アイル　I'll

(商)株式会社ジャルパックの、若者から熟年まで幅広い年齢層を対象にした旅行ツアーブランド。1991年1月11日誕生。

アイルランド　Ireland

(地)自国語名「エール」はケルト語re「後ろ、西側」が転訛したもので、「アイル」はその英語読み。1990年代に積極的に企業誘致を図り、農業国からハイテク立国に変身した。女性歌手・エンヤなどケルト系音楽が世界的な人気を集めている。首都ダブリン。

アイロニー　irony

反語、皮肉、当てこすり。もともとはギリシャ語で「空とぼけ」を意味する言葉に由来し、わざと無知を装うことによって相手の反論を引き出し、問答を通して逆に相手に無知を自覚させる哲学者ソクラテスの論法を指す言葉。「アイロニカル」＝皮肉な、皮肉っぽい。

アヴァンシア　Avancier

㊔車。ワゴン（ホンダ）。フランス語のアヴァンセ（前進する）をもとにした造語。時代をリードする進化した車という意で命名。

アウトソーシング　outsourcing

外部委託。企業が業務の一部を外部に委託すること。外（アウト）に源（ソース）を求めるという意味。情報システムや業務内容が高度になり複雑化すると、それらの業務を自社でやるより専門業者に任せたほうが効率的でコスト（費用）がかからないことから広まった。委託することで自社は中心業務に専念できるメリットもある。従来はコンピューターソフトの開発や運用などを委託するケースが多かったが、最近では人事管理や経理部門など本来、自社でやるべき仕事を外部に発注する企業も増えている。

アウトドア　outdoor

ドアの外、すなわち屋外。反対はインドア。通常は、「自然と触れ合うこと」とほぼ同義で使われる。「アウトドアスポーツ」＝釣りやゴルフなど屋外、特に自然の中で行うスポーツ。「アウトドアライフ」＝キャンプや山小屋生活など自然に親しむ生活。

アウトバーン　Autobahn

ドイツの高速自動車道。ドイツ語でアウトは自動車、バーンは道路の意味。ナチス政権時、1933年に、ライヒス・アウトバーン（ドイツ帝国自動車道路）として着工、5年間で延べ

３０００キロを完成させ、近代的な高速自動車道の先駆けとなった。現在、総延長は１万キロを超え、さらに建設が進められている。12トン以上の重量トラックを除いては、通行料は無料。速度無制限で知られていたが、最近では制限個所が多くなってきた。

アウトリーチ活動　outreach―

館外活動。学芸員や演奏家が地元の病院や学校などに出向いて授業したり演奏したりする活動。直接出向けない高齢者や体の不自由な人、子どもにも学問や音楽に親しんでもらうのが狙い。

アウトレットモール　outlet mall

郊外にアウトレット品を集め、駐車場、レストラン、遊戯施設などを併設する大規模ショッピングセンター。アウトレットは出口、商品のはけ口といった意味で、値引き販売用に製造したものをメーカーが工場から直接販売するファクトリー・アウトレットと、メーカーや小売店が在庫などを処分するため格安で販売するリテール・アウトレットがある。アメリカで１９７０年代に生まれ、日本でも90年代後半から急増、レジャー感覚で割安な高級品が買えるとあって、百貨店やスーパーの売り上げが伸び悩むなか、人気を呼んでいる。

アウン・サン・スー・チー　Aung San Suu Kyi

(人)ミャンマーの民主化運動指導者。１９４５年生まれ。父は暗殺された建国の父といわれるアウン・サン将軍。自宅軟禁中の１９９１年にノーベル平和賞を受賞した。

アカウンタビリティー　accountability

説明責任。アカウンティング（会計）とレスポンスビリティー（責任）の合成語で、元来は財務会計用語。企業経営者などが負っている、資金管理や収支を説明する義務をいうが、近年では、行政機関が自ら行った判断や行為についてきちんと説明する責任という意味合いで使われることが多い。（例）「事件の内部調査を公表しようとせず、アカウンタビリティーの欠如は明らかだ」

アカデミー賞 Academy Award

米映画芸術科学アカデミーによる米国で最も権威のある映画賞（1927年創設）。作品賞のほか女優、男優、監督、撮影、美術など20部門以上の各賞に分かれる。受賞者には賞の代名詞にもなっている「オスカー」と呼ばれる立像が贈られるが、その名前の由来は映画芸術科学アカデミーの女性職員が、「私のオスカーおじさんに似ている」と言ったことから付けられたというのが通説。

アカプルコ Acapulco

㊞メキシコ南部ゲレロ州の世界的観光・保養都市で、太平洋岸にある貿易港。「太平洋のリビエラ（地中海のリゾート）」と呼ばれ、美しい海水浴場がある。

アカペラ a cappella（イタリア語）

無伴奏合唱。「教会堂風に」を意味する言葉が語源。楽器などの伴奏なしで純粋に声だけで歌うこと。

アガリクス Agaricus

ハラタケ科のキノコ。北米やブラジルが原産地。多数の多糖類や抗腫瘍物質を含む。1980年代以降、がん細胞の抑制効果があると日本癌学会などで報告され、健康食品として注目を集めている。

アキレスのかかと Achilles heel

唯一の弱点。「弁慶の泣き所」（向こうずね）

に同じ。ギリシャ神話に登場する英雄アキレス（アキレウス）が唯一の弱点であるかかとを射られて命を落とした故事による。

アクアスキュータム　Aquascutum

(商)1851年、英国ロンドンで開業し、2001年に創業150年を迎えた高級トラディショナルブランド。ブランド名はラテン語のアクア（水）とスキュータム（盾）の組み合わせで防水を意味する。世界で初めてウール地の防水加工を開発、トレンチコートが有名。

アクアリウム　aquarium

観賞魚や水草、水生植物（アクアプランツ）などを入れて自宅のインテリアとして楽しむ水槽。魚はいなくても、数種類の植物に砂や小石などを加え、照明をあてれば、水中ガーデニングが楽しめる。熱帯魚ブームに加え、ヒーター、浄化ポンプ付き水槽、タイマー制御の照明など装置の進歩もあって人気を呼んでいる。英語のアクアリウムには養魚水槽のほか水族館の意味もある。

アクエリアス　AQUARIUS

(商)清涼飲料水（コカ・コーラ）。英語で星座の水がめ座の意味。また、アクアにはラテン語で水、液体の意味があり、水分や電解質などを補給するアイソトニック飲料（→p7）のイメージに合っていることから命名。

アクオス　AQUOS

(商)液晶テレビ（シャープ）。英語のアクア（水）とクオリティー（品質）から発想、合成して命名。液晶の持つイメージを表現している。

アクセス　access

接近。利用。入り口。「～へのアクセス」といった場合、目的地への到達方法や交通機関を指す。コンピューター用語としては、パソコンなどの端末から、インターネットや情報システムを制御する上位コンピューター（ホスト）などに接続すること。または、接続してデータの読み出しや書き込みなどのやり取りを行うこと。

アクティブ active

活動的な。積極的な。行動的な。「アクティブに人生を楽しむ」などと使われる。反対語はパッシブ。2001年の愛媛県立宇和島水産高校の実習船えひめ丸沈没事故に関連し、潜水艦のソナー（水中音響機器）には、アクティブ方式（自艦から音波を発信し、対象の物体から反射した音を拾う）とパッシブ方式（ほかの艦艇のスクリュー音など外部の音を拾う）の2種類があることが話題に上った。

アコースティック acoustic

生音。電気的な増幅をしない、本来の楽器の音。近年の音楽が電子楽器で演奏されるのが主流になったため、あえて生の楽器を使った演奏を「アコースティック・サウンド」と呼ぶ。

アコード Accord

㊔車。セダン（ホンダ）。英語で「調和」「一致」。パワフルな走りと安全、環境、低燃費を高水準で調和させた車という意味で命名。

アサド（バッシャール・～、Bashar Assad）

㊇シリア大統領。1965年生まれ。約30年にわたり独裁政治を続けた父の死去に伴い2000年、34歳で大統領に就任。

アジェンダ21 Agenda 21

21世紀に向けた地球環境保全のための緊急行動計画。1992年6月ブラジルのリオデジャネイロで世界約170か国から約2万人が参加して第1回国連環境開発会議（地球サミット）が開かれ、基本理念を盛り込んだリオ宣言とそれを実現するための行動計画であるアジェンダ

21が採択された。アジェンダはラテン語で「実行に移されるべき事柄」を意味する言葉が語源で、予定表、議事日程などの意味。

アジ化ナトリウム azide natrium

ナトリウムと窒素の化合物で、強い毒性を持つ。口や皮膚から体内に吸収されると、頭痛、めまい、けいれんなどを引き起こし、死亡する場合もある。起爆剤や自動車のエアバッグを膨らませるガス発生剤として使われていて、従来は、消防法の危険物に指定されていただけだったが、1998年8月、新潟市で飲料への混入事件が発生、その後も同種の事件が続発したため、99年1月、毒物及び劇物取締法の毒物に指定された。

アジズ（タリク・〜、Tariq Aziz）

㊇イラク副首相。1936年生まれ。湾岸危機と戦争（1990〜91年）のとき、外交にあたる。

アジト

左翼運動家、非合法活動家などが活動するための秘密の集会所、活動拠点。英語のアジテーション・ポイント（扇動拠点）の略とも、ロシア語のアギトプンクト（ソ連の宣伝活動本部）の略ともいわれる。単に犯罪者の隠れ家の意味でも使われる。

アスパラドリンク Aspara

㊔ドリンク剤（田辺製薬）。配合成分のアスパラギン酸に由来。

アスベスト asbestos

蛇紋石や角閃石（かくせんせき）から取り出した繊維状の天然鉱物。石綿とも呼ばれる。耐熱性、電気絶縁性、耐薬品性に優れ、工業原料として広く使われてきたが、その粉じんが肺がんやじん肺を引き起こすとして社会問題に。1

989年の大気汚染防止法改正によって規制され、95年には労働省（当時）が特に毒性の強いものについて使用を禁止している。

アスリート athlete

運動選手。スポーツ競技者。ギリシャ語で「賞金目当ての闘技者」を意味する言葉から。アスレチック（競技の。運動選手用の）も同じ語源。

アスリートコード athlete code

競技者綱領。特にオリンピックへの参加資格を定めたもの。1990年に「オリンピック憲章」が全面改定された際、アマチュアリズムを規定していた従来の選手参加資格の項に代わって新たに定められた規定。これにより、それまで禁止されていたプロ選手、プロコーチの参加も可能になった。

アセスメント assessment

査定、評価の意味だが、新聞などによく載るのは「環境アセスメント」「時のアセスメント」の二つ。「アセス」と略される。「環境アセスメント」は、大規模開発事業が環境に与える影響を事前に調査、評価し、影響を出来るだけ小さくするための制度。「時のアセスメント」は、計画は立てたものの、長年膠着状態にあったり、状況の変化により継続の意味があるかどうか疑問が生じたりする公共事業について再検討する制度。

アセチルコリン acetylcholine

脳の神経細胞の間で記憶にかかわる神経伝達物質。アルツハイマー病（↓p30）にかかると減少することが指摘されている。このアセチルコリンを分解する酵素の働きを抑え、脳内での量を増やすことで、痴呆症状の進行を遅らせる「アリセプト（成分名・塩酸ドネペジル）」という治療薬を製薬会社エーザイが開発した。1997年に発売され、アメリカなどで声価を高めている。99年には日本でも発売された。

アゼルバイジャン　Azerbaidjan

(地)カフカス山脈南東部、カスピ海の西。国名は、紀元前328年アレキサンダー大王遠征時、当地にあったアトロパテン（火の国の意）王国の名に由来する。オスマン・トルコ、帝政ロシアの支配を受け、1936年ソ連邦構成共和国、91年独立。8割以上がトルコ系でイスラム教徒。バクー油田があり、近年カスピ海油田が発見され注目される。首都バクー。

アタック

(商)衣料用洗剤（花王）。繊維の奥まで入りこんだ汚れに「アタック」するという力強いイメージから命名。

アダルトチルドレン　adult children

アメリカで生まれた概念で、アルコール依存症の親の元で虐待などを受けて、心の傷を負って成長した大人。クリントン前米大統領も、自分はアダルトチルドレンだと告白したことがある。日本ではそれに限らず、親から何らかの抑圧、過剰な期待などを受けて育ったために性格にゆがみを生じたケースも指す。体験を語り合い、心の傷をいやすのを目的とした会員制の日本アダルトチルドレン協会が組織され、活動している。

アチェ　Aceh

(地)インドネシア・スマトラ島北部の特別自治州。マレー系のアチェ族が居住し、北のアンダマン海に臨むイディ沖に海底油田がある。スハルト政権時代、分離独立を志向する「アチェ自由運動」（GAM）と政府軍との闘争が激化した。州都バンダアチェ。

アッシー君
電話一本するだけで車で送り迎えしてくれて「足」代わりになる男性。「足」を英語の愛称風にアッシーと伸ばして発音したもの。バブル経済最盛期の1990年前後にはやった言葉。当時、「キープ君」(本命が現れるまでのつなぎの男)、「ミツグ君」(プレゼントをよくする男)など、女子大生や若いOLたちが男性を〝使い分ける〟言葉が流行した。

アットマーク　at mark
「@」。英語の at と同義で、場所を示すものと考えるとわかりやすい。主にインターネットにおける電子メール(eメール)で、住所に当たるアドレスを表すのに使う。ユーザー名とサーバー名(ドメイン名)の間に打つのが一般的。またメールで、「氏名@会社名」のような形で自己紹介する場合にも使われる。

アップグレード　upgrade
主にコンピューターでソフトウエア、ハードウエアを高性能、高機能のものに更新すること。アップは上げる、グレードは等級、格、程度の意味。バージョンアップ(バージョンは製品の版＝何回改訂したかを表す＝のこと)ともいう。グレードアップは、コンピューターに限らず一般的にランクを上げること、格上げすること。

アップルコンピュータ　Apple Computer
㊎アメリカのパソコン製造・販売の大手。スティーブ・ジョブスらが設立。初めてアイコン(絵文字)とマウスによる操作を導入したパソコンのマッキントッシュ(通称マック、→p322)を開発、コンピューターの用途を単なる事務処理道具からグラフィックや音楽にも広げた。

アディスアベバ　Addis Ababa
㊞エチオピアの首都。国王メネリク2世が建

設した、1889年以来の首都。公用語のアハムラ語で「新しい（アディス）花（アベバ）」の意。標高2440㍍の高原都市。

アデノウイルス　Adenovirus

人間の結膜・咽頭などに感染するウイルス。扁桃腺などにつく。49の型が見つかっており、プール熱（咽頭結膜熱）、流行性角結膜炎、骨髄炎などの原因になっている。また、このウイルスを無害化し、がん細胞抑制遺伝子を組み込んで患部に注射するなど、遺伝子治療にも使われている。

アテント　Attento

㊨大人用失禁ケア（P&G）。名前は英語のアテンド（付き添う、看護する）に由来。

アドバンテージ　advantage

本来は「有利な立場」の意味だが、スポーツ用語として使われることが多い。サッカーやラグビーなどでは、反則に対する罰則を適用すると反則をしたチームが有利になる場合に、レフェリーが反則をとらずに試合を続行すること。反則をされたチームが相手陣営に攻め込んでいて優位な状況にあるときなどに適用される。また、テニスでは、ジュースになった後で1ポイントあげた状態のこと。

アトピー性皮膚炎　atopic dermatitis

アレルギーの一つの型で、本人や家族が何らかのアレルギー疾患を持っている人に多い。激しいかゆみを伴う湿疹が出る。乳幼児期から患う子どもも多く、当時の文部省の調査（1998年）では、小学校3年から高校3年の男子の38％、女子の44％がアトピー性皮膚炎にかかった経験があるという。乳児では2か月以上、それ以外は6か月以上続くと慢性とされる。原因については様々な説があるが、特定されていない。

アドボカシー　adovocacy
提言活動。本来の意味は、支持、唱導、鼓吹。特に、地球温暖化防止や性による雇用差別撤廃など特定の問題に関して非営利組織（NPO）が行う政治的提言を指して使われる。また、「アドボカシー広告」は、企業が活動内容を知らせて、消費者の支持・支援を求める広告。

アトリウム　atrium
中庭建築。吹き抜け。ホテルやオフィスビルなどに設けられた、天井の高い大きな中庭や吹き抜けなど、自然環境を模した空間を指す。展示会やコンサートを開く場所として活用しているところもある。本来は、古代ローマの住宅の玄関ホールとしての中庭、または中世キリスト教会の回廊で囲われた前庭を指した。

アトレー　Atrai
(商)軽商用車（ダイハツ）。フランス語で「魅力」「愛着」を意味するattraitから命名。

アドレナリン　adrenalin
副腎髄質ホルモン。1901年、高峰譲吉が欧米の研究者との激しい競争の末、初めて結晶化に成功した。交感神経を刺激して心臓や血管の収縮力を高める。止血剤、強心剤などに利用される。エピネフリンともいう。また、比喩的に、「アドレナリンが全身を駆け巡った」など、興奮状態を表現するのにも使われる。

アナウンスメント効果　announcement effect
政府の経済予測や報道機関の選挙情勢分析などが、実際の経済や投票行動に影響を与えること。例えば選挙で「優勢」「苦戦」などの報道が、有権者の投票意識に何らかの影響を与えるとされる。影響の仕方や有無については様々な説があるが、投票直前の予測報道を制限している国もある。

アナクロニズム anachronism

時代錯誤。時代遅れの考え方。時代の傾向に逆行しようとすること。略して、アナクロとも。ギリシャ語のana-（後ろへ）＋khronos（時）から。

アナ・スイ ANNA SUI

㊕アメリカのデザイナー、アナ・スイによるブランド。ストリートコスメティックスと称する個性的な化粧品のほか、バッグや靴、洋服など幅広い商品を展開している。1997年5月にアジア地域で初めてのブティック（店舗）を東京に開いた。

アナリスト analyst

分析家。経済や証券の分析家・専門家という意味で使われることが多い。「証券アナリスト」＝知識を生かして顧客に投資の助言を行う専門家。

アナログ analog

数値を長さや角度など連続的な量で示すこと。ギリシャ語で「類似の」「類比した」を意味する言葉が語源。デジタルが量やデータを数字そのもので表すのに対し、アナログは時計の針の位置や水銀柱の長さといった類似した図形に置き換えて表す。大きさが連続的に変化して、いくらでもその中間の値をとることのできるような量をアナログ量という。「アナログ人間」＝コンピューターなどのデジタル機器を使いこなせない人を指す言い方。

アナン（コフィ・〜、Kofi Annan）

㊅国連事務総長。1938年生まれ。ガーナ人。1997年就任。国連改革に熱心に取り組み再選、2006年までの2期目。2001年、

国連とともにノーベル平和賞を受賞。

アニエスb　agnes b.

㊔フランスのデザイナー、アニエス・ベーによるファッションブランド。「b」は最初の夫、ボルコワの頭文字からとられたもの。1984年、東京・青山に日本で最初の店舗を開店。婦人服のほか、アクセサリーなどの商品も。

アニマルセラピー　animal therapy

動物介在療法。ペットセラピー、ペット療法ともいう。犬や猫などの世話や乗馬をリハビリ（→p360）に取り入れて、身体・精神の機能回復を目的にする医療プログラムを指し、動物と触れ合うだけの「動物介在活動」とは区別されている。

アニメーション　animation

動画。アニメと略される。語源はラテン語のアニマ（魂）。秒間24コマの絵を使うフルアニメに対し、日本では5コマ程度で済ませる「リミテッド・アニメ」が主流。演出の差もあるが、基本的には制作費を抑えるため虫プロ時代の手塚治虫が始めた手法が引き継がれている。

アノン　anon

㊔クリーム＆乳液（興和）。a＋nonで、無香料、無着色、低刺激性の意。

アバウト　about

英語のもとの意味は「およそ」。日本では本来の意味の他に、おおざっぱな、いいかげんな、といった意味で用いられる。（例）「彼はアバウトなところがあるから、そんな細かいこと気にしないと思う」

アパシー　apathy

無関心。無気力。「政治的アパシー」は、政治や社会のあり方に関心を持たないこと。「スチューデントアパシー」は大学生にみられる無気力状態のこと。

アファーマティブ・アクション　affirmative action

アメリカ政府が行った差別是正のための積極的な優遇措置。長年にわたって差別を受けてきた黒人など人種的少数派や女性に対し、経済的・社会的地位の改善、向上を目的に、入学や雇用、昇進などで優先枠を設けるなどの積極的な措置をとること。1965年、ジョンソン大統領が政府関係事業の請負業者などに実施を義務付けたのが最初で、大学など教育機関も呼応、積極措置は拡大していったが、白人や男性に対する逆差別ではないかとの批判の声も上がり、法律により廃止した州もある。

アフォリズム　aphorism

警句。箴言。金言。ある事柄に関する考えや観察した結果を短く述べたもの。ギリシャ語で「定義」を意味する言葉が語源で、古代ギリシャの医師・ヒポクラテスが病気の診断や治療について簡潔に述べた「アフォリスモイ」に始まる。だれが言い始めたのか分からないことわざや処世訓に対し、アフォリズムは作者の個性、独特の表現に富んでいるのが特徴で、パスカルの「パンセ」、ラ・ロシュフーコーの「箴言」、芥川竜之介の「侏儒の言葉」などがアフォリズム集の代表例。

アフガニスタン　Afghanistan

(地)中央アジアの内陸国。アフガン（山の民）に、ペルシャ語のスタン（国、土地）で、「山の民の国」の意。アフガンは主要民族パシュトゥン人（↓p244）を指す（現在は同国人口の約38％を占める）。モンゴルによる占領、ムガール帝国支配を経て、18世紀に統一国家が成立。19世紀以降イギリス軍との3度のアフガン戦争を乗り越え、1979~89年のソ連軍侵攻も撃退した。2001年、アメリカ同時テロをきっかけに、アメリカ軍などによる攻撃を受け、実効支配していたタリバン（↓p193）崩壊後の政権の枠組みづくりが進められている。首都カブール。

アフターファイブ　after five

直訳すれば5時以降。つまり会社での仕事が終わった後を指す。残業が当たり前、また終業後も仕事の延長のつきあいといったサラリーマン生活から、退社後は自分の時間を楽しみたいという発想が根本にあるといわれる。テレビコマーシャルから「5時から男」の流行語も生まれた。（例）「多趣味な彼はアフターファイブに文化センターに通っている」

アフタヌーンティー　afternoon tea

①英国人が軽い食事とともに楽しむ「午後のお茶」（午後4時ごろ）の習慣。夕食の時間が遅かった19世紀中ごろに、夕方の空腹をまぎらすために、上流階級の優雅な社交の習慣として広まったという。サンドイッチ（キュウリ、スモークサーモンなど）、スコーン（パンとビスケットの中間的な焼き菓子。甘味はなくジャムや濃厚なクリームなどをつける）、各種ケーキ類を食べながら紅茶を楽しむのが、現在、高級ホテルなどで見られるスタイル。②Afternoon Tea ㊔株式会社サザビーが展開するティールーム・レストラン。リビング用品なども扱う。

アフラック　AFLAC

㊎アメリカンファミリー生命保険会社。アメリカの生命保険大手。生命保険と損害保険のどちらにも属さない中間的な第三分野の保険（疾病保険、医療保険、傷害保険、介護保険など）を中心にしているのが特徴。

アプリケーション　**application**
適用すること。コンピューターの世界では、アプリケーションソフトの略として、表計算やワープロなど、特定の仕事をするための機能を持ったプログラムを指す。

アポトーシス　**apoptosis**
細胞のプログラムされた死。からだの細胞が、自分を死に導く現象。紫外線や化学物質によって、細胞のDNAが損傷を受けると細胞はDNAの故障を直そうとするが、それがうまくいかなかった場合、自身のプログラムにしたがって自殺する現象。

アボリジニ　**Aborigine**
オーストラリアの先住民族。現在、オーストラリアの総人口約1900万人に対してアボリジニ人口は推定42万人。歴史的に差別と迫害を受けてきたが、2000年に開かれたシドニー五輪ではアボリジニの女子陸上選手、キャシー・フリーマン（→p285）が開会式で聖火の最終走者を務め、オーストラリア社会の和解と融合の象徴と言われた。

アマゾン・ドット・コム　**Amazon.com**
(企)アメリカの小売業者で、インターネットを使って商品を販売する。オンライン書籍販売で急成長し、CD、電化製品、日用雑貨なども手がける。本社は米シアトル。

アマルガム　**amalgam**
水銀と他の金属との合金。ギリシャ語で「軟らかい物質」を意味する言葉が語源。また、比喩的に「宗教や民俗などさまざまな要素のアマルガムとしての作品」などと、異なったものが混合したもの（混成物）を指しても使われる。

アムステルダム　**Amsterdam**
(地)オランダの憲法上の首都（実質的にはハー

グ）。国際的な環境保護団体グリーンピース（→p116）の本部や国際司法裁判所などがある。

アムネスティ　Amnesty

国際的な人権擁護団体「アムネスティ・インターナショナル」のこと。政治思想や宗教、人種の違いなどを理由に投獄されている「良心の囚人」の釈放や、死刑、拷問の廃止などを訴えている。活動の柱は、会員一人一人が各国政府に抗議の手紙を送ること。1961年にロンドンで発足、現在140以上の国で約100万人が活動。77年にノーベル平和賞を受賞している。アムネスティは「恩赦」の意味。

アムラー

歌手・安室奈美恵のファッションをまねた女の子。96年ごろにはやった。サラサラの長い髪に日焼けサロンで焼いた肌、底の厚いブーツ、ショートパンツなどが特徴。「ガングロ、↓p100」の〝祖先〟。アムロに「～する人」を表す英語の接尾語「er」をつけた造語。同様の言葉に、「シャネラー」（シャネルの商品を愛用する人）など。昔も日本語人名に英語の接尾語 ist（主義者）をくっつけた「サユリスト」（吉永小百合）、「コマキスト」（栗原小巻）などファンの男性を指す言葉があった。

アメダス　AMeDAS

気象庁の地域気象観測システム。全国約1300か所の自動気象観測所から雨量、風向、風速、気温、日照の観測データを電話回線を通じて集め、気象庁、各気象台などに配信する。1974年から稼働。アメダスとは英語の頭文字（Automated Meteorological Data Acquisition System）をつなげた略称。

アメニティー　amenity

もとは快適さ、心地よさの意味だが、特に住み心地の良さを指すことが多い。住宅の構造、設備、デザイン、間取りなどから、周辺の自然景観、社会資本、歴史的環境までの住環境を考える視点からの発想。「アメニティーソサエティー」は和製英語で「快適な社会」を意味し、環境、住宅問題などに関し行政用語としても使われている。

アメラシアン　Amerasian

米軍の駐留地域で、アメリカ人男性（特に軍人・軍属）と現地のアジア人女性との間に生まれた二重国籍児。アメリカン（米国人）とアジアン（アジア人）を合わせた言葉。米軍基地の集中する沖縄にいる子どもたちは、「アメラジアン」とも呼ばれる。差別やいじめの対象となることも多く、1998年に母親たちが2か国語教育などを行うフリースクール「アメラジアンスクール・イン・オキナワ」を設立、政府や県も財政支援に乗り出した。

アメリカズカップ　America's Cup

ヨット界最高峰のレース。1851年、イギリス万博の記念イベントとして行われたイギリス対アメリカのマッチレースを起源とする銀製カップ争奪戦。ほぼ4年ごとの開催で、挑戦艇が予選、準決勝、決勝とマッチレースを展開し1艇に絞り込まれ、最後に防衛艇と一対一で戦う。日本は1992年大会から3回連続で挑戦して挑戦艇決定戦の準決勝まで進出していた。2002年大会には関西ヨットクラブが参戦の予定だったが、資金難で断念。

アメリカン・エキスプレス　American Express

㊎アメリカの総合金融会社。もともとは通運業で事業を始めたが、現在は世界最大規模のクレジットカード業務や、旅行関連業務なども含

めた総合金融として発展している。略称アメックス。

アモルファス amorphous

無定形の。組織のない。ギリシャ語で「形のない」を意味する言葉が語源。「アモルファス合金」は、原子・分子が不規則に並んでいる合金。強度があり磁気をよく通す特性などから、ビデオテープレコーダーの磁気ヘッドに使われる。

アラスカ Alaska

(地)アメリカ最北端の州。先住民の言葉で「大きい国土」の意で、50州のうち面積は最大。1741年ロシアに雇われたデンマーク人探検家ベーリングが発見し、ロシア領に。1867年、米国が720万ドルで買収、97年金鉱の発見に伴いゴールドラッシュが起きる。1959年49番目の州となり、石油・天然ガス開発が本格化する。州都ジュノー。

アラファト（ヤセル・〜、Yasser Arafat）

(人)パレスチナ解放機構（PLO）議長、パレスチナ自治政府議長。1929年生まれ。「中東和平に尽力した」として94年、イスラエルのラビン首相、ペレス外相とともにノーベル平和賞を受賞した。

アラミス ARAMIS

(商)米エスティローダー社の男性化粧品ブランド。1964年創設。ブランド名はフランスの歴史小説「三銃士」（アレクサンドル・デュマ著）の登場人物の名からとられている。男性用香水が特に有名。

アリアドネの糸 Ariadne—

難問を解く手がかり。アテナイの英雄テセウスが、迷宮の奥に住むミノタウロスを退治した後、クレタ王ミノスの娘アリアドネに与えられた糸をたどって、迷宮から脱出したというギリシャ神話による。

アリアンツ　Allianz

㊎ドイツの保険最大手。2001年4月、同国3位のドレスナー銀行を買収、時価総額で約1100億ユーロ（約12兆円）の巨大総合金融グループの誕生を発表した。

アリーナ　arena

試合場。円形劇場。ラテン語で「格闘技のための砂地」を意味する言葉が語源。観客席が四方から取り囲む形式のスポーツ施設や劇場をいう。さいたまスーパーアリーナ、横浜アリーナなど、固有名詞としても使われる。また、舞台やグラウンド近くに設けられた特設席を指すこともある。

アリエール

㊔洗濯用洗剤（P&G）。アリエールはヘブライ語で「神」の意味だが、中世からは「空気の精」という意味で使われてきた。

アリスト　ARISTO

㊔車。セダン（トヨタ）。車名は英語で「最上の」「優秀な」を意味する言葉に由来。

アル・カーイダ　Al-Qaeda

国際テロ組織。1980年代末、ソ連のアフガニスタン侵攻の際に戦ったアラブ人義勇兵を集め、ウサマ・ビンラーディン（↓p267）が組織した。アルは冠詞、カーイダは「基地」の意。98年、ケニア、タンザニアの米大使館同時爆破事件、2000年、イエメン・アデン港での米駆逐艦に対する自爆テロ事件、2001年、米同時テロ事件などへの関与が指摘されている。

アルガード

㊔花粉症の薬（ロート製薬）。アレルギーからガードするという意味をこめて命名。

【ア】

アルカテル　Alcatel

㊎フランスの通信機器大手。電話回線による双方向高速データ送信を可能にする非対称デジタル加入者回線（ＡＤＳＬ）で世界的に大きなシェアを持つ。

アルザス　Alsace

㊞フランス北東部、ライン川左岸の地方。肥沃な土地で中世以来の交通の要衝。１８７１年以来ドイツとの領有権争いが繰り広げられてきた。日常語はドイツ語系の方言であるアルザス語。アルザスを舞台にしたアルフォンス・ドーデの「最後の授業」はフランス側から描いた物語。中心都市ストラスブールには欧州議会本部がある。

アル・ジャジーラ　Al-Jazeera（アラビア語）

カタール（ペルシャ湾岸の小国）のアラビア語衛星テレビ放送。「アル・ジャジーラ」は「半島」の意。アフガニスタン・タリバン（→p193）から常駐取材活動を許可された唯一のテレビ局で、空爆を連日中継したり、ウサマ・ビンラーディン一派の声明を独占放送したりするなど、世界中から注目を集めた。

アルツハイマー病　Alzheimer's disease

老年痴呆の一種。ドイツの神経病学者アルツハイマーが初めて報告した。記憶障害が起きたり、病状が進むと無目的に行動したりするようになる。患者は世界で１５００万人に達するとされる。脳が委縮し脳内に老人斑が現れるのが特徴。原因は不明で有効な治療法も確立されておらず、根本的な治療薬開発に各製薬会社がしのぎを削っている。

アルテッツァ　ALTEZZA

㊍車。セダン（トヨタ）。イタリア語で「高貴」を意味する語にちなんで命名。

アルト　ALTO
(商)軽自動車（スズキ）。イタリア語で「秀でた」「優れた」を意味する語にちなんで命名。

アルバニア　Albania
(地)バルカン半島南西に位置する国。北東はユーゴスラビア、西はアドリア海に面する。自国語名は「シキペリア」で、「鷲の国」の意。第二次大戦中、共産党がゲリラ闘争を展開、1946年人民社会主義共和国となり、米ソを帝国主義として非難し、国際的な孤立主義を取っていた。96年、ねずみ講が蔓延・破たんし、住民による武装蜂起など大きな社会的混乱が発生。99年の北大西洋条約機構（NATO）によるユーゴ空爆の際には、コソボ自治州（→p131）から50万人以上の難民が同国へ流入した。住民の70%がイスラム教徒。首都ティラナ。

アルピニスト　alpinist
登山家。狩猟、採集や山岳信仰などのためではなく、山に登ることそのものを目的とする人。科学的な知識と技術を駆使し、困難を克服して頂上を目指す。こうした考え方を「アルピニズム」といい、近代登山の父とよばれるスイスの自然科学者・ソシュールが1787年組織したアルプス最高峰モンブラン登山隊に始まる。日本のアルピニストの先駆は、1921年アイガー東山稜初登攀に成功した槇有恒。

アルプススタンド　Alps stand
甲子園球場の内野席と外野席の間にある大観客席。1929年に建設。約1万5000人を収容する。ある登山家が「まるでアルプスのごとく壮大である」と言ったのを、漫画家の岡本一平が聞き、朝日新聞に「そのスタンドはまた素敵に高く見える　アルプススタンドだ　上の方には万年雪がありさうだ」と書いたところから、この名が定着した。

アルペン競技 Alpine events

スキーで、滑降・回転・大回転・スーパー大回転、およびこれらを組み合わせた複合競技の総称。1890年代から、中央ヨーロッパのアルプス地方で、自然の山の斜面を滑り降りるために発達したところから、アルペン（ドイツ語でアルプスの意）と呼ばれる。山の斜面のコースを滑走し、そのタイムで順位を競う競技で、コースの長さ、スタート地点とゴール地点の標高差、コースを規定する旗門の数などによって、各種目に分かれている。

アルメニア Armenia

㊞黒海とカスピ海の間に位置し、南西はトルコ、南東はイランに接する旧ソ連の構成国。国名はアーリア系アルメニア人の名に由来する。国民の9割以上がアルメニア正教（キリスト教）を信仰。1991年独立。隣国アゼルバイジャン内のアルメニア人居住地ナゴルノ・カラバフ自治州（約75%がアルメニア人）の帰属を巡り、同国と紛争中にある。首都エレバン。

アロマセラピー aromatherapy

植物芳香療法。アロマテラピーとも。植物から抽出されたエッセンシャルオイル（精油）を利用して、病気を治したり、予防したりする自然療法。ゼラニウム、ローズマリー、ラベンダーなどのオイルをふろに垂らしたり、オイルをあたためたりして香りを楽しむ。香りによる「いやし」として、暮らしの中に取り入れられている。「アロマ」はギリシャ語で「香草」「香辛料」を意味する言葉に由来。

アロヨ（グロリア・マカパガル～、Gloria Macapagal Arroyo）

㊇フィリピン大統領。1947年生まれ。2

001年、エストラダ政権崩壊に伴い副大統領からアキノ大統領に次いで同国史上2人目の女性大統領に就任。父は、今なお庶民の尊敬を集めるディオスダド・マカパガル元大統領。

アンアン　an an

㊔週刊誌（マガジンハウス）。水曜発売。若い女性向け。美容・健康・生活情報などを掲載。

アンカーマン　anchorman

「アンカー」は錨、リレーの最終走者を指す。そこから分業体制の最後の担当者という意味で使われる。週刊誌の記事はデータを集めるデータマンと、それを記事に仕上げるアンカーマンに分かれる。テレビニュースでも、映像を撮るカメラマンと現場のリポーター、スタジオでまとめるキャスター（アンカーマン）という分業になっている。

【ア】

アングラ　under ground

アンダーグラウンド（地面の下、地下）の略語。文化、芸術、芸能、出版などの分野で、前衛的なもの、商業性に重きを置かないもの、広い支持を得られず一般の流通システムに乗れないものなどを指す。アングラ演劇、アングラ劇場、アングラ映画など。また、非合法的で実態のよくわからないものについてもいう。アングラ経済（正規の届け出がされず政府の統計に現れない経済活動、脱税・アルバイト収入など）、アングラマネー（非合法経済活動で流通する資金、ブラックマネーとも言う）など。

アンクル・サム　Uncle Sam

アメリカ政府、またはアメリカ人を示すあだ名。語源としては、ユナイテッド・ステイツの頭文字、USから来た、あるいはニューヨーク州トロイ市の資材置き場の監督の通称に由来するなどの説がある。

【ア】

アンコールワット　Angkor Wat
カンボジア北西部シエムレアプ州にあるクメールの寺院遺跡。アンコールは「都市」、ワットは「寺院」の意。1992年、一帯の遺跡群がユネスコの世界文化遺産に登録された。

アンシャンレジーム　Ancien Régime
旧制度。1789年のフランス革命以前の政治・社会状態をいう言葉。広く近代社会成立以前の封建的社会も指す。また、改革を進めようとする側が、現在の守旧的な体制を批判的に示すときに使う場合もある。（例）「日本経済は様々な面でアンシャンレジームと決別すべき時期に来ている」

アンタイドローン　untied loan
使途に条件を付けない融資。アンタイドとは、「縛られていない」、つまり「制限を付けられていない」ということ。国と国との間の融資（借款）では、貸し手側（先進国）は金を貸す際、事業に必要な物資を自国から購入するよう、借り手側（途上国）に義務付けることが多い。こちらがタイドローン（ひも付き援助）。途上国は使途に制限のないアンタイドローンを望む場合が多い。

アンチ　anti
「反対」「対抗」などの意味を表す接頭語。「アンチテーゼ」＝肯定的命題（テーゼ）に対する否定的命題。「アンチヒーロー」＝一般的な英雄像からはかけ離れているヒーロー。「アンチロマン」＝反小説、1950年代以降、フランスに興った一種の実験小説など。

アンツーカー　en-tout-cas
粘土系の赤土を焼いて砕いたもの。またはそれを表面に使ったテニスコート、陸上競技場。多孔性の土質で排水が早く、雨に強いのが特長。

テニスコートの場合、芝生のコートに比べ、バウンド後にボールが高く弾み、球速がやや落ちる。もともとは、フランス語で「どんな場合でも」「晴雨兼用の傘」の意味。

アンティーク antique（フランス語）

骨董品、古い家具・道具・飾り物、古美術品。アンチークとも言う。

アンテナショップ antenna shop

実験店舗。様々な情報を集めるためにアンテナを張り巡らせている店の意。多様化する消費者の好みを探って商品開発に役立てるため実験的に作った店舗をいう。東京・原宿には多くのアンテナショップが集まり、発売前の試験的な商品を並べたり、新しいサービスを提供したりして、客の反応を観察して実際の商品開発などに生かしている。企業だけではなく地方自治体も地元の名所や名産品を宣伝するために都心部に店舗を作っている例もある。

アンハイザー・ブッシュ Anheuser-Busch

㊎バドワイザーで知られるアメリカのビール会社。本社はミズーリ州セントルイス。

アンプル ampoule（フランス語）

注射液や薬液の一定量（一回分の使用量）を封じ込んだガラス容器。

アンペイドワーク unpaid work

無償労働。女性の家事労働など貨幣に換算されない（国内総生産＝ＧＤＰに算入されない）労働。男女の不均衡な役割分担を見直そうという観点から１９９５年に北京で開かれた国連世界女性会議で採択された行動綱領でも、無報酬の労働を計測・評価するよう各国政府に働きかけた。

アンマン Amman

㊞ヨルダンの首都。旧約聖書によれば、紀元

前、当市を建設したアンモン族の名に由来するという。

アンメルシン

㊖消炎鎮痛剤（小林製薬）。1990年発売。アンチ（反対・非・逆・対の意）とメルツ（ドイツ語で痛みの意）とインドメタシン（主要配合成分）の合成語。

イ

Eコマース E commerce

電子商取引。Eはエレクトロニック（電子の）の略で、小文字eで表記されることもある。インターネットを通じて、商品の購入や決済などを行うこと。企業間、個人対企業、個人間の3形態がある。仮想商店街「楽天市場」など、消費者向け電子商取引の市場規模は、電子商取引実証推進協議会などによれば、1999年の3360億円から2004年には約20倍に拡大すると推計されており、商品流通に大きな変革をもたらしつつある。

イージー easy

たやすい。気楽な。若者の間では「安直な」という意味合いで使うことも。「イージーオープン」＝缶詰などのふたが簡単に開けられるようになっていること。「イージーリスニング」＝気楽に聴ける軽音楽。

イージス艦 Aegis—

飛行機、ミサイルによる同時攻撃に対処する能力を持つ新型艦艇。敵目標の捜索・探知、武器選定などの情報処理、攻撃までを自動処理する高性能レーダー、コンピューター群と、強力なミサイルなどを組み合わせたイージス・システム（米海軍が開発）を搭載している。「イージス」とはギリシャ神話の最高神ゼウスの盾のことで、保護、後援の意味。海上自衛隊には「こんごう」など4隻がある（2001年現在）。

イースター　Easter

復活祭。イエス・キリストの復活を祝う祭り。春分以降の最初の満月の次の日曜日（日曜が満月の場合はその次の日曜日）に行う。復活祭までの40日間はレント（四旬節）と呼ばれる。「イースターエッグ」＝復活祭を祝って飾る彩色したゆで卵。卵は復活の象徴と考えられている。「イースター島」＝南太平洋、ポリネシア東端にある島でチリ領。18世紀にオランダ人が島を見つけたのが復活祭の日だったことから命名された。モアイと呼ばれる巨大な石像で有名。

イースタン・リーグ　Eastern league

日本のプロ野球のうち関東地方に拠点を置く6球団の二軍で構成されるリーグ。通常は一軍と同じチーム名だが、2000年から横浜ベイスターズの二軍にあたるチームが選手の意識向上や地域密着を狙って、湘南シーレックスと改称した。西日本を拠点にする6球団の二軍のリーグはウエスタン・リーグ。

イーストマン・コダック　Eastman Kodak

㊭アメリカのフィルム大手、世界最大の写真関連メーカー。米国の発明家G・イーストマン（1854〜1932年）が設立した。写真関連製品のほかに総合化学メーカーとして繊維、プラスチックなどの工業製品も製造している。

イエメン　Yemen

(地)アラビア半島南西部に位置する国。紅海とアラビア海・インド洋を結ぶ海上交通の要衝。国名は、イスラム教の聖地メッカのカーバ神殿正面に向かって右側、南方をアラビア語で「ヤーマン」と呼んだことに由来し、「右側・南方の国」の意。旧北イエメンは、シバの女王でも知られる古代アラビアのサバ王国の地。首都サヌア。

イエローカード　yellow card

サッカーで、危険なプレー、あるいはスポーツマンシップに反する行為と主審が判断したとき、その選手に示す黄色いカード。1試合で2枚のイエローカードを受けると即時退場で、次の試合も出場停止となる。1試合に限らず累積で3枚目になると、次の試合は出場できない（ただし、各国のリーグ、大会によって異なる）。カードにはこのほか、即時退場の「レッドカード」がある。また、イエローカードは警告の意味で比喩的に使われることもある。(例)「嫌がることを強制するなんてイエローカードだよ」

イエロージャーナリズム　yellow journalism

扇情的な報道。1890年代のアメリカのワールド紙とニューヨーク・ジャーナル紙の競争の中で、部数争奪のための興味本位の記事と派手な紙面作りを指して使われた言葉。こうした新聞をイエローペーパーと呼ぶ。当時の新聞の人気連載漫画「イエローキッド」に由来する。

イエローページ　yellow page

職業別電話帳＝NTTのタウンページのこと。また、インターネットの特定の分野の情報や内容をまとめたホームページを指す。

イオン飲料　ion

体液と同じ浸透圧になるように作られた飲み物。発汗や下痢で失われた水分やカリウム、ナトリウムなどの電解質を素早く補えるため、スポーツをした後、病中、病後によく飲まれる。最近では乳幼児向けのイオン飲料も出回っている。

イクスピアリ　IKSPIARI

㊙東京ディズニーランド（TDL）に隣接す

る大規模商業施設。TDLを運営するオリエンタルランドが2000年7月に開業した。飲食店、ブティック、宝飾店など120余店が営業、16のスクリーンを持つシネマコンプレックス（複合型映画施設、→p152）や、乳幼児から9歳までの子供のための屋内型娯楽施設「キャンプ・ネポス」も併設されている。イクスピアリの名前は体験を意味する「イクスペリエンス」とペルシャ神話に登場する妖精「ピアリ」を合わせてつくられた言葉。

イケメン

いけてる（いける＝相当によい）男性を意味する若者新語。「メン」は英語の男性複数、または「面＝顔」に由来すると想像される。反対語は「ダサメン」。いけてる女性は、「イケギャル」。

イコールフッティング　equal footing

対等な関係。同等。平等。フッティングは間柄、関係、基礎、基盤の意味。（例）「郵貯の金利と民間の金利はイコールフッティングであるべきだ」

イズベスチヤ　Izvestiya

㊔ロシアの代表的な新聞。ロシア革命の1917年創刊の、ソ連最高会議幹部会発行の政府機関紙。共産党機関紙の「プラウダ」と並ぶ代表的な新聞として最盛期には部数が1000万部あった。ソ連崩壊後の91年に独立紙となる。

イズム　ism

主義、主張、説。名詞の後に付いて、「〜主義」の意味を表す。エゴイズム、ナショナリズム、ヒロイズムなど。近年は、スポーツマスコミで頻出、サッカー日本代表監督の「トルシエ・イズム」のように、強い個性のある指導者の名を冠して、「〜流の考え方」「〜式の方針」

という意味で使われる。

イスラエル　Israel

㊞ユダヤ人の祖先ヤコブが夢の中で天使と戦ったという旧約聖書の記述から、ヤコブの子孫を「神と戦う者」すなわち「イスラエル」と呼んだことにちなむ。19世紀以来、祖国建国を目指すシオニズム運動（シオンはエルサレム市街の丘の名）が高揚し、1948年、英国委任統治領パレスチナ（↓p257）においてユダヤ人による独立国家を宣言した。

イスラマバード　Islamabad

㊞パキスタンの首都。市名は、イスラム教（Islam）の都市（abad、ペルシャ語）、すなわち「イスラムの都」の意。1956年パキスタンがイスラム共和国となり、従来の首都カラチからの移転が決定され、69年以来首都となった。

イスラム　Islam

アラビア語で、神に服従する意で、7世紀前半ムハンマド（マホメット）が創始した宗教。「イスラム教」と「教」を付けて呼ばれることもある。また、西アジア、アフリカから東南アジアまでの、この宗教を信じる諸国、文化圏を指す名称でもある。信者はムスリム（絶対帰依者）と呼ばれる。「イスラム暦」＝ムハンマドがメッカからメディナに迫害を逃れた622年を元年とする太陰暦。1年は354日。「イスラム原理主義」＝イスラム法を厳格に適用しイスラム社会を正していこうとする思想・運動。近代化政策や西欧型社会を否定する。

イタ飯（イタめし）

イタリア料理の俗称。おもに若者の間で使われることが多い。1990年ごろのイタリア料理の流行とグルメ・ブームとが相まって使われ始めた。「イタカジ」＝イタリアン・カジュアルの略。カジュアルは普段着の意味で、ミラノを中心とした都会的なファッション。

イタリック　italic

　やや右に傾いた欧文活字の書体。強調する語句や固有名詞などを示すときに使われる。15世紀、イタリアの印刷業者で古典学者でもあったマヌティウスがローマの詩人・ウェルギリウスの詩篇で使用したのが最初で、祖国イタリアの名にちなんで命名した。

イデオロギー　ideologie

　政治や社会に関する考え方、思想。また特定の政治的立場に固執する考え方。本来は歴史・社会・経済構造に制約され偏ったものの考え方を指す。ドイツ語で、マルクスやマルクス主義によって広まった言葉。現在は逆に、現実的な有効性を持たない理論として共産主義などを批判する場合に使われることも多い。「イデオローグ」＝フランス語で本来は空論家を指すが、特定の党派・政治的立場（左翼以外も含む）を代表する理論的指導者という意味で使われることも多く、この場合否定的なニュアンスはない。

イニシアチブ　initiative

　①主導権。ほかの人たちを導きながら事を運ぶ力。「新しく物事を始める」という意味のラテン語が語源。（例）「彼がイニシアチブを発揮して、この計画を成功に導いた」。②直接発案。住民発案。地方自治法74条（条例制定・改廃請求権）などで認められている、一定数以上の有権者が発議した条例の改廃について議会の審議を義務付ける制度。

イニシエーション　initiation

　入社式、成人式など、なんらかの社会的集団に加入する際に行われる入会儀式。イニシアチブやイニシエート（始める）と同じ語源。文化人類学の用語で、通過することにより集団内での自分の地位が上がり、新たな権利を獲得していく一連の儀式を指す。カルト宗教が秘密めかした儀式をイニシエーションと称するケースもある。

イヌイット Inuit

北米、グリーンランドの先住民で、かつてエスキモーと呼ばれていた人々のうち主にカナダに住む人。イヌイットとは「人間」の意で、エスキモーには「生肉を食べる人」という侮蔑的なニュアンスがあるため、代わって用いられるようになった。1999年4月にはカナダ・イヌイットにとって初の自治体であるヌナブット準州が発足している。

イプサム IPSUM

㊪車。ミニバン（トヨタ）。ラテン語で「本来の」を意味する言葉にちなんで命名。

イベント event

各種催事、行事、展覧会、公演、競技会、出来事など。競技会の意味ではエベントとも。「イベンター」は、催しものの企画・実行者、興行主などを表す和製英語。

イミグレーション immigration

外国や他地域からの移民、移住。移民団。または、入国審査、出入国管理。日本では、法務省入国管理局がイミグレーション業務を行う。東京や大阪など8大都市には地方入国管理局が置かれ、国際空港のある成田や、港のある横浜、神戸などに86の支局や出張所がある。

イメージキャラクター image character

広告などに登場させ、企業や団体などの組織、商品のイメージづくりをする人物、動物など。人気俳優などが企業の宣伝に使われることが多いが、巨人の松井選手が石川県のイメージキャラクターに採用されたことも。読売新聞社のイメージキャラクターは見開きの新聞をかたどった「ヨミー」。

イリアンジャヤ　Irian Jaya

(地)インドネシア最大の州。島としての面積が世界第二のニューギニア島の西半分（約40万平方キロ）を占める。人口約200万人の大半がキリスト教徒。インドネシア独立後も最後までオランダの植民地として残り、1969年住民投票の結果、インドネシアに帰属することが決定した。独立を希求する自由パプア運動の抵抗運動が続き、スハルト政権下で弾圧、数万人が殺害されたとされる。自治権の拡大を認める特別自治法施行に合わせ2002年1月「パプア州」に名称変更した。

【イ】

イワニセビッチ（ゴラン・〜、Goran Ivanisevic）

(人)クロアチアのテニス選手。1971年生まれ。速いサーブを打つ「ビッグサーバー」として知られ、94年世界ランク2位。故障で低迷したが、2001年ウィンブルドンで史上初めて主催者推薦出場での優勝を果たした。

インカタ自由党　Inkatha Freedom Party

南アフリカの黒人ズールー族政党で保守勢力を代表する。党首はマンゴスツ・ブテレジ内相。

インキュベーター　incubator

公的機関などが新規参入企業の育成、誘致のために設ける施設。もともとの意味は、孵卵器（または保育器、培養器）。つまり、卵を孵化させるように、創業期の企業に様々な援助をするところ。アメリカでは、研究開発型企業向けに広く普及している。日本での第1号は、1989年、川崎市に第三セクター（→p186）方式で完成した「かながわサイエンスパーク」。

【イ】

インクジェットプリンター　ink-jet printer

インクを極細のノズルから噴き出し、用紙に吹き付ける方式の印刷機。それ以前のインクリボンを用紙にたたきつける方式より構造の簡素化・機械の小型化が進んだ上、高品質の印刷が可能。きめ細かく美しい文字やイラストと低価格が両立するようになり、家庭用プリンターの普及が進んだ。年賀はがきもインクジェット用のものが数年前から売り出され人気を呼んでいる。

インサイダー　insider

組織内の人。情報に通じている人。事情通。反対語はアウトサイダー。「インサイダー取引」は、会社役員、大株主などが、未公開の内部情報を利用して行う自社株の不公正な売買取引。企業の関係者が立場上知り得た情報をもとに株式などを売買すれば、一般の投資家が不利益な立場に置かれ、証券市場の公平性がゆがめられるため、証券取引法で禁じられている。違反者には懲役、または罰金が科せられる。

インスタントカメラ　instant camera

特殊なフィルムを使い、撮ったその場ですぐ写真ができるカメラ。おもちゃ感覚で小型の写真を手軽に撮れるため、若者を中心に人気を集めている。1998年に富士フイルムから発売された「チェキ」は、コンパクトでおしゃれなボディー、独自のカードサイズのフィルムなどが受け、発売後1年は品薄状態が続いた。

インストール　install

市販のソフトウエアなどをCD－ROMやフロッピーディスクから、またインターネットを通じてハードディスクに組み込んでコンピューター上で使える状態にすること。セットアップともいう。インストールのもともとの意味は、

「取り付ける」「据え付ける」。

インストラクター　instructor

指導者、教師、教官。ただし、日本語ではいわゆる学校の教諭を指して使われることは少ない。テニス、エアロビクスなどのスポーツ、あるいはパソコンなどの機械の扱い方の指導員を表すのが一般的。

インスピレーション　inspiration

ひらめき、霊感。また、芸術などの創造に向かわせるような刺激・感化。(例)「黒沢明監督に多くのインスピレーションを与えられた」(映画監督スティーブン・スピルバーグの言葉)。

インセンティブ　incentive

刺激、動機、誘因。特に、消費者の購買意欲を刺激するプレゼントや景品、従業員の労働に対する士気を高める報奨金のような刺激要因を指して使われる。プロ野球の「インセンティブ契約」とは、「出来高払い」のこと。選手の契約内容に基本給とは別に一定の目標数値を盛り込み、達成した場合にボーナス金を出す仕組み。選手側にとって、好成績を上げれば高額報酬に結び付く利点がある一方、球団側にとっても、年俸を抑制する意味で有効な手段といえる。

インターオペラビリティー　interoperability

相互運用性。相互互換性。インター(相互に)＋オペレート(作用する)＋アビリティー(能力)。コンピューターシステムで、ハードやソフトなどの互換性があること。また、多国籍の軍隊が共同作戦を行う際、兵器や装備が相互に運用できること。

インターカレッジ　intercollegiate

大学生を対象に、各競技の選手権大会を同時期に同じ開催地で行う総合的な競技会。冬季と夏季の大会がある。略して「インカレ」とも。

インターセプター　interceptor

迎撃機。敵の航空機を迎え撃つため、航続距離は短いが、上昇率、速度などに優れ、強力な武器を有する。英語のインターセプターには、横取りする人、さえぎる人の意味もある。また、スポーツ用語で、相手のパスしたボールを奪うことを「インターセプト」という。

インターネット　Internet

通信回線を通して、世界中の個人や組織のコンピューターを相互につなげたネットワーク。1960年代にアメリカ国防総省高等研究計画局の援助で開発された研究用通信網「ARPANET」から始まり、当初は学術目的などで使用される狭い範囲を結ぶネットワークでしかなかったが、パソコンの普及に伴って、各地の研究所や大学のコンピューター、独立したネットワークを次々に接続していき、利用者が爆発的に増加した。ネット上の手紙に当たる電子メールのやりとりのほか、ホームページの閲覧など、多目的に広く用いられている。

インターハイ　inter-high school athletic meet

全国高等学校総合体育大会。高校総体ともいう。高校生を対象に、各競技の選手権大会を同時期に同じ開催地で行う総合的な競技会。冬季と夏季の大会があり、全国高等学校体育連盟（高体連）が主催する。かつては学校教育法第1条で定められた高校生しか参加できなかったが、1994年からはそれ以外の朝鮮高級学校などの外国人学校や専修学校の生徒にも参加の機会が与えられるようになった。

インターバル　interval

間隔、合間の意味。また、芝居の幕間や休憩時間、野球の投球間隔、ボクシングの各ラウンド間などを指す。「インターバルトレーニング」＝陸上競技などで、一定距離を速く走る区間とゆっくり走る区間を設け、それを繰り返し練習することで心肺機能を強化する練習法。

インターフェロン　interferon

ウイルス感染の阻止作用を持つたんぱく質。古くから、ある種のウイルスが別のウイルスの感染・増殖を抑制する「干渉」という現象が知られていたが、1957年、イギリスのアイザックスらがこの現象を引き起こす物質を発見、干渉（インターフェランス）にちなんでインターフェロンと命名した。現在、C型肝炎はこの物質を使った治療によって唯一根治できる。77年ごろから抗がん作用も報告され、新しい抗がん剤としても期待が集まっている。

【イ】

インターポール　Interpol

国際刑事警察機構（ICPO）。警察の国際協力を目的に常設されている政府間機関。本部は1989年以降、パリからリヨン（フランス）に。56年、国際刑事警察会議の総会で、国際刑事警察委員会が発展的に解消されて設立。2001年11月現在、179か国・地域が加盟。国際犯罪の摘発、犯罪予防のための情報交換、行方不明者の捜索に関する活動などを行う。強制捜査権、逮捕権は持たない。

インターンシップ　internship

学生が在学中に企業などで自らの専攻や将来の希望する仕事に関連した就業体験を行うこと。1997年に閣議決定した「経済構造の変革と創造のための行動計画」でその推進がうたわれ、本格的に始まった。学生が職業人へ成長していく過程を社会全体で支援していくところが要点。

インタクタコード　INTACTA. CODE

音声、画像などパソコンで扱える情報を紙の上に印刷する技術。デジタルデータを黒と白の点にして、ごましお模様のように散らし、1平方㌢に100文字程度の情報量を盛り込める。これをスキャナーで読み取りパソコンに表示することが可能。バーコード（→p235）の一種。インタクタは英語のインタクト（完全な、完成した）をもとにした造語で、イスラエルのインタクタ・ラブズ・リミテッド社が開発した。インタクタコードを使用するためにはパソコン、スキャナー、専用再生ソフトが必要。

インダストリアル industrial

産業の。工業の。「インダストリアル・エンジニアリング」＝生産工学。経営工学、自然・社会科学の知識を活用し、生産性向上を図る経営管理技術。「インダストリアル・デザイン」＝工業意匠。工業製品の機能的形態や美しさをつくりだすためのデザイン。「インダストリアル・マーケティング」＝製造業者を相手にした生産財や原材料などの商業活動。

インタラクティブ interactive

相互に作用する。対話性、双方向性。従来のテレビやラジオなどのような送り手から一方的に流された情報を受け取るだけのメディアに対し、受け手側からも意思を伝えたり情報を発信したりすることができる仕組みを指す。好きなときに自分の見たい映画やスポーツ、コンサートなどのソフト（番組）が見られる「ビデオ・オン・デマンド」、画面を見ながら端末を操作して品物が注文できる「オンライン・ショッピング」などがこれにあたる。

インディ500 Indianapolis 500-mile Race

アメリカのインディアナポリスで行われるカーレース。1911年以来、毎年5月のメモリアルデー（戦没者追悼記念日）直前の日曜日に開催。1周約4キロの楕円形のコースを左回りで

200周（500マイル）する。

インディーズ　indies

インデペンデント（独立した）の派生語。独立自主製作、マイナーレーベル。映画や音楽CDなどで、大手制作会社を経由せずに作られたものや、それらを作る会社を指す。低予算ながらユニークな作品も多く、注目が集まると「インディーズブランド」となり、そこからヒット商品につながることもある。

インティファーダ　Intifada

アラビア語で「決起」の意。1987年12月、パレスチナのガザ地区とヨルダン川西岸に広まったパレスチナ人による反イスラエル蜂起。また、その後に起きた同様の蜂起を指す。93年の暫定自治宣言までに、1000人以上のパレスチナ人がイスラエル軍に射殺され、約1000人のパレスチナ人がイスラエル軍政への内通者としてパレスチナ人によって殺された。

インテグラ　INTEGRA

㊕車。クーペ（ホンダ）。英語のインテグレート（結合する、完全にする）から命名。

インテリア　interior

内部、室内。反対はエクステリア。室内装飾や家具、調度品などの意味で使うことが多い。室内装飾について消費者の関心が高まり、アドバイザーの需要が増えたことから、1984年、通産省（当時）はインテリアについての助言や提案をする専門家であるインテリア・コーディネーターの資格制度を創設した。

インテリジェント　intelligent

知能の高いこと。「情報処理機能や通信機能を備えている」という意味で、インテリジェント・シティー、インテリジェント・ビル、インテリジェント・スクールなどの複合語をつくる。

インテル Intel

㊎アメリカの半導体メーカー。パソコンの心臓部にあたる演算処理装置のペンティアムが有名。マイクロソフト（↓p316）のOSウィンドウズにインテルの高性能演算処理装置をセットにしたパソコンが世界シェアの多くを占めたことで、「ウィンテル体制（ウィンドウズ＋インテル）」と呼ばれた。

インテル Internazionale Milano FC

サッカーのイタリア・セリエA（↓p180）の強豪チーム。インターミラン。通常インテルと呼ばれる。ミラノが本拠地で1908年に設立されて以来、一度も1部リーグから落ちていないことでも知られている。

インテルサット INTELSAT

国際電気通信衛星機構。世界をつなぐ衛星放送に使われている衛星や中継局を管理し運営する国際的な組織。1964年にアメリカの提唱で始まった。

インドネシア Indonesia

㊞約1万3700の島々からなる島しょ国家。ドイツの地理学者アドルフ・バスティアンがギリシャ語でインドス（インド）のネソス（島々）と名付けたことにちなむ。一国としては世界最大数のイスラム教徒を有する一方、70以上の種族、言語・習慣の異なる19の文化圏を持つ。首都ジャカルタ。

イントラネット intranet

イントラは「内部の」の意味。インターネット技術を利用し、企業内部のコンピューター端末などを情報交換できるようにつなぎ合わせたシステムのこと。

イントルーダー Intruder

㊖オートバイ（スズキ）。英語で「進入者」

を意味する語にちなんで命名。

インパク　INPAKU

インターネット博覧会の略称。小渕内閣の時に提案され、2000年12月31日から1年間開催。都市で行われる通常の博覧会と異なり、インターネット上に約200の各自治体や国際機関、企業などがホームページを出展する形で参加した。

インフォームドコンセント　informed consent

医師による十分な説明とそれに基づく患者の自発的な合意。治療にあたって、医師は患者が選択できるようにいくつかの治療法を示し、それぞれに期待できる効果とリスク（危険）、費用などを説明しなければならない。患者には質問の自由があり、納得したうえで治療を受けられる。リスクの説明が不十分なまま危険性のある治療を行った場合、訴訟に発展するケースもある。

インフラストラクチャー（インフラ）　infrastructure

社会的生産基盤。経済活動を支える基礎的な設備や基盤。具体的には道路、鉄道、港湾、上下水道、電気などの経済活動に不可欠な社会資本を指す。学校や公園の整備など教育に関連した社会資本や、通信回線の整備などを含むこともある。略して「インフラ」と呼ぶことが多い。

インフルエンザ　influenza

流行性感冒。インフルエンス（影響、感化）と同語源。インフルエンザウイルスによっておこる急性の呼吸器感染症。38度以上の高熱、激しい全身けん怠、筋肉痛、関節痛などの症状を伴い、気管支炎、肺炎を併発する危険もある。A型、B型、C型の3種があり、新たなA型ウイルスの出現による大流行が数十年周期で起きている。高齢者には生死にかかわる危険な病気だが、A、B両型に効果があり、副作用も少ない治療薬が登場。2001年から医療保険が適用されている。

インフレーション（インフレ）　inflation→p205デフレーション参照

インプレッサ　IMPREZA

㊔車。セダン（富士重）。英語のimpresa（紋章、金言）にちなんで命名。

インラインスケート　in-line skate

車輪が縦に並んだローラースケート。もともとアイスホッケーのトレーニング用に開発されたもの。1980年代にアメリカで人気となり、一般の若者や子どもにまで広がった。ローラーブレード社の製品は「ローラーブレード」の商品名で知名度がある。ランプ（パイプを縦半分に割った台）の上で技を競う「バード」、長距離を走る「ロード」などの競技種目がある。

ウ

ヴァージン・グループ　Virgin Group

㊎安価な航空券で知られるヴァージン・アトランティック航空などを始め、旅行、ホテル、鉄道、トレーディング、音楽ソフト販売など、イギリスを中心に多くの事業を展開する。携帯電話事業で日本市場に参入する意向も表明している。

ヴァレンティノ　VALENTINO

㊔日本では、ヴァレンティノ・ガラヴァーニ、マリオ・ヴァレンティノが有名。双方とも、イタリアのファッション・ブランド。紳士・婦人服ほか、アクセサリー、バッグなど多彩な商品を展開している。

ヴィヴィ　ViVi

(商)月刊誌（講談社）。23日発売。若い女性向けのファッション情報を掲載。1983年、服飾誌「若い女性」をリニューアル、「活発な」を意味するヴィヴィッドをもとに、かわいい語感のヴィヴィを誌名にした。

ウイザード　wizard

①コンピューター・ソフトウエアの複雑な操作を簡単にするために設けられた案内機能。対話形式になっていて、次々に画面に現れる質問に答えていけば目的の操作を実行できる。もともとは「(男の) 魔法使い、天才、奇術師」の意。②WIZARD (商)車。SUV（いすゞ）。英語で「男の魔法使い」を意味する語にちなんで命名。

ウィスパー　Whisper

(商)生理用品（P&G）。英語のwhisper（ささやく）から。製品の良さをささやくように伝え広めていきたいという思いを込めて命名。

ヴィッツ　Vitz

(商)コンパクトカー（トヨタ）。ドイツ語で才気、機知を意味するWitzから命名。

ウイルス　virus

ビールスとも。きわめて微細な病原体。人間や動物などの特定の細胞で増殖する。また、コンピューターウイルス（↓p136）の略。

ウィンダム　WINDOM

(商)車。セダン（トヨタ）。英語のwin（〜に勝つ）とdom（〜の状態）を合成、「勝っている状態」「常勝」の意味を込めた造語。

ウィンドウズ　Windows

(商)世界最大のコンピューターソフト会社、米マイクロソフト（↓p316）社製のOS（基本ソフト）。コンピューター全体を制御する役割を果たす。コンピューターに対する命令をすべてアルファベットの文字を打ち込むことで行わねばならなかったMS―DOSに比べ、画面上のアイコン（→p6）をクリックするだけで、簡単にプログラムを展開できるようになった。

ウインドーピリオド　window period

血液中のエイズや肝炎などのウイルスの有無を調べる検査で、感染から抗体ができるまでの10日から1か月程度の間の、感染を検知できない空白期間のこと。献血の際の検査でエイズウイルスを検出できず輸血を受けた患者に感染する事態が起きる可能性がある。そのため、海外では献血血液に含まれるウイルスや細菌の感染力をなくし輸血感染をゼロにする技術（感染性因子不活化）が開発され、日本での導入も検討されている。

ウェアーハウザー　Weyerhaeuser

㊎アメリカの木材・製紙大手企業。伐採量を調節・管理し、木の成長と伐採を長期的な視点でバランスさせているので木が減らないという、四国よりも広い私有林を持つ。

ウエーバー　waiver

権利、主張などの放棄。プロ野球では、球団が選手との契約を更改せず、その選手を他球団に譲渡するための手続きをいう。申請を受けた所属連盟会長は、ウエーバーを公示し、選手と全球団に通告する。獲得希望球団は公示から7日以内に申し込みを行うが、球団が複数になった場合は下位球団に優先権が与えられる。このため日本では、成績が低い方から優先されることを「ウエーバー方式」と呼ぶ。

ウエストミンスター寺院　Westminster Abbey

ロンドンにあるイギリス国王の戴冠式を行う教会。創建は7世紀にさかのぼるが、現在の建物はヘンリー3世により1269年に完成、献堂されたもの。寺院内部には、歴代の国王・王妃、宰相のほか、ニュートンやチョーサー、ヘンデルなど著名な学者、作家、音楽家らが葬られている。交通事故死したダイアナ元皇太子妃の葬儀もここで行われた。

ウェッジウッド　Wedgwood

㊔高級陶磁器ブランド。1759年、「英国製陶の父」と呼ばれるジョサイア・ウェッジウッドにより創業。当時の王妃の注文に応じて作ったクリーム色の陶器は「クイーンズ・ウエア」と呼ばれ、ヨーロッパ中に名を知られるようになった。ジャスパーウエア、ボーンチャイナなどのシリーズがある。

ウェブ　WWW

ワールド・ワイド・ウェブ（World Wide Web）の略で、ダブリューダブリューダブリュー、ダブリュースリーなどともいう。インターネットサービスの代表的機能で、ネットワークにあるさまざまな情報をだれでも簡単に取り出せるようにしたもの。ヨーロッパ共同原子核研究会議（CERN）が開発した。

ウェブ（カリー・～、Karrie Webb）

㊇豪の女性プロゴルファー。1974年12月生まれ。2001年、史上最年少の26歳6か月でメジャー4大大会（全米女子プロ、全米女子オープン、ナビスコ選手権、デュモーリエ・クラシック）を制覇した。

ヴェリィ　VERY

㊔月刊誌（光文社）。7日発売。女性ファッション・生活情報。ヴェリィは英語で「本当の、そのもの」を意味する形容詞。

ウェリントン　Wellington

㊞ニュージーランドの首都。ワーテルローの戦いでナポレオンを破り、英国の首相も務めた

アーサー・ウェリントンの名にちなむとされる。

【ウ】

ウェルチ（ジャック・〜、Jack Welch）

㊇米ゼネラル・エレクトリック（↓p178）の前会長。収益性・将来性の高い部門のみ残し強化する「ナンバーワン・ナンバーツー戦略」を採用し、逆に低成長分野を徹底的に売却するという過激さから中性子爆弾にたとえられ「ニュートロン・ジャック」との異名をとった。同社を変革し収益性の高い企業へ変えたことから、世界的に優れた経営手腕で知られる。2001年に会長の地位を退く。

ウエルネス　wellness

心と体を望ましい状態に自己管理すること。上手、快調といった意味の「ウエル」から生まれた新しい米語で、病気を指す「イルネス」の対語として使われ、単なる健康（ヘルス）にとどまらず、ライフスタイル、環境問題も視野に入れた積極的で創造的な健康観をいう。

ウオークインクローゼット　walk-in closet

大型衣類収納用納戸。「ウオークイン」は、「人が立って入れるくらいの大きさの」という意味。

ウオーターフロント　waterfront

都市の海、川などに面する臨海地域。東京湾における千葉・幕張、東京・有明地区など。

ヴォーチェ　Voce

㊖月刊誌（講談社）。23日発売。女性向け、ビューティーエンターテインメント情報を掲載。誌名は女性の欲望「美のおしゃべり」を詰め込むという意味で、イタリア語で「噂、声（おしゃべり）」を表すヴォーチェにした。

ウォール街　Wall Street

ニューヨークのマンハッタン南端の通り。世界的な経済都市ニューヨークの株式市場がある証券・金融の中心地。1650年頃オランダの総督がインディアンの襲撃を防ぐために築いた丸木の防壁（ウォール）の跡が通りの名の由来。

ウォール・ストリート・ジャーナル　Wall Street Journal

㊔アメリカの日刊の経済紙で同国最大級の発行部数（約200万部）を誇る。1889年創刊。ニューヨーク株式市場の主要指標、ダウ平均を発表しているダウ・ジョーンズ社が発行している。

ウオツカ　vodka

ロシアの代表的な蒸留酒。ライ麦やジャガイモなどが原料で、アルコール分40％以上で無色透明。ウォッカ、ウォツカ、ウォトカとも。ロシア語で水を意味する言葉に由来する。ロシアで14世紀ごろからつくられ始め、第二次世界大戦後は世界各国で製造されるようになった。特にアメリカは世界一のウオツカ産出国。最近のカクテルブームを反映し、日本でも愛好者が増え、2000年の年間輸入量、金額は過去最高。輸入相手先は数量、金額とも、米、英、露の順になっている。

ウォルマート・ストアーズ　Wal-Mart Stores

アメリカの世界最大の小売業。1962年に1号店を開店。価格の安さを売り物にするとともに、バーコードによる商品管理を小売業で初めて導入するなど、物流・情報システム投資に早くから積極的に取り組んだ。2002年1月期の決算では世界最高の売上高に。また2002年3月に将来の買収をにらんで、日本の大手スーパー西友と資本・業務提携で合意している。

ウガンダ　Uganda

㊞アフリカ東部、赤道直下の内陸国。大部分が標高1200メートル前後の高原地帯。ビクトリア

湖、キオガ湖、アルバート湖、ジョージ湖、エドワード湖などがあり、20％が水面。2000年、致死率の高い新種の感染症・エボラ出血熱（→p67）が集団発生し、100人以上が死亡した。首都カンパラ。

ウスターソース　Worcester sauce

日本で使われる食卓用ソースの代表的なもの。ウースターソースとも。イギリス・ウスターシャー州のウスター市で、19世紀中ごろ創案、製造されたソースが原型。タマネギ、ニンジン、セロリ、トマトなどを煮つめたものに香辛料を加え、熟成させて作る。日本では、19世紀の終わりごろから商品化され、食生活の洋風化に伴って徐々に愛好されるようになり、単にソースといえば、この種のソースを指すようになった。

ウズベキスタン　Uzbekistan

㊞中央アジアの共和国。1991年ソ連から独立。ソ連時代には多くの元日本兵が当地に抑留されていた。47年につくられ現存する「ナボイ劇場」の建設には日本人抑留者が中心的な役割を果たしたという。首都タシケント。

ウッズ（タイガー・〜、Tiger Woods）

㊇プロゴルファー。1975年生まれ。96年9月、ミルウォーキー・オープンでプロデビュー。97年、マスターズで優勝しメジャー初制覇を果たすと、2000年、史上最年少で4大メジャー大会（マスターズ、全米プロ、全米オープン、全英オープン）グランドスラム（→p115）を達成。同年は、史上2人目となる同一年メジャー3勝を果たした。

ウラジオストク　Vladivostok

㊞ロシア東部の港湾都市で、シベリア鉄道の終点。帝政ロシアが1860年に建設。市名の意味は「東方の征服」。

【ウ】

ウラン　Uran

放射性金属元素の一つ。元素記号U。原子番号92。天然ウランに0・7％含まれる同位体ウラン235に中性子を衝突させると核分裂を起こし莫大なエネルギーを出す。この原理が核兵器や原子力発電に応用されている。ウランはドイツ語で、英語ではウラニウム。18世紀末に発見され、当時、やはり新発見された天王星（ウラノス）にちなんで名付けられた。

ウランバートル　Ulan Bator

㊞モンゴルの首都。市名はモンゴル語で、赤い（ウラン）、英雄（バートル）の意。1924年モンゴル人民共和国の成立とともに、旧市名「ウルガ」から変更された。

ウルグアイ　Uruguay

㊞大西洋側の南米に位置する国。国名は、インディオの言語で「曲がりくねった（ウル）川（グア）」の意とされる。正式名称は、ウルグアイ東方共和国。「ウルグアイ川の東側の国」の意で、スペイン植民地時代の呼称に由来。首都モンテビデオはサッカーW杯第1回開催地（1930年）。

ウルグアイ・ラウンド　Uruguay Round

世界貿易機関（WTO）の設立、日本のコメ市場部分開放などを決めた大規模貿易交渉。第二次世界大戦後、世界貿易の拡大・自由貿易推進を目指してつくられたGATT（ガット＝関税・貿易一般協定）は、ラウンドと呼ばれる多角的貿易交渉を8回行ったが、その最後のもの。1986年に南米ウルグアイで始まったラウンドは、8年間をかけ、暫定的な協定だったガットに代わり、より強力なWTOを設立、紛争解決手続きを明確化した。また、それまでの交渉では鉱工業製品の関税引き下げが中心だったが、サービス貿易・知的財産権などの分野でのルール導入、農産物貿易の自由化などを取り決めた。

エ

エアリアル　aerials

フリースタイルスキーの一種目。助走でスピードをつけ、雪で固めた特設ジャンプ台（キッカー）から空中に飛び出し、宙返りやひねり、空中ターンなどを行う。異なる技で2回演技し、ジャンプの高さ、技の難易度、着地の姿勢などを競う。5人の審判員が採点を行い、最高点と最低点を除く3人の合計点で順位が争われる。アメリカで誕生した競技。

エイジング　ag(e)ing

加齢・老化現象のこと。酒などの熟成も意味する。年齢による差別をエイジズムという。年齢に関するいじめや嫌がらせを、エイジングハラスメント、年齢を度外視することはエイジレス。

エイズ（ＡＩＤＳ）acquired immunodeficiency syndrome

後天性免疫不全症候群。エイズウイルス（ヒト免疫不全ウイルス＝ＨＩＶ）の感染により発病する。１９７０年代後半、アメリカで発生。日本では85年、最初の罹病者が発見された。２０００年末で世界のエイズ感染者は３６１０万人に達し、特に、アフリカのサハラ砂漠以南で、その広がりが深刻化している。２００１年6月、国際的な取り組みを検討する「国連エイズ特別会議」が開催され、エイズ対策資金援助の窓口となる「エイズ基金」の創設を決めた。

ＡＣミラン　Milan Associazione Calcio

サッカーのイタリア・セリエＡ（↓p180）所属のチーム。北部の大都市・ミラノが本拠地。

100年以上の歴史を持ち、1990年代にはリーグ3連覇を果たすなど強豪チームとして知られ、日本での人気も高い。会長はベルルスコーニ・イタリア首相。

エージェント agent

代理店・代理人・仲介業者。スパイ・諜報部員。ラテン語で「率先する」を意味する言葉に由来。

Aライン A line

洋服のワンピースやコートなど、すそ広がりでアルファベットの「A」のような形になっているもの。

【エ】

エキシビション exhibition

展示、展覧会。公開。スポーツ用語としては、勝敗を重視せず、技術や競技者の紹介などを目的にする模範演技、公開試合を指す。試合形式のものは、エキシビションゲーム、エキシビションマッチと呼ぶこともある。フィギュアスケートでは、選手の正規の競技が終了した後に行われる公開演技のこと。競技会では禁止されている宙返りなど、高度なテクニック・芸術性を披露し、観客を楽しませる。

エキスパート expert

高度の技術・技能を持った人。熟練者。ある分野の専門家（スペシャリスト）のうち、経験を積み優れた腕前を持つに至った人がエキスパート。職業として行っている人はプロフェッショナル。

エキゾチック exotic

異国情緒を感じさせるさま。外国風。（例）「長崎はエキゾチックな街だ」「彼女はエキゾチックな顔立ちをしている」。英語では「風変わりでおもしろい」「珍奇な」という意味もある。

エキノコックス症 echinococcosis

【エ】

肝不全などを起こす寄生虫病。日本には千島列島から北海道に移動したキツネとともに上陸。寄生虫はキツネや犬などの体内で成虫となり、虫卵が人間の体内に入ると幼虫が主に肝臓に寄生し10年ほどの潜伏期間を経て発症、肝機能障害、黄だんなどを引き起こす。効果的な治療法がなく、早期発見で病巣を切除できないと臓器不全で死亡する率が高い。北海道、青森県などで感染者・死者が確認されている。

エクササイズ exercise

英語で練習、練習問題、運動の意味だが、日本語では、特に、持久力・筋力をつけるための運動を指して使われることが多い。健康増進を図るための、水泳、ウオーキング、ストレッチ、体操など。水の中で体を動かす「アクア・エクササイズ」、ボクシングを応用した「ボクササイズ」なども編み出された。

エクシーレⅡ

㊌メール端末（NTTドコモ）。「エクシー」は、ラテン語で「持っていく」「外出する」という意味で、使用イメージを表現。

エクストレイル X—TRAIL

㊌車。SUV（日産）。Xは未知のものにチャレンジするなど挑戦的でアクティブなイメージを象徴、TRAILは「足跡」「オフロード」「荒れた道」などを表現した。

エグゼクティブ executive

①企業幹部、上級管理職。②㊌月刊誌（ダイヤモンド社）。27日発売。商業・経営情報。

エコシステム ecosystem

生態系。ある地域の動植物と環境をひとまとめにして、互いがどのようなつながりをもっているかという観点からとらえたもの。

エコツアー ecotour

自然環境についての理解を深め、環境を守りながら旅行、観光を楽しむという考え方。「エコツーリズム」「グリーンツーリズム」ともいわれる。環境保護と観光収入の両立を図る。環境問題の専門家の引率で自然に触れ、植林体験をしたり地元で自然保護活動をしている人たちと交流したりする。1980年代半ばから国連などで提唱されるようになり、日本では98年、エコツーリズム推進協議会が発足した。

エコノミークラス症候群　economy-class syndrome

飛行機の狭い座席に長い時間座っていることが原因で、血行障害で呼吸困難などが起きる症状。エコノミークラスの乗客に目立つことからこのように呼ばれる。航空医学研究センターの調査では1993年からの8年間で発症例が44例（うち4人が死亡）あった。日本の各航空会社では足の曲げ伸ばしを行うなどの予防措置を呼びかけている。

エコマネー　ecomoney

地域限定通貨、またはその通貨を使う地域支え合い活動。「パソコン指導」「除雪」「車での近距離送迎」「子供の世話」「買い物」といった、市民の小さな労力、特技などを登録、この通貨を介して取引する。欧米で1980年代に始まった活動で、日本でも地域活性化や育児・介護支援などへの活用が期待されている。エコマネーはエコロジー（環境保全）、コミュニティー（地域）、エコノミー（経済）をかけ合わせ、日本でつくられた言葉。

エサキダイオード　Esaki diode

江崎玲於奈博士が1957年に発表したダイオード。この発明により、73年ノーベル物理学賞を受賞した。ダイオードは元来は二極真空管のことだったが、現在は、二極半導体素子をいう。電圧の増加によって通過電流が減少し、電子のエネルギー障壁突き抜け現象（トンネル効果）が現れるので、トンネルダイオードともよばれる。

エシュロン　ECHELON

アメリカ、イギリス、カナダ、オーストラリア、ニュージーランドの英語圏5か国が共同で運用しているといわれる地球規模の通信傍受システム。フランス語で「はしご」の意味で、共産圏の情報収集を目的に、1970年代から80年代にかけて構築されたというが、詳しい実態は不明。世界中の電話、ファクス、電子メールを傍受できるといわれ、90年代後半に日欧企業を標的に産業スパイ目的に転用されているとの報道が相次ぎ、欧州議会でも問題になった。

エスクード　ESCUDO

㊔車。SUV（スズキ）。「エスクード」は、スペインやスペイン語圏の中南米諸国でかつて使われ、ポルトガルでもかつては使われていた通貨単位。

エスタックイブ

㊔風邪薬（エスエス製薬）。エス＝エスエス製薬のエス、タック＝アタック、イブ＝イブプロフェン（解熱鎮痛成分）から命名。

エスタブリッシュメント　establishment

既成の秩序、権威、体制。具体的には、アメリカの巨大企業グループ、政、官、財、言論界を牛耳る東部資本、産軍複合体などを指す。

エスティマ　ESTIMA

㊔車。ミニバン（トヨタ）。英語のエスティマブル（尊敬すべき）をもとに造語。

エスティローダー　ESTEE LAUDER

㊔アメリカの高級化粧品ブランド。1946

年、エスティ・ローダーが創業。皮膚科医である伯父の影響を受け、科学的研究に基づいた化粧品を作り出し、人気を博した。現在では基礎化粧品のほか、香水、ヘアケア製品など幅広い商品を展開している。

エステティック esthétique（フランス語）
美容・痩身のために行う施術。略してエステとも。シミやニキビ跡をとる「フェイシャルエステ」、脚や腕などのむだ毛をとる「脱毛エステ」、マッサージにより脂肪をとる「ボディーエステ」などがある。エステを行う美容師は「エステティシャン」という。エステティックの本来の意味は、「美的感覚のある」「美学の」。

エストニア Estonia
㊞バルト三国で最北に位置する国。1991年、ソ連から独立。自称は「エスティ」で、古代語の「エスト（東の）」に由来。国名はバルト・フィン系のエスティ人の国、「東の人々の国」の意。首都タリン。

エスニック ethnic
民族的、民族調。特に、アジア、アフリカ、ラテンアメリカの民族文化に関係した事柄、物についていわれる。アメリカでは、母国の文化を背景に生活している少数民族を指す。「エスニック料理」＝民族料理、特にアジア、アフリカの料理をいう。「エスニックルック」＝民族調の野趣に富む、素朴な味わいの服装。「エスニッククレンジング」＝民族純化。民族紛争などで、敵対する民族を根絶すること。

エスファイトゴールド
㊭ビタミン製剤（エスエス製薬）。エス＝エスエス製薬のエス、ファイト＝元気、ゴールド＝高級感、効き目をイメージして命名。

エスプレッソ espresso

コーヒー抽出機の一種、またはそれでいれたコーヒー。強めに炒ったコーヒーの粉を蒸気の圧力を使い短時間で抽出する。近年人気が高まり、1990年代後半から都心部ではアメリカやイタリアなどのエスプレッソコーヒー専門店が次々と開店している。

エッギィ eggy

(商)NTTドコモの動画の配信を受ける専用端末（NTTドコモ）。エッグ（卵）からの造語で、この端末から新しく何かが生まれる、そして大きく育ってほしいという願いを込めて命名。

エッセ ESSE

(商)月刊誌（扶桑社）。7日発売。女性向け、生活一般情報を掲載。

H2Aロケット H2A、Launch Vehicle

日本の宇宙開発事業団（NASDA）が2001年8月29日に打ち上げに成功した新鋭主力ロケット。全長53メートル、直径4メートル、重量285トンの二段式で、高度3万6000キロの静止軌道に約2トンの衛星を投入できる。前身のH2ロケットが98、99年と、2回続けて失敗したが、商業衛星打ち上げビジネスへの参入を目指し、コストを約85億円に抑えた改良型のH2A1号機は、目標のレーザー測距装置の軌道投入を計画通り達成した。

エディ・バウアー Eddie Bauer

(商)アメリカのカジュアルウエアブランド。1920年創業。着心地がよくベーシックなデザインが人気。紳士・婦人服のほか、アクセサリーや小物などの商品も。

ヱビス YEBISU

(商)ビール（サッポロビール）。明治22年（1889年）、日本麦酒醸造（当時）が日本人に親しまれた縁起の良い七福神の神様の名前「恵比寿」を、初めて作るビールの商標に採用。この商標から付けた工場の貨物駅名「恵比寿停車場」が今の山手線の駅名にもなった。

エブリイ　EVERY

㊔車。軽ワゴン（スズキ）。名前は英語で「どこへでも」を意味する語にちなんで命名。

F1（エフワン）

正式名は「フォーミュラ・ワン」。F1世界選手権のレースを走るマシンのことで、タイヤが車体から露出した1人乗りのレース専用車。Fは「Formula（規格）」の頭文字。国際自動車連盟（FIA）が規定する国際フォーミュラ3種類（F1、F3000、F3）のうち頂点に立つ。日本のメーカーではホンダが2000年から、トヨタも2002年から参戦。レースは年間16〜18戦程度行われ、ポイントによりドライバーとコンストラクター（レース用車両の製造業者）それぞれで年間チャンピオンが争われる。

エポックメーキング　epoch-making

画期的。新時代の幕開けとなるような。（例）「文学史上、エポックメーキングな出来事だ」。エポックは「時代」の意で、特にそれまでとは違った意味を持つ時代、新しい時代のこと。

エボラ出血熱　Ebola haemorrhagic fever

エボラウイルスが引き起こす極めて致死率の高い熱病。2〜21日の潜伏期間を経て高熱を発し、消化管などから出血、発病から数日で死亡する。1976年、ザイール（現コンゴ民主共和国）のエボラ川周辺で初めて発生が確認された。のちに、スーダンでも発生。現在、国際伝染病に指定されている。森林の開墾など人間の活動範囲の拡大によって新たなウイルスに遭遇したとみられ、「新興感染症」の代表例とされる。2001年にも中部アフリカのガボンで発生している。

エミー賞 Emmy Awards

アメリカでテレビ番組の優れた作品に贈られる賞。テレビ界では映画のアカデミー賞（↓p12）に匹敵する最大の賞とされ、作品や演出など分野ごとに贈られる。1946年に設立。「エミー」の名前は、テレビ初期のカメラの俗称が「イミー」だったところから、アメリカのテレビ技師がイミーを女性風の名前に変えて命名したといわれる。

エリア area

区域。地域。「エリアフランチャイズ制」＝特定の地区の企業にその地区の販売権を与えるやり方。コンビニエンスストア・チェーンなどが多く採用している。「エリアマガジン」＝地域情報誌。

エリオ AERIO

(商)車。セダン（スズキ）。英語の air（空気）とスペイン語の rio（川）を合成した造語。広い居住空間と流れるようにスムーズな走りをイメージして命名。

エリス島 Ellis Island

(地)ニューヨークのハドソン川河口、マンハッタン島南西1・5キロに位置する、面積0・11平方キロの小島。1892年から約60年にわたり移民局が設けられ、新大陸アメリカへの入り口となっていた。「自由の女神」像は同島南西のリバティー島に立つ。

エリゼ宮 le palais de l'Élysée

パリにあるフランスの大統領官邸で、フランス政府の代名詞としても使われる。1718年建築。ルイ15世の愛人ポンパドゥール侯爵夫人、ナポレオンの皇后ジョゼフィーヌらも住んだ。

高級ブランド店が並ぶサントノレ通りに面する。エリゼは「人間が死後に住む楽園」という意味。

エルサルバドル　El Salvador

㊞中米の太平洋側に位置する国。エルはスペイン語の冠詞、サルバドルは救世主の意で、1524年に占領したスペインの将軍が神（キリスト）への感謝を込めてとりでの名としたのが始まり。首都サンサルバドルは「聖なる救世主」の意。

エルサレム　Jerusalem

㊞イスラエルの首都。ヘブライ語で平和を意味するシャロームに由来するという。ユダヤ、キリスト、イスラムの三大宗教の聖地。イスラエルは、1948年第一次中東戦争で西エルサレムを獲得、67年の第三次中東戦争で東エルサレムを併合した後、80年、「永遠不可分の首都」としてテルアビブからの遷都を宣言したが、国際的な承認は得られていない。一方、パレスチナ自治政府も東エルサレムを将来の独立国家の首都としており、両者間で「最終地位交渉」が行われていたが、未決着。

エルニーニョ　El Niño（スペイン語）

数年に一度、ペルー沖から中部太平洋赤道域にかけて海面水温が平年に比べ1、2度高くなる現象。この影響は何千㌔にも及び、高温や低温、豪雨や干ばつなど世界的な規模での異常気象の原因とされている。エルニーニョとは、「神の子」すなわち「幼子イエス」のことで、クリスマスのころにこの現象が起こることから命名された。

エルフ　ELF

㊫小型トラック（いすゞ）。名前は力があって小回りの利く機動性の良さから、英語で「小さい妖精、いたずら小僧」を意味する言葉にち

なんでつけられた。

【エ】

エルミタージュ美術館 Gosudarstvennyi Ermitazh

ロシアのサンクトペテルブルクにある国立美術館。1764年にエカテリーナ2世が設立し、歴代のロシア皇帝の収集した美術品を中心に、近代までの絵画、彫刻、文化芸術作品の名品など250万点余が収蔵されている。エルミタージュは、フランス語で「隠れ家」の意味。

エルメス HERMÈS

㊥高級服飾・雑貨店。1837年、パリに馬具製造工房を開業したのが起源。馬車から自動車へと時代が変化する中、バッグ、財布、時計、スカーフなどに事業を多角化した。モナコ王妃・故グレース・ケリーが愛用したことでその名がついたケリー・バッグは有名。2001年には銀座に日本初の直営店が開店した。

Lモード L mode

㊥固定電話によるインターネット接続サービス。NTT東日本、西日本が2000年から始めたサービスで、液晶画面がついた専用の電話機を使ってインターネットの接続やメールのやりとりができる。NTTドコモの携帯電話で可能なネットサービス「iモード、↓p9」の固定電話版といえ、パソコンになじみが薄い高齢者でも利用しやすいとされる。

エンゼル係数 angel coefficient

エンジェル係数とも。エンゼルは天使の意だが、この場合は子どもの暗喩で、家庭の全消費支出に占める子どもにかかる経費（養育費）の割合をいう。エンゲル係数（収入に占める食費の割合）をもじり、野村証券が考案した造語。ちなみに「エンゼル税制」は、ベンチャー企業への投資家を優遇する税制。この場合のエンゼルは、資金を提供したり経営に助言したりして起業家を支援する個人投資家のこと。

エンゼルプラン　Angel Plan

政府の少子化対策。1995年度からスタートした「子育て支援のための総合計画」を指す。その終了を受け、「少子化対策推進基本方針」に基づいた実施計画として策定された新エンゼルプランが2000年度からスタートした。この計画の中には、保育サービスなどの子育て支援サービスの充実や子育てのための雇用環境の整備など8項目が盛り込まれている。

エンデバー　Endeavor

現在、4機ある米国のスペースシャトル（↓p172）のうち最新のもの。製造費18億ドル、1992年初飛行。日本人宇宙飛行士、毛利衛さんが92、2000年に、若田光一さんが96年に乗り組んだ。名前は、18世紀の英国人探検家キャプテン・クックの乗った船の名エンデバー（努力）にちなんだ。

エントロピー　Entropie（ドイツ語）

無秩序さの度合いを表す量。熱力学用語で、無秩序さが増大するとエントロピーは大きくなる。ギリシャ語で変化を意味する語からドイツの物理学者クラウジウスが1865年に命名した。情報理論の分野にも応用され、情報の不確かさを表す尺度としても使われる。

エンパイア・ステート・ビル　Empire State Building

ニューヨークのマンハッタンにある超高層ビル。1931年完成。102階、約380メートルあり、その高さは40年にわたり最高を保持した。1933年に製作された映画「キングコング」で、ヒロインを手に握ったコングが頂上に登ったことでも有名になった。

エンパワーメント　empowerment

権限を与えること。また、それによって、その人の能力を引き出し生かすこと。社会福祉や地域開発援助、女性解放運動などの分野で、当事者自身が自分たちの置かれた環境を改善する力を身につけることなどもいう。もともとは、アメリカの精神療法分野の言葉で、問題解決の方法として、自身の中に力を蓄え、積極的な自分をつくりだすこと。

オ

オアフ（島）　Oahu Island

㊞米国ハワイ州の島で、州都ホノルルがある。面積1554平方㌔で、伊豆大島（91平方㌔）の約17倍、淡路島（593平方㌔）の約2・6倍。ワイキキビーチなどがある屈指の観光地でもあるほか、パールハーバー海軍基地、ヒッカム空軍基地などがある米国の重要な軍事拠点。2001年2月、同島沖合で愛媛県立宇和島水産高校の実習船えひめ丸が米原潜グリーンビル（→p116）に衝突され沈没した。

オイルフェンス　oil fence

水面に流出した油が広がるのを防ぐ器具。本体は合成繊維やゴムでできており、浮きとその下のカーテン状の部分からなる。「海洋汚染及び海上災害の防止に関する法律」で、タンカー所有者や港湾管理者などに備え付けを義務付けている。

オウンゴール　own goal

サッカーで、選手が誤って自陣のゴールにボールを入れてしまうこと。相手チームの得点になる。日本では従来「自殺点」と表現されていたが、1994年、日本サッカー協会が「オウンゴール」を公式に使用することにした。94年のワールドカップ（↓p376）では、コロンビア代表の選手がオウンゴールしたために、帰国後に射殺されるという事件も起きた。

オーガニック　organic

有機的。「生命力を有する」という意味。化学肥料や農薬を使用しないで育てた野菜を指して使われる。2000年に施行された改正JAS（日本農林規格）法で「農薬や化学肥料を3年以上使わない畑で栽培された農産物だけが有機農産物」と規定された。遺伝子組み換えなどが行われたものも「有機」と認められない。

オークション　auction

競売。美術品や骨董品などを競り合い、落札価格を決めること。過去の絵画のオークションの場合、最高落札価格はゴッホの作品「医師ガシェの肖像」の8250万ドル（当時約124億円）で、1990年に日本人が落札した。また、近年はインターネットを使って気軽に参加できる「ネットオークション」が人気。中古車やパソコン、時計、宝飾品など、様々な商品が競売にかけられている。

オークス　Oaks

毎年5月ごろに行われる競馬の3歳牝馬による大レース。距離2400メートル。正式名は「優駿牝馬競走」。1938年に阪神競馬場（西宮市）で第1回が行われ、戦後、東京に移った。イギリスのオークス（1779年に第12代ダービー卿が「オーク〈ブナ、カシワの類〉の森の処女」と言われた新妻のために始めたと言われる。イギリスのクラシックレースの一つ）を日本で模したもの。

オージー　Aussie

オーストラリア、およびオーストラリア人の愛称。「オージービーフ」＝オーストラリア産牛肉。「オージーボール」＝オーストラリアンフットボール。楕円形のグラウンドの両端に立てられたポールの間にボールをけりこんで得点を競う。「オージー英語」＝オーストラリア人が話す独特の英語表現。「グッダイ」（こんにちは）、「ター」（ありがとう）など、独自の発音、固有の単語がある。

オーストラリア　Australia

㊞世界最小の大陸。また英連邦に属する国家。名称は伝説上の「南の大陸（テラ―オーストラリス）」に由来。和名で「豪州」とも称される。1980年代以降、白人以外の入国・定住を拒絶する白豪主義をやめ、文化的多元主義（マルチカルチュラリズム）政策を導入している。首都キャンベラ。

オーセンティック　authentic

本物の。信頼すべき。ギリシャ語「根源となる」が語源。カタカナ語としては、主に服飾関係で、正式な着こなし、本格的な衣装を指して使われることが多い。

オーソドックス　orthodox

正統な。正統派。考え方や方法が古来、学者らから正しいとされていること。伝統的で穏健なさま。反対語は「ヘテロドックス」（異端であるさま）。ボクシングで「オーソドックス・スタイル」といえば、左足を前に出し右足を後ろに引き、やや半身の体勢で、左手を前に右手をあごにひきつけて構える。右利きのボクサーに多い、最も一般的な構え方をいう。

オーダーメード医療　order made medicine

一人一人の体形に合わせて作るオーダーメード（注文製）服のように、患者一人一人の体質に合わせて行うきめ細かい医療。遺伝情報のわずかな違いにより、薬を体内で代謝する働きなどには個人差があり、薬の効き方、副作用も違ってくる。そこで遺伝子と体質との関係を明らかにする研究が進んでおり、個人の体質を予測、適切な薬と用量、また治療法を選ぶことが可能になると期待されている。

オートキャンプ　auto-camp

車にテントなどの荷物を積んで出かけるキャンプ。重い荷物を持たずに気軽に移動でき、アウトドアブーム（↓p10）にも乗って、1990年代から急速に広まった。最近では、駐車スペースを確保したオートキャンプ場も増えてきている。

オートクチュール　haute couture

高級衣装店。フランス語で、オートは「高級な」、クチュールは「仕立て、縫うこと」。特に、クリスチャン・ディオール、ピエール・カルダンなど、デザインの独創性、高度な技術、高価さで知られるパリの高級衣装店、またその注文服を指す。オートクチュール組合に属し、専属デザイナーは、シーズンに先駆けて創作デザインを発表、世界中の流行の発信源となっている。

オードブル　hors-d'œuvre（フランス語）

西洋料理の前菜。「作品外」「番外」という意味で、主要な料理の前に出される軽い盛り合わせなどの料理をいう。

オーナー　owner

所有者、持ち主。特に、船や自動車、別荘、プロ野球の球団の所有者をいう。「オーナーシェフ」は、料理長を兼ねるレストランの経営者。

オーバーホール　overhaul

機械を分解して修理、点検すること。また、広く、精密検査、総点検の意味で人間についても使う。

オービス　ORBIS

警察が主要道路などに設置する自動速度違反取り締まり装置の通称。レーダーなどで速度を計測し、スピード違反した車のナンバーと運転者を赤外線カメラで撮影する。もともと米国から輸入された速度取り締まり装置の名称で、その後の各種タイプも便宜上オービスと呼ばれる。

オーブ　AUBE

㊕化粧品（花王）。フランス語で夜明けの意味。新しいメークシリーズ誕生を象徴し、新時代の幕開けへの願いを込めたブランド名。

オープン　open

英語と同じように、「開く」「開ける」という動詞としての用法「～する」と、「開かれた」という形容詞的用法のいずれにも使われる。後者の例としては、「オープンスクール」（学校外の人々に教室を開放して、見学会や講座などの交流を行う）、「オープンウオータースイミング」（海、川、湖など自然の中で泳ぐこと。いわゆる遠泳）、「オープンソース」（プログラム言語で書かれたソフトウエアの設計図であるソースコードを自由に改変できること）など。

オープン価格　open price

メーカーの希望小売価格ではなく、小売業者が独自につける価格。最近、特にパソコン関係などは販売店での値引き競争が激しいので、消費者に「値崩れ」の不信感が起きるのを防ぐため、メーカーがあえて希望小売価格を定めず、小売業者の実売価格だけを表示したもの。

オープンカフェ　open cafe

建物外側の壁面を少なくするとともに店の外の路上にもテーブルを出して、道行く人を眺めながらお茶を飲む開放的なつくりの喫茶店。街頭のカフェテラス。フランス・パリの街角の風景としておなじみだが、日本でも「カフェ・ブーム」とともに1990年代後半から増えてきた。

オープンスペース　open space

公園、広場、湖沼など、建物が建っていない土地の総称。特に、都市計画上、心理的な潤いやゆとりを与えるために設けられた空き地を指す。日照の確保や大気汚染防止、防災のためにも、都市のオープンスペースの役割が注目されている。

オールド・パー　Old Parr

㊔高級スコッチウイスキー。名称は瓶のラベルにも描かれている80歳で初婚、122歳で再婚、152歳まで長生きしたという伝説の農夫、トーマス・パー老人に由来。日本でも明治時代から飲まれている。

【オ】

オキシダント　oxidant

工場や自動車から排出される窒素酸化物や炭化水素類といった大気汚染物質が太陽光中の紫外線を浴びて変化（光化学反応）して生ずる、オゾンなどの二次的な大気汚染物質。光化学スモッグの原因となる。強い酸化力があり、目の痛みや息苦しさを引き起こす。最近は、中国大陸からの高濃度オゾンを含む汚染大気による越境汚染が指摘されている。

オクラホマシティー　Oklahoma city

㊞アメリカ南部、オクラホマ州の州都。1995年連邦政府ビル爆破事件が発生、2001年6月、主犯ティモシー・マクベイに対し、連邦政府による38年ぶりの死刑が執行され、犠牲者の遺族らに公開された。

オスロ　Oslo

㊞ノルウェーの首都。「神聖な森」の意。フィヨルドの湾奥に位置する天然の良港で、かつてはバイキングの拠点であった。ノーベル平和

賞授賞式は毎年12月10日、オスロで行われる。

オゾン層 ozone layer

高度20～30キロで地球を取り巻いているオゾンを多く含む大気の層。オゾンは酸素の同素体で、酸化作用が強く、生物に有害な太陽の紫外線を吸収する働きをもつ気体。低緯度地域以外では、オゾン層は減少傾向にあり、フロンなどオゾン層を破壊する物質の生産や使用を規制するモントリオール議定書に基づき、日本でも1988年、特定物質の規制などによるオゾン層の保護に関する法（オゾン層保護法）が制定された。

オゾンホール ozone hole

9月から10月にかけて、南極大陸上空のオゾン層に穴が開いたようにオゾンの濃度が異常に低くなる現象。1982年に気象庁気象研究所の忠鉢繁氏が昭和基地での南極観測中に初めて発見した。

オタク otaku

アニメやビデオ、テレビゲーム、パソコンなどの趣味に全人格的にのめり込み、細部の情報にこだわる人。趣味の世界以外には関心がないので、他人とのコミュニケーションもよそよそしくなり、友達に対しても「お宅」と呼びかけることから名付けられたと言われる。1980年代から使われ出した言葉で、当時は主に若者を指したが、現在では、年齢や趣味の内容にかかわらず、「マニア」と同じ感覚でも使われている。

オタワ Ottawa

(地)カナダの首都。先住民の言葉で取引の意。1826年オタワ川とオンタリオ湖の間に運河を敷設するため建設されたのが始まり。

オッカムのかみそり Ockham's razor

ある事柄を説明するための仮説は必要最小限

であるべきだという、思考の節減の原理。中世イギリスのスコラ哲学者・オッカムのウイリアムが提唱した。「かみそり」は、正しい思考を阻む無用のひげをそり落とすというたとえ。

オッジ　Oggi

㊖月刊誌（小学館）。28日発売。若い女性向け、ファッション・ライフスタイル情報を掲載。オッジはイタリア語で「今日・現在」の意味。

オッズ　odds

賭け率、競馬などの概算払い戻し率。英語では、確率、勝算など、より広く可能性という意味をもつ。

オッティモ　OTTIMO

㊖微炭酸ライトアルコール＝リキュール類（アサヒビール）。イタリア語のブオーノ（おいしい）の最上級「最高においしい」から命名。

【オ】

オデッセイ　ODYSSEY

㊖車。ミニバン（ホンダ）。英語で「長期の冒険旅行」を意味する語にちなんで命名。「オデッセイ」は古代ギリシャの長編叙事詩「オデッセイア」（ギリシャ神話の英雄オデッセウスが体験する10年間の冒険物語）に由来する。

オニール（シャキール・〜、Shaquille O'Neal）

㊅NBA（米プロバスケットボール協会）のロサンゼルス・レイカーズのスター選手。1972年生まれ。2001年のプレーオフでチームのV2に貢献、2年連続で最優秀選手に選ばれる。

オニール（ポール・〜、Paul O'Neill）

㊅米財務長官。1935年生まれ。アルミニウム最大手のアルコア会長からブッシュ政権発足で2001年から現職に。

オピニオン　opinion

意見。世論。ラテン語の「考える」を意味する言葉が語源。「オピニオンリーダー」は、有力評論家やジャーナリストなど、世論の形成に影響力を持つ人。1940年のアメリカ大統領選挙で、投票行動の調査を行ったラザースフェルドらの命名。

オファー　offer

　提案。申し出。また、条件を提示して取引を申し込むこと。プロ野球やサッカーで、移籍を打診することにも使われる。「オファー価格」は、売買時に提示する希望価格。

オフィシャル　official

　正式の。公式の。「オフィシャルサプライヤー」＝オリンピックなどでシンボルマークなどの使用権を得る代わりに、組織本部などに物品を無償提供する企業・団体。オリンピック商業化の一因。「オフィシャルステートメント」＝公式声明。「オフィシャルドキュメント」＝公文書。「オフィシャルプライス」＝公定価格。「オフィシャルレコード」＝スポーツ大会での公式記録。

オブザーバー　observer

　①観察者。立会人。特に、会議のとき、正式な参加資格がなく、採決に加わらない者を指す。②㊔イギリスの新聞。1791年に創刊されたイギリス最古の日曜新聞。当初は通俗大衆紙だったが、ニュース報道に力を入れ、19世紀後半から高級評論紙としての評価が定着した。

オフサイド　offside

　「反則の位置に」の意で、サッカー、ラグビー、ホッケーなどの反則のひとつ。競技してはいけない位置にいながら競技すること。「待ち伏せ禁止」の思想に基づいたルール。例えばサッカーでは、攻撃の際、後方にいる選手が味方選手へパスを出したとき、その選手と相手ゴールラインとの間に相手側選手がキーパーを含んで2人以上いないとオフサイドになる。「オフサイドトラップ」は、守備側が意図的に守備の最終ラインを前に引き上げて、相手選手がオフサイドを取られるよう文字通りトラップ（わな）にかける戦術。

オフシアター　off-theater

興行ではなく、文化振興の一環として映画を上映する文化施設。

オフショア　offshore

オフ（離れて）＋ショア（海岸）で「沖合の、外国の」が、もともとの意味。金融用語として使われることが多い。「オフショア市場」＝各銀行に設けた特別会計内で行われる国際金融取引の総称。国内市場に比べ税制上の優遇措置があり、為替管理の規制が少ない。言わば国際金融の〝出島〟。「オフショア・ファンド」＝税金の安い国に籍を置いて本国の規制や課税の回避を狙った海外投資信託。

オプション　option

選択、選択権、選択の自由。自動車などで標準装備品以外に選んで購入する物。「オプション取引」は、選択権付き取引をいう。一定期間内に契約時の価格で売買できる権利を取引する。

オプティ　Opti

㊪軽乗用車（ダイハツ）。英語のオプティマム（最適な）とオプティミスティック（明るく前向きな）にちなんで命名。

オフバランス　off balance

計上されていない資産・負債。「オフバランス化」＝貸借対照表（バランスシート）から資産の一部を消し去ること。銀行の不良債権処理策では、債権放棄などの直接償却や債権売却などがこれにあたる。将来の貸し倒れに備えて引当金を積む間接償却では新たな不良債権が生まれる可能性が残るため、オフバランス化による不良債権処理の完結を期待する声もある。「オフバランス取引」＝バランスシートに計上されない帳簿外の取引。将来の売買についての契約である金融先物取引が代表例。

オフ・ブロードウェー　off Broadway
商業演劇が中心のニューヨーク・ブロードウェー以外の劇場で上演される演劇。小さい劇場で予算も安く、無名の作家の作品などを上演することも多いが、ヒット作も多い。

オフレコ　off the record
英語のオフ・ザ・レコード（記録外・記録しないこと）を日本では略してオフレコという。公表しないことを条件に取材対象者から事実や意見の提供を受けること。また、取材される側の人が記録・報道しないという条件で記者に話すこと。反対はオンレコ（on the record）。取材方法としてのオフレコには「国民の知る権利」の観点から賛否両論がある。日本新聞協会では「真実の深層、実態に迫り、背景を正確に把握する有効な手段で、結果として国民の知る権利にこたえうる」との見解（1996年）を発表している。

オポチュニスト　opportunist
日和見主義者。機会主義者。御都合主義者。便宜主義者。原理や原則にとらわれず、事の成り行き次第で、自分の都合のよい方につこうとする態度をとる人。ラテン語の「港の方へ」を意味する言葉が語源で、「避難所である港を探して」といった意味。もっぱら批判的な意味合いで使われる。

オマージュ　hommage
賛辞、敬意の意味のフランス語。あるものに対する敬意を表した作品を評する場合に「これは～へのオマージュである」などと表現する。(例)「この映画には多くのスタンダードナンバーが流され、ジャズへのオマージュがちりばめられている」

オマル（ムハンマド・～、Muhammad Omar）
㊇1998年から2001年までアフガニスタンを実効支配したイスラム原理主義勢力「タリバン、→p193」の最高指導者。1959年ごろカンダハル近郊で生まれた。

オムニバス　omnibus
映画や演劇、小説などで、独立した短編をいくつか組み合わせてひとつの作品としたもの。「すべての人のために」の意味のラテン語に由来し、乗り合い自動車を指す英語の「バス」も、これが語源になっている。

【オ】

オメガ　OMEGA
㊔腕時計で知られる時計ブランド。オメガはギリシャ文字のアルファベット最後の文字「Ω」で、最高・究極という意味。1848年、時計師、ルイ・ブランがスイスで創業した。NASA（米航空宇宙局）の過酷な試験をクリアし、人類初の月面着陸の際に用いられた。オリンピックの公式時計にも採用されている。

オリーブの木　L'Ulivo
イタリアの中道・左翼政党の連合体。複数政党が統一首相候補を掲げ小選挙区で選挙協力を進める政権戦略により、1996年の上下両院選挙に勝利した（2001年選挙では敗退）。イタリア全土で生育し、悪天候にも強くたくさん実をつけるオリーブをシンボルとした。日本でも民主党が一時、「日本版オリーブの木」構想を呼びかけたことがある。

オリゴ糖　oligos

善玉の腸内細菌ビフィズス菌の栄養源となって菌を増やし、腸の働きを活発にする効果があるとされる糖類。砂糖に比べカロリーが低いのも特徴。デンプンや砂糖などから人工的に作り出した製品が市販されている。

オリコン original confidence

㊎国内発売のCD、DVD、ビデオソフトなどの新作紹介や売り上げランキングなどを調査し掲載している専門誌、またその発行会社名。1967年創立。

オリジナリティー originality

独創性。創造性。奇抜さ。「オリジナリティーあふれる設定」「オリジナリティーのある料理」などと使う。「オリジン」は、ラテン語で「日が昇ること」、すなわち「始まり」を意味する。「オリジナリー」は副詞で、「もとは」「独創的に」。

オリベッティ Olivetti

㊎イタリアの大手情報通信企業グループ。かつて「真っ赤なバケツ」の愛称で世界的ロングセラーとなったタイプライター「バレンタイン」で有名だったが、近年、事務機器やコンピューター分野から撤退し、通信事業に業態転換した。現在、イタリアの電話最大手テレコム・イタリアなどを経営している。

オルタナティブ alternative

二者択一。代案。代替物。現状に代わるべきもの、というニュアンスで使われる。「オルタナティブテクノロジー」＝従来の化石燃料や原子力に代わる太陽熱利用などによる代替エネルギー技術。「オルタナティブロック」＝既存の主流ロック音楽に対する非主流のロック。「オルタナティブトレード」＝草の根貿易。営利目的でなく、生産者の自立、健康、環境などに配慮した貿易。

オレイン酸　oleic acid

油酸。不飽和脂肪酸の一種。血中や空気中でもほとんど酸化しない。動脈硬化の原因となる悪玉コレステロールだけを減少させることから注目を集めている。オリーブオイル、ナタネ油、ツバキ油、サラダ油に多く含まれる。熱してもほとんど酸化しないため、揚げ物やいため物などの加熱調理に適している。

オレガノ　oregano

シソ科の多年草。ハナハッカとも。葉は乾燥させて香辛料として使う。イタリア料理やメキシコ料理では不可欠なスパイスで、ピザやシチュー、スープに使用される。

オレンジページ

㊇雑誌（オレンジページ社）。2・17日発売。20〜40代女性向け。各種生活情報を掲載。

オロナインH軟膏

㊇外皮用薬（大塚製薬）。オロはスペイン語で金ということと、主原料を開発した米国オロナイトケミカル社に由来。Hは主成分ヒビデン（グルコン酸クロルヘキシジン）の頭文字。

オロナミンC

㊇炭酸飲料（大塚製薬）。アミノ酸とビタミンCを豊富に含んでいることと、大塚製薬の看板商品であったオロナイン軟膏に由来。

オンデマンド　on demand

使う者の要求に応じて、サービスを提供する形態。英語の熟語としては「請求があり次第」の意。テレビの番組などは、提供されるものの中から視聴者が番組を選択する方式だが、インターネットのデータ配信はほとんどがオンデマンド。

オンブズマン　ombudsman（スウェーデン語）

中立の立場で、行政機関の仕事を監察・調査したり、官公庁・公務員に対する市民の苦情を処理したりする人・機関。スウェーデンで始まった制度で、本来は公職として議会や自治体の首長から任命されるものをいう。日本では川崎市など一部の地方自治体で設置されているが、国のレベルでは存在しない。むしろ民間有志の市民オンブズマンの活動が有名で、地方自治体の情報公開度のランキングを発表したり、官官接待やカラ出張などの実情を報告したりしている。

オンライン on-line

パソコンなどの端末装置が、インターネットやパソコン通信などのネットワークに接続されている状態。また、テニスなどで、ボールが線（ライン）上に落下すること。

カ

カースト caste

インドの世襲的階級。大別してバラモン（聖職者）、クシャトリア（王侯武士）、バイシャ（商人）、シュードラ（隷属民）と、最下層アチュート（不可触民）の五つに、さらに2000以上ある職業・地域別の社会集団（ジャーティ）に厳格に区分され、生まれた瞬間から運命が決まる。異なるカーストに属する者同士の婚姻・食事を忌避する風習がある。

ガーゼ Gaze

包帯やマスクに使われる目の粗い軟らかな医療用の布。アラビア語で真綿を意味するgazzが語源で、パレスチナ自治区ガザ（↓p91）はかつてこの特産地だったといわれる。日本語にはドイツ語を経由して取り入れられた。

ガーディアン　The Guardian

(商)イギリスの代表的な日刊紙。1821年にマンチェスター・ガーディアンとして創刊、現在の名前は1959年から。「タイムズ」と並ぶ高級紙の代表。

ガーディアン・エンジェルス　Guardian Angels

繁華街や地下鉄での犯罪防止のためのパトロールで知られる地域ボランティア団体。赤いベレー帽がトレードマーク。ガーディアン・エンジェルは守護天使の意味で、1979年、犯罪が多発していた米ニューヨークで誕生。ニューヨークに本部を置き、2001年現在、11か国に約5000人の隊員を持つ。犯罪防止に取り組むNPO（非営利組織）としては世界で最も規模が大きい。日本では95年の地下鉄サリン事件の翌年に東京支部が発足、都内のほか関西などで活動している。

ガーデニング　gardening

園芸。もともとは洋風の園芸や造園（術）を指す。1990年代の中ごろ、英国式の庭園とともにこの言葉が広く紹介され、ハーブや花などの植物を育てて楽しみたいという女性を中心に関心を呼んだ。最近では単なる庭いじりやベランダ園芸を行うこともガーデニングと呼ばれる。

カートリッジ　cartridge

はめ込み式交換部品。もとの意味は弾薬筒。フィルムやビデオテープ、インク、ガス、製剤などを交換する際、中身を取り出さず容器ごと取り付けるための収容ケースをいう。

ガーナ　Ghana

①(地)大西洋のギニア湾に面するアフリカ西部の国。国名は4～13世紀に栄えたスーダン系の

ガーナ王国に由来する。ガーナは王の尊称、最高の支配者を指す。15世紀末ポルトガル人が進出し、奴隷貿易の拠点となる。英国進出後は「黄金海岸」と称される。1957年英連邦の一員として独立、その後のアフリカ諸国独立の先駆けとなった。首都アクラ。②㊔チョコレート（ロッテ）。1964年発売。ロッテが作った初めてのチョコレート。原料のカカオ豆がガーナ産であることから。

カーナビ car navigation system

目的地まで誘導する自動車航法システム。カーナビゲーションの略。衛星（GPS＝全地球測位システム）からの電波を使い、自分が現在いる位置を画面上の地図に表示し、目的地の住所や電話番号を入力するだけで、道順を音声と画面で案内する。渋滞情報を受信し、目的地までの最も早い道順を自動的に探索するなど高機能化が進んでいる。

カーネギーホール Carnegie Hall

アメリカ・ニューヨークにある音楽ホール。1891年完成。当初はミュージックホールといったが、1898年の改築時に鉄鋼王アンドリュー・カーネギーが資金を提供し、その名が冠せられた。音楽家にとって、ここで演奏することは特別な名誉とされる。

カーリング curling

氷上で行われるスポーツ。ストーンと呼ばれるハンドルのついた丸い石を氷の上に滑らせ、氷上に描かれた円（ハウス）の中心に近づける競技。1チーム4人で対戦。スキップ（主将）の指示の下、1人がストーンを投げ、スイーパー2人がブルーム（ほうき）で掃きながらストーンの進路や速度を調節する。相手チームとの駆け引きが見どころで「氷上のチェス」といわれる。発祥は16世紀のスコットランド。名前の由来は、石がカール（回転）して滑ることから。

カール　KARL

(商)スナック菓子（明治製菓）。形状から、「巻く」を意味する「カール」と命名。ただし、本来のつづり「CURL」では商標登録できず、アルファベット表記は「KARL」に。

カール・ツァイス　Carl Zeiss

㊭ドイツの精密光学機械メーカー。19世紀に顕微鏡などを研究した同名の技術者に由来する会社。一眼レフカメラ・コンタックスが有名。顕微鏡や望遠鏡などに高い技術水準を有する。

ガイア　GAIA

(商)車。ミニバン（トヨタ）。ギリシャ神話に登場する「大地の女神」の意味。

ガイダンス　guidance

案内。指導。英語では、ロケットやミサイルの誘導の意味もある。日本語としては、特に、学生に対する勉学や就職に関する指導をいう。新入生や新規の受講生、参加者などに行う説明会についてはオリエンテーションということもある。

ガイドライン　guideline

政策・施策などを行う際の指針や準拠枠。原義は、道しるべの案内綱。「政策運営上のガイドライン」「医療事故防止のためのガイドライン」「学校の安全対策のガイドライン」などと使う。また、特に「日米防衛協力の指針」の通称。1999年には、日米の安全保障協力を強化する「ガイドライン関連法」（自衛隊の対米支援活動などを盛り込んだ周辺事態法、邦人救出の際の自衛隊艦船の使用などを定めた改正自衛隊法、改正日米物品役務相互提供協定）が成立した。

カイバル峠　Khyber Pass

㊞アフガニスタン、パキスタン両国国境にある標高1000メートル余りの峠。紀元前4世紀、アレキサンダー大王がインド侵攻の際通過したといわれ、数々の歴史的進軍の経路となった。大乗仏教は7世紀、唐代の僧・玄奘（三蔵法師）がカイバル峠を越えて伝えたことなどにより、北インドを経て、北方仏教として日本にまで到達した。近年ではアフガニスタンへのソ連侵攻、内戦、また2001年の米軍などによる軍事行動で、アフガニスタンから脱出する難民のルートになった。

カウンセラー　counselor

心理学や精神病理学などの専門知識を持ち、個人の悩みについて相談に乗り助言を与える人。いじめや不登校など児童、生徒や教師の相談に乗るスクールカウンセラーの役割が注目されている。文部科学省は各小中学校への配置を開始したが、2001年度は小学校6％、中学で25％にとどまっている。また、大学でもスクールカウンセラーの養成が始まっている。

カウントダウン　countdown

ロケット発射などの際の秒読み。ロケット発射時刻をゼロアワーといい、そこに至るまでの最終点検の手順がカウントダウン。また、年越しや大きな行事、計画の実行などに向け、時刻や日にちを開始から逆に数えて、雰囲気を盛り上げるときにも行う。アメリカ・マンハッタンのタイムズスクエアは、1907年から毎年大みそかに年越しのカウントダウンを行うことで有名。

カオス　chaos

無秩序。大混乱。ギリシャ神話で、天地創造以前の混とんとした状態。宇宙の秩序が形成される前の未分化の状態。ギリシャ語の khaos（深い淵）が語源。（例）「冷戦後の現代世界はまさにカオスの状態である」。反対語はコスモス（秩序）。

ガザ　Gaza

（地）地中海南東沿岸の都市。1967年第三次中東戦争以後イスラエルが占領、94年パレスチナ側に返還され、西岸エリコとともに先行自治区が誕生した。ヨルダン川西岸の一部とともに、ガザ地区の3分の2がパレスチナ自治政府の行政区域となっている。

カザルスホール　Casals Hall

東京・御茶ノ水にある音楽ホール。東京で初の本格的室内楽ホールとして造られた。スペイン出身のチェロの巨匠、パブロ・カザルス（1876～1973年）の名を冠している。

カシミール　Kashmir

（地）インド北西部からパキスタン北東部に広がる山岳地帯。自国の領土と主張するインドに対し、多数派を占めるイスラム教徒はインドからの分離を要求、これにパキスタンが呼応し、この地域の帰属をめぐって両国が歴史的に対立している。1947年10月に第一次印パ戦争勃発。65年、71年にも第二次、第三次の武力衝突が起こるなど両国間の紛争の火だねとなっており、90年代以降も、パキスタンに本拠を置くイスラム過激派がヒンズー教徒へのテロを本格化させている。

カジュアルデー　casual day

社員・職員が自由な服装で出勤してよいとする日のこと。金曜日をこの日にするところが多く、その際は「カジュアルフライデー」と呼ぶ。「カジュアル」はカジュアルウエアの略で、気軽に着られる普段着の意味。アメリカでの流行に影響され、日本でもこうした日を採用する職場が現れたが、「くだけ過ぎ」との批判もあり、完全に根付くには至っていない。英語ではドレス・ダウン（着くずす）という。

カスタマイズ　customize

独自化。特別注文。「カスタム」は「顧客」「注文の」の意味。既存のものに手を加え、自分が使いやすいように作り変えること。コンピューターの設定や操作方法などを変えることを「カスタマイズする」という。

カスピ海　Caspian Sea

㊞アジアとヨーロッパの境界にある世界最大の内海。キャビア（チョウザメの卵）の産地。膨大な量の石油が埋蔵されていることが確認されており、ロシア、カザフスタン、トルクメニスタン、イラン、アゼルバイジャンの5か国が領有権を主張している。

カットオフ条約　Fissile Material Cut-Off Treaty

核爆弾の原料となる兵器用の高濃縮ウランやプルトニウムの生産を禁止する条約。主原料の生産を禁止して核軍縮・核不拡散体制を目指すのが目的。1993年、クリントン米大統領が国連総会で提唱したが、交渉は難航しており、話し合いは数年来停滞したまま。

カテーテル　katheter

管状の医療器具で、体の中に挿入して液体などを排出したり、逆に、体内に薬液などを注入したりするために用いる。導管ともいう。オランダ語で、江戸時代に日本に入ってきた言葉。最近、手術の際にカテーテルを患者の体内に取り残すなどの医療ミスが相次いで発覚して問題になった。

カテキン　catechin

お茶の渋みの成分。抗酸化作用、抗菌作用がある。1986年、埼玉県立がんセンターが、がんの発症を予防する効果があると発表。その後、世界がん研究基金なども胃がんのリスクを低下させる可能性があると報告したが、2001年、東北大医学部の研究グループがそれを疑問視する研究調査結果を出している。

カテゴリー　category

範疇。ギリシャ語で「訴訟」を意味するカテゴリアに由来する哲学用語。それ以上分けることのできない根本的な基本概念。「範疇」の訳語は、明治時代、中国の古典「書経」の中の「洪範九疇」という言葉から作ったもの。一般的には、同じ性質のものが属すべき範囲、部門をいう。「カテゴリー別に分類する」「新しいカテゴリーの商品を出す」などと使う。

カトラリー　cutlery

食卓用の刃物類。またナイフ、フォーク、スプーンの総称としても使われる。カテラリーとも。

カナダドライ・ジンジャーエール

㊇炭酸飲料（コカ・コーラ）。1907年、カナダでソーダ水の製造販売をしていたJ・J・マクローリンが「アルコールの入っていないシャンパン」として開発。母国の名を入れて「カナダドライ」と命名した。

カニバリズム　cannibalism

人肉を食べる風習。共食い。語源はコロンブスのアメリカ到達のころ、カリブ諸島に住んでいた人々が人食い人種と思われていたことに由来するといわれる。動詞「カニバライズ」には、「人肉を食べる」「共食いする」のほかに、「故障した機械を分解して再利用する」という意味もある。

【カ】

カバディ kabaddi

格闘技と鬼ごっこをいっしょにしたようなスポーツ。1チーム7人で行う。攻撃側からレイダーと呼ばれる攻撃手が守備側コートに攻め入り、守備側選手の体にタッチし、無事に自陣に戻れば得点。タッチされた選手はアウトとなり、一時退場する。その際、レイダーは一回の呼吸で「カバディ、カバディ……」と連呼し続け、息が続かなければ自分がアウトとなる。一回ずつ攻守を交代し、20分ハーフで得点を競う。インドやバングラデシュの国技として長い歴史を持つ。1990年、北京アジア大会で初めて正式種目に採用された。

ガバナビリティー governability

統治能力。本来の意味は「統治しやすさ」「従順さ」、つまり民衆の側が自主的に示す統治されうる能力（被統治能力）を指すが、日本語としては誤って、「自民党は大都市でガバナビリティーを喪失している」など、政治家が発揮する統治能力の意味で使われる。

カバラ kabbala

ユダヤ教神秘思想の「口承」「伝承」を意味するヘブライ語。また、長い間、秘密の内に隠されていたユダヤ神秘思想が世に知られるきっかけとなった、13世紀スペインのユダヤ人の著作を指す。一般に秘法、秘教の意味で使われることもある。

カビラ（ジョゼフ・〜、Joseph Kabila）

㊅コンゴ民主共和国（旧ザイール）大統領。1971年生まれ。モブツ政権を倒した大統領だった父が2001年暗殺され、30代の若さで大統領になった。

カフェラテ caffé latte

イタリア語で、ミルク（ラテ）入りコーヒーのこと。カフェラッテとも。喫茶店などでは、以前はフランス語のカフェオレを使っていたが、90年代後半からカフェラテの名称が増えてきた。

カプセルホテル　capsule hotel

ベッドがカプセルに包まれたように個室状になっているホテル。各ベッドにはテレビ、ラジオ、時計などが備え付けられており、共同浴場やロッカーなどがあるところも多い。1979年に大阪に登場し、終電に乗り遅れたときなどタクシーで帰るより安いということから、大都市を中心に各地に広まった。

カプリアティ（ジェニファー・～、Jennifer Capriati)

(人)米女子テニス選手。1976年生まれ。2001年、史上5人目の全豪、全仏連覇を達成した。

カペラ　CAPELLA

(商)車。セダン（マツダ）。英語で最も北極に近い一等星「馭者（ぎょしゃ）座のα星」を意味する語にちなんで命名。アラビア人は、この星が他の星より早く北の空高く光り輝くので「星の長」と呼んでいたという。

カマンベールチーズ　camembert cheese

表面に白カビがついた、中身は軟らかいクリーム状のチーズ。フランス・ノルマンディー地方カマンベールの名産。

カミングアウト　coming-out

同性愛者であることを公式に認めること。また、秘密にしていたことを告白すること。英語では、社交界にデビューするという意味でも使われる。

ガムラン　gamelan

インドネシアのバリ島、ジャワ島を中心に発達した民族音楽。旋律を奏でる鍵盤楽器、リズムを受け持つ打楽器を中心とした合奏。伝統的な舞踊や影絵芝居の伴奏にも用いられる。

カムリ　CAMRY

(商)車。セダン（トヨタ）。日本語の「冠」をもじって命名。

ガラコンサート　gala concert

ガラ（イタリア語の歓楽）は祝祭、祭り、運動の競技会などの意。特に、著名音楽家による特別演奏会や祝賀演奏会を指す。なお、上越新幹線にあるガーラ湯沢駅のガーラもこの語に由来している。

カラット　carat

宝石の重さを表す単位。1カラットは0・2㌘（英カラットは0・205㌘）。カラットダイヤモンドといえば、1カラット以上のダイヤのこと。また、金の純度を表す単位としても使われ、純金を24カラット（日本語では24金）として、どのくらいの含有率があるかを示す。18カラット（18金）は金の含有率が24分の18であるということ。

ガラパゴス諸島　Galápagos Island

(地)エクアドル領、太平洋上にある火山島群。スペイン語で海亀の意。特異な動植物が生息する。1835年、ダーウィンがビーグル号で訪れて研究を行い、後に自然淘汰を主な要因とする生物進化論を唱えた「種の起原」に結実させた。環境保護への理解を深めるための観光旅行（エコツアー、→p62）が行われている。

カラハリ砂漠　Kalahari Desert

(地)アフリカ大陸南部の砂漠。約26万平方㌔（日本の面積は約37万平方㌔）。移動生活のため土地を持たない狩猟民族ブッシュマン＝サン族が居住する。1996年先祖伝来の土地の返還を勝ち取り、2001年には肖像権（2万70

00年前の岩壁画管理）や知的財産権（食欲抑制効果のあるサボテンの発見）を主張している。

カリーナ　CARINA

(商)車。セダン（トヨタ）。英語の星座「竜骨座」を意味する語にちなんだ名前で親しまれたが、2002年からアリオンに車名変更。

カリキュラム　curriculum

教育課程。教育計画。児童、生徒の発達段階や学習能力に応じて教育内容を系列化したもの。科目の構成、科目の内容、配列など。小、中、高校では文部科学省が定める学習指導要領がカリキュラムの基準を示す。大学では1991年から自由にカリキュラムを編成できるよう大学設置基準が改正され、一般教養と専門科目の単位数の枠も撤廃された。「クロスカリキュラム」は、社会科でゴミ問題を扱うときに理科の食物連鎖を学ぶなど、関連した内容を複数の教科で同時に取り上げること。

カリスマ　charisma

超人的な力を感じさせて人をひきつける能力・資質、またはそれを持つ人。もとは神の賜物を意味するギリシャ語で、予言や奇跡などを行う能力を指した。のちに、政治的指導者や宗教家などが大衆を心服させ支配する能力もカリスマ的資質と呼ぶようになった。「カリスマ店員」（自ら若者のファッションの手本となるブティックの店員）、「カリスマ美容師」（時代をリードするヘアメークで芸能人を顧客に持つ美容師）などとも使われる。

カリブ　CARIB

(商)車。ワゴン（トヨタ）。英語で北米産の「トナカイ」を意味する語にちなんで命名。

カルザイ（ハミド・〜、Hamid Karzai）

アフガニスタン暫定行政機構議長（首相に相

当）。1957年生まれ。最大民族のパシュトゥン人（↓p244）で、歴代国王も多く輩出した名門部族の出身。タリバン（↓p193）に殺されたとされる父は元国会議長。アフガン侵攻ソ連軍への抵抗戦で活躍し、92～93年には外務次官を務めた。アメリカを始め国際社会の支持を受け、20年以上にわたる戦火で疲弊したアフガンの国家再建の指揮を執っている。

カルスト地形 karst

鍾乳洞など、石灰岩が雨水や地下水などの浸食を受けて出来た独特な地形。東欧スロベニアのカルスト地方に多く見られるのに由来する。日本では山口県の秋吉台が有名。

カルタス CULTUS

㊔車。セダン（スズキ）。「崇拝」の意味のラテン語を語源とする英語 cult から命名。

カルティエ Cartier

㊔「宝石商の王であるがゆえに、王の宝石商」と英国王エドワード7世（20世紀初頭）に言わしめた高級宝飾ブランド。1904年、それまで懐中時計が当たり前だった中で、世界で初の本格的な腕時計を製作した。現在では宝飾品、革製品のほか、幅広い商品を展開している。

カルデラ caldera

火山の火口付近が陥没して出来た大規模な円形のくぼ地。スペイン語で鍋、釜の意味。阿蘇山のカルデラは東西18キロ、南北23キロにも及び世界最大級。また、カルデラに水がたまって出来た湖はカルデラ湖と呼ばれ、北海道の摩周湖や神奈川県の芦ノ湖が有名。

カルト cult

小規模ながら狂信的な宗教（宗派）。社会の伝統的な価値観から大きく逸脱し、反社会的行為に及ぶ集団も少なくない。近年では、200

0年に東アフリカ・ウガンダのカルト教団「神の十戒復古運動」の信者が、教祖の予言により世界が終末を迎える日とされた3月17日に集団で焼身自殺、1000人以上が死亡した。「カルト・ムービー」＝一部に熱狂的な支持者をもつ映画。「カルト・クイズ」＝特定の分野の微細にわたるクイズ。

カルドゾ（フェルナンド・エンリケ・〜、Fernando Henrique Cardoso）

㊇ブラジル大統領。1931年生まれ。経済構造の近代化で成果を上げ、1998年の大統領選で再選された。

カルバン・クライン Calvin Klein

㊌アメリカのファッションブランド。1968年、デザイナー、カルバン・クラインが設立、コート事業から出発し、カジュアルウエア、アクセサリー、香水などに事業を広げた。若者向けブランド「CK」も。

カルフール Carrefour

㊏フランスの売上高世界第2位のスーパー。規模の大きさと低価格を売りに2000年末に千葉・幕張に出店した。食料品から家電製品まで、すべての商品の支払いを一か所のレジでまとめて行うワンストップショッピングを採用している。

ガレージセール garage sale

家庭の不用品を自宅の車庫で格安で売ること。欧米では古くから行われてきており、庭先で開けばヤードセール、芝生の上ならローンセールとも呼ばれる。日本でも1970年代後半に取り入れられたとされるが、公共の場所に品物を持ち寄って販売するフリーマーケット（↓p285）方式のものをガレージセールと呼ぶことも多い。

カレーラス（ホセ・〜、Jose Carreras）

（人）オペラ歌手。1946年生まれ。スペイン人。ルチアーノ・パバロッティ、プラシド・ドミンゴとともに「世界3大テノール」として知られる。白血病を克服して舞台に復帰し話題になった。

カローラ COROLLA

（商）車。セダン（トヨタ）。英語で「花の冠」を意味する語にちなんで命名。

ガロン gallon

液体の体積単位。1ガロンは3・785リットル（英ガロンは4・546リットル）。

環境ホルモン endocrine-disrupting chemicals

動物の体内に入ると、ホルモンに似た働きをし、生殖などの内分泌機能を乱す化学物質で、内分泌かく乱化学物質ともいわれる。1996年に米国で出版された「奪われし未来」をきっかけに注目されるようになった。この本は、殺虫剤が流出した米国の湖で雄ワニの多くに生殖器が縮む異常が見られるという報告や、男性の精子数が過去50年間で半減しているという研究を紹介し、全米ベストセラーとなった。

ガングロ

日焼けサロンで焼いたチョコレート色の顔、対照的に白っぽくピエロのようなメークの目と唇、金や銀色に派手に染めた髪という奇抜な容貌で人目をひく若い女性。アムラー（→p26）の〝進化型〟。1999年ごろにはやった。顔が黒いという意味で「顔黒」が語源らしいが、「ガンガンに黒い」を略したものという説も。なかでも髪をぼさぼさにした人は、ヤマンバ（山姥）と呼ばれる。

カンタス Qantas

㊭オーストラリアの航空会社。社名はクイーンズランド・ノーザン・テリトリー・

エアリアル・サービスの頭文字から取った。日本には1952年から乗り入れており、垂直尾翼の赤地に白いカンガルーのマークで親しまれている

カンダハル　Kandahar

㊞アフガニスタン第二の都市。アレキサンダー大王が建設し、市名はアレクサンドリアのペルシャ名「イスカンダル」が転訛したもの。アフガン南部交易の中心地で、東部カブール、西部ヘラート、パキスタンのクエッタとも結ばれている。タリバン（↓p193）が本拠地としていた。

カンパニー制　company system

社内分社化。企業内で各事業部門を別会社のように分けて独立性を高めること。権限をゆだねることで責任を持たせ、意思決定を迅速化して経営の効率化を図るのが目的。日本では1990年代半ばごろから導入され始めたが、97年に独占禁止法の改正で純粋持ち株会社が認められたこともあり、最近ではカンパニー制から持ち株会社に移行しつつある。

カンフー　kung fu

空手に似た中国式拳法。広東語の「功夫」から。クンフーとも。1973年に公開された香港映画「燃えよドラゴン」で世界的に有名となり、主演のブルース・リーは一躍人気俳優になった。

カンブリア紀　Cambrian Period

地質時代のひとつで、約5億7500万年前から約5億1000万年前。古生代の初期。三葉虫のほか、クラゲ、オウムガイなど多くの無脊椎動物が出現した。「カンブリア」は英国ウェールズの古名。カンブリア山地で化石が多数発見されたところから、この年代をカンブリア

紀と呼ぶ。

カンフル剤　kamfer

強心剤として用いる医薬品。樟脳。また、比喩的に、「景気のカンフル剤」「巨人打線のカンフル剤」などと、物事が通常の手段ではどうにもならなくなったとき、回復させる効果のあるものという意味で幅広く使われる。

キ

キーワード　keyword

問題解決や文章理解のためのかぎとなる言葉。「ルネサンスをキーワードにした講演会」「21世紀の成長戦略のキーワード」「経費節減が五輪の新しいキーワード」などと使う。また、コンピューターで情報検索する際の手がかりとなる語句を指して使われることも多い。

キシリトール　xylitol

シラカバやカシなどの樹木からとれた成分を原料にした天然素材の甘味料。甘さは砂糖と同程度だが、カロリーは砂糖の約75%。虫歯菌を減少させる働きがあるといわれる。虫歯予防が手軽にできることで、キシリトール入りのガムや歯磨き粉がヒット商品となった。

キスミントガム　KissMint

(商)ガム（江崎グリコ）。１９８７年発売。「さわやかなミントとの出会い」をキスと表現したネーミング。

北アイルランド　Northern Ireland

(地)アイルランド島の北東部、英国の一部。英国からの分離とアイルランドへの併合を求める少数派カトリック系住民と、英国統治の存続を望む多数派プロテスタント系住民が対立、カトリック系のアイルランド共和軍（ＩＲＡ）などによるテロが続いた。１９９８年４月全当事者による和平交渉が合意に達し、住民投票で承認。自治政府が発足し、同年末、両派の代表がノーベル平和賞を受賞した。IRAの完全武装解除の実現が残された課題。

キックスケーター　kickskater

細長い板（ボード）に車輪とスティックを付けた乗り物・遊具。手でスティック上部のハンドルを握り、片方の足をボードに乗せ、もう一方の足で地面をけって前進する。スティックボードなどとも呼ばれる。軽量で折り畳んで持ち運びできることや、ファッション性が受けて子供や若者の人気を集めた。

キッシンジャー（ヘンリー・〜、Henry Kissinger）

㊟元米国務長官。1923年生まれ。ハーバード大学教授から69年、ニクソン大統領補佐官（国家安全保障問題担当）に。73年にノーベル平和賞受賞。

キッチュ　Kitsch

ドイツ語で、まがいもの、低俗なもの。本来の目的とは違った使い方をしたり悪趣味といわれたりしていた部分を生かした作品をこう呼ぶこともある。

キットカット　Kit Kat

㊔チョコレートクッキー（ネスレ）。「ネスレキットカット」のこと。語源には2説あり。①18世紀イギリスにあったキットカットクラブという政治クラブの名から、②その政治クラブの天井はとても低く、壁に横長の絵しかかけられなかった。美術界ではそういう横長の絵を「kats」と呼んでおり、低い天井に寸法を合わせるために絵をポキンと折らなければならなかったところから、そこで食べられたチョコレートの名の由来になった。

【キ】

キティホーク　Kitty Hawk

米海軍第七艦隊の通常型（原子力ではない）空母。1998年にインディペンデンスの後継として横須賀基地に配備された。全長324メートル、幅77メートル、排水量8万1123トン、乗員約5500人。2001年のアフガニスタンでの軍事行動の際も出撃した。

キティラー

サンリオの白猫のキャラクター（↓p107）「ハローキティ」を愛好する人。kitty に人を表す英語の接尾語 er を付けても「キティラー」とはならないが、シャネルのブランド品を愛用する「シャネラー」、歌手・安室奈美恵のファッションをまねする「アムラー」などにならって造語した。キティはもともと子ども向けだったが、若い女性にも人気があり、中高生や成人にもこのキャラクター商品を収集する人が多い。

キブツ　kibbutz（ヘブライ語）

イスラエル独特の農村生活共同体。「集めること」「集合」の意味。資産を共有し、生産や教育などを共同で行う。パレスチナのユダヤ人入植運動の中核を担う役割も果たした。

キプロス　Kypros

㊞地中海東部の島国。ギリシャ語のキパリソス（イトスギの意）から命名された。オスマン・トルコの支配を受け、のち英国に併合された。1960年の独立後、78%のギリシャ系住民と18%のトルコ系住民が対立、両国の介入もあり現在まで紛争がやまず、国連の仲介交渉が続いている。

キャスチングボート　casting vote

採決で賛否同数のとき、議長が投ずる票。転じて、対立関係にある二大勢力のどちらもが過半数をとれない状態で、第三勢力が決定的な役割を演じることを、「キャスチングボートを握る」という。キャスティングボートとも。「ボート」は「投票」のことで、「ボード」と濁るのは間違い。

キャスピー　CHASPY

㊪メール端末（NTTドコモ）。様々なキャラクターがメールや情報を読み上げることから、「キャラクター・スピーク（キャラクターがお話する）」を省略して命名。

キャタピラー　Caterpillar

㊎アメリカの産業機械メーカー大手で、建設や土木用の機械を製造。三菱重工業と共に設立した新キャタピラー三菱の製品の「キャタピラー」は商標。普通名詞としては「無限軌道」「履帯」などという。

キャッシュフロー　cash flow

キャッシュ（現金）＋フロー（流れ）で、お金の出入りと、その収支残高のこと。税引き後利益から配当金、役員賞与を差し引き、減価償却費を加えて算出した会社の自己資金をいう。企業経営の健全性を表す指標のひとつ。

キャッシュレス　cashless

キャッシュは「現金」、レスは「無し」、すなわち現金が不要ということ。手形、小切手、口座振り替え、クレジットカード、デビットカード（↓p205）などを使っての支払い。

キャッチ・アンド・リリース　catch and release

↓p173スポーツフィッシング参照

ギャップ　GAP

㊪アメリカのカジュアルウエアブランド。紳士・婦人向けのほか、子供向けのGAP KIDS、BABY GAPなど幅広い年齢層に対応している。1969年、サンフランシスコに1号店を開店。

日本では95年に初出店。

【キ】

キャデラック Cadillac

㊖車。セダン・高級大型乗用車（ゼネラル・モーターズ＝GM）。

キャナルシティ

福岡市博多区に1996年にできた大型複合商業施設。100を超える専門店街、シネマコンプレックス（→p152）、高級ホテル、オフィス街やショールーム、劇団四季の常設劇場などが一体となっている。広場には長さ200㍍のキャナル（運河）が流れている。

キャパ CAPA

㊖月刊誌（学研）。20日発売。カメラ情報・撮影技術に関する記事を掲載。

キャパシティー capacity

ものごとを受け入れる能力。潜在的な力。劇場などの収容人員、受け入れる余地を指しても使われる。キャパと略されることも。実際に何かをこなす能力一般はアビリティー、芸術などの先天的な才能はタレントという。（例）「あの会場のキャパは5000人だから十分余裕があるはずだ」

キャピタルゲイン capital gain

株や債券などの値上がり益のこと。株の配当は「インカムゲイン」。「キャピタルゲイン課税」は、有価証券譲渡益課税。

キャプテンシー captaincy

キャプテンとしての役割、リーダーシップのこと。さまざまなスポーツで用いられるが、もともとはラグビーで使われていた言葉。ラグビーでは試合中、監督やコーチは、グラウンドに下りて選手に指示を出すことができないため、試合に参加しているキャプテンの指導力・統率力（＝キャプテンシー）がチームにとって非常に重要になる。

キャベジン

㊕胃薬（興和）。キャベツから発見された粘膜修復成分（MMSC＝ビタミンU）が有効成分として配合されていることから命名。

キャミソール camisole

女性用の下着の一つで、細い肩ひも付きで、腰丈のそでなし下着のこと。もともと「インナー」（肌着）だが、1990年代後半に海外のデザイナーの影響などでアウター（外衣）として進化し、街着としても定着しつつある。

キャラクター character

一般には性質、特徴、個性という意味だが、特にテレビドラマ、映画、マンガ、アニメなどの登場人物やその役柄を指して使われることが多い。キャラと略されることも。「キャラが立つ」＝登場人物などの性格が、うまく描かれ、魅力あるものになっていること。「キャラクター商品」＝ミッキーマウスやドラえもん、ハローキティなど人気キャラクターをデザインに使った商品。キャラクター・グッズとも。（↓p42イメージキャラクター）

ギャラン GALANT

㊕車。セダン（三菱）。フランス語の「勇ましい」「華麗な」を意味する語にちなんで命名。

キャリア career

一般には人生や職業上の経歴、特定の分野で培った経験や知識。また、日本の中央官庁で国家公務員I種試験に合格し高い地位への昇進が事実上、約束されているエリート官僚を指す。そうでない国家公務員は「ノンキャリア」。「キャリアウーマン」＝熟練した知識・技能を持ち専門職・管理職に携わる女性。「キャリアアップ」＝経歴や職業上の資格・能力を高めること。

【キ】

キャリア　carrier
ウイルスなどに感染しているが、発病はしていない保菌者。キャリー（運搬）する人の意から。キャリアーともいう。また、自動車の屋根などに付ける荷台、運送業者、航空業者、電話会社などの通信業者の意味でも使われる。

キャロル　CAROL
㊔軽自動車（マツダ）。英語で「祝歌」「鳥のさえずり」を意味する語にちなんで命名。

キャンキャン　Can Cam
㊔月刊誌（小学館）。23日発売。若い女性向け。美容・ファッション・芸能情報を掲載。

キャンベラ　Canberra
㊞オーストラリアの首都。先住民族アボリジニ（↓p25）の言語で「集会所」の意とされる。首都選定の際、シドニーとメルボルンが候補に上ったが決着がつかず、中間にあるキャンベラが選ばれた。アメリカのグリフィンの設計による典型的な計画都市。

キューピーコーワ
㊔ビタミン剤（興和）。Q（クオリティー）&P（パーフェクト）の意味から命名。

キューブ　CUBE
㊔車。コンパクトカー（日産）。英語で「立方体」を意味する語にちなんで命名。

キュレーター　curator
学芸員。英語では博物館、美術館などの館長を意味するが日本では、そこで働く学芸員も指す。展覧会などの企画、作品や文化財の収集、研究などを行う専門職。

ギ・ラロッシュ　Guy Laroche
㊔フランスのデザイナー、ギ・ラロッシュが創設したオートクチュール（↓p75）ブランド。スポーティーかつエレガントなデザインで知ら

れる。香水、宝飾品なども。

キリバス　Kiribati

（地）太平洋中西部の赤道・日付変更線にまたがる島しょ国。国名は英海軍大佐トーマス・ギルバートの名前を現地発音したものにちなむ。日付変更線を東端の領海線に変更することによって、「世界で最初に一日が始まる国」となり、最東端の小島をミレニアム島と改名、世界最初の西暦2000年の初日の出を宣伝した。首都タラワ。

キルギス　Kirgiz

（地）中央アジアの国。キルギス語で「草原を遊牧する民」の意。1926年ソ連内の自治共和国、36年共和国、91年キルギスタン共和国（〜スタンは土地の意）として独立、93年キルギスに。99年、南部オシ州で日本人技師4人がイスラム武装勢力によって拉致されるという事件が発生したが、2か月後タジキスタン領内で無事解放された。首都ビシケク（旧フルンゼ）。

キングメーカー　kingmaker

国王擁立者。首相など要職の指名・人選に影響力を持つ大物。国王に取って代わる「王位簒奪者」ではなく、自分以外のだれかを王位に就けることで影響力を行使しようとする、いわば影の黒幕。ばら戦争（1455〜85年）の際、イギリスでヘンリー6世の即位を画策したウォリック伯爵が、ザ・キングメーカーと呼ばれた。現在では、王様に限らず、大統領や首相など要職の選任にあたって政治力をふるう実力者を広くキングメーカーと称する。

ク

クアラルンプール　Kuala Lumpur

（地）マレーシアの首都。クアラ（合流点、河口）

とルンプール（濁った）で「濁った河口」の意。

クイックキャスト

(商)ポケットベルの新名称（NTTドコモ）。2001年1月からポケットベルはクイックキャストに名称を変更した。クイック（速い）とマルチキャスト（特定多数へのデータ配信）の組み合わせによる造語。

クイックマッサージ　quick massage

短時間でできるマッサージ。時間をかけて、全身をくまなくもんだり指圧したりする従来のマッサージに対し、クイックマッサージは首や肩など、特定部分を集中的に行う。予約や着替えが必要なく、店が繁華街に多いため、昼休みや仕事帰りに寄れる手軽さがサラリーマンやOLに受けた。

クー　Qoo

(商)果汁入り飲料（コカ・コーラ）。大人がビールを飲み干した後に発する「クーッ！」という言葉からイメージしたもので、子供もおいしい飲み物を飲んで「クーッ！」と言いたいという気持ちを表したネーミング。

クウェート　Kuwait

(地)アラビア半島東部の国。ペルシャ語で「小さな城砦」の意。16世紀ポルトガル人が築いた交易拠点の城砦に始まる。1990年、隣国イラクが侵攻し併合を試みたが、翌年の湾岸戦争で米軍を中心とする多国籍軍により解放された。

クーデター　coup d'État（フランス語）

武力により権力を奪取すること。クーデタとも。階級間の闘争である革命に対し、クーデターは支配階級内部での政権交代であることが多い。かつてはラテンアメリカなど政情の不安定な国で多発した。最近では1999年にパキスタンでムシャラフ陸軍参謀長（現大統領）が実権を奪ったのが大きなクーデターだった。

クーリングオフ　cooling off

訪問販売や電話勧誘、分割払いなどで商品の購入を契約した消費者が、一定の期間内（8日）に書面で申し込めば、無条件で契約解除できる制度。契約内容をよく知らされないまま、言葉巧みに、また脅迫まがいに高額商品を売り付けられる被害を防ぐのが目的。1976年に制定された訪問販売法に基づく制度で、期間の延長、罰則の強化など、改正が重ねられてきた。

クエスチョンタイム　question time

党首討論。国会で首相と野党の党首が議論しあうもので、これまでの国会審議での質疑とは違って首相も反論することができる。イギリスの国会をモデルに2000年に日本に導入された。

クオーク　quark

物質を構成する最小単位で、素粒子（陽子や中性子など）の構成要素である粒子。「アップ」「ダウン」「ストレンジ」「チャーム」「ボトム」「トップ」の6種類がある。クオークそのものは発見されていないが、加速器を使った実験などにより、その存在が裏付けられている。

クオリティー　quality

質。品質。性質。「ハイクオリティー」＝良質。上質。「クオリティー・オブ・ライフ（QOL）」＝生活の質。日常生活において、経済的・物質的な量の面よりも、満足感・ゆとり・生きがい・精神的な豊かさなど質的な面を大事にしようという考え方。クオリティーライフとも。1970年前後から使われるようになった言葉。特に医療や福祉の分野で重視される。「クオリティーペーパー」＝品格があり質の高い新聞。高級紙。政治・経済・国際関連の記事が多く、社会的影響力をもっている。タイムズ(英)、ニューヨーク・タイムズ(↓p228)、ル・モンド(↓p365)など。

ククレカレー

(商)カレー(ハウス食品)。1971年発売。中袋(レトルトパウチ)の封を切らずに温めるだけで食べられるところから、クックレス(調理の手間がいらない)をもじって命名。

クスコ Cuzco

(地)ペルー南部の古都で、アンデス山脈の標高3500メートルに位置。16世紀までインカ帝国の首都で、遺跡が多く残る。2001年7月、先住民出身のアレハンドロ・トレド大統領が、首都リマの国会議事堂での宣誓就任式とは別に、ここで就任セレモニーを行った。

グッチ GUCCI

(商)イタリアのトータルファッションブランド。1904年、グチオ・グッチにより馬具商として創業。時代の変化により馬具製品の需要が減少したのに伴い、革製品の製造技術を生かしてバッグや靴などの製造販売に転身した。創業者のイニシャルを織り込んだキャンバス地のバッグが有名。アクセサリーやネクタイなど、幅広い商品を展開している。

クメール・ルージュ Khmer Rouge

カンボジアの共産主義勢力ポル・ポト派。1975年、中国の支援でロン・ノル政権を倒し、民主カンボジアを樹立、都市住民の農村への強制移住、100万人以上といわれる大量虐殺などを行った。79年、ベトナムの支援を受けたヘン・サムリンに政権を奪われると、シアヌーク殿下(現国王)らと三派連合政府を発足させ、内戦を続けた。98年にポル・ポト氏が病死、残存勢力は極めて少数といわれる。クメールはカンボジアの古名、ルージュは赤。

クライアント client

（商売上の）得意先、顧客。特に広告会社の顧客である広告主（スポンサーとも）、弁護士や建築家に仕事を頼む依頼人、福祉サービスやカウンセリングを受ける人を指す。コンピューター・ネットワークでサービス（情報資源）を利用する側のコンピューターもクライアント（反対語はサーバー＝サービスを提供・管理するコンピューター）という。

クラインガルテン Kleingarten（ドイツ語）

市民農園。ドイツの医師が都市住民の健康や子どもの情操教育のために提唱したとされ、ヨーロッパ各国に広まった。日本でも農作業をレジャーとして楽しむ人が増え、1990年には市民農園整備促進法が施行された。これにより、自治体などが農地を借り受け、小区画に分けて利用者に貸し付けることが可能になり、群馬県や長野県にはログハウス（丸太小屋、→p372）などの宿泊施設を併設した農村型の、都内にはシャワーやロッカーのついた都市型の市民農園が続々誕生している。

クラウン CROWN

(商)車。セダン（トヨタ）。英語で「王冠」を意味する語にちなんで命名。

クラクフ Kraków

(地)ポーランド南部の古都。1364年建設の大学があり、天文学者コペルニクスも学んだ。1320～1611年、同国の首都。1994年末、浮世絵約5000点を集めた世界でも有数のコレクションを展示する日本美術・技術センターが開館した。ナチスの強制収容所アウシュビッツ（ポーランド名オシフィエンチム）はクラクフの西約50キロにある。

クラスノヤルスク合意 Krasnoyarsk agreement

ロシアのクラスノヤルスクで1997年、当時の橋本首相とロシアのエリツィン大統領が2000年までに平和条約を締結するよう全力を尽くすと合意したもの。北方領土問題の解決や平和条約締結の時期を初めて具体的に明示したものとして画期的だったが、期限をすぎても合意実現のめどはたっていない。

クラッカー cracker

①軽い塩味などの固焼きのビスケット。②ひもを引っ張るとパン！と音がして紙テープなどが飛び出す、円すい形の紙製おもちゃ。③ネットワークの中で、他人のデータを破壊、改ざん、盗み出したりすることを目的に、コンピューターシステムへの侵入を図る人物。ハッカー（↓p246）より、さらに悪質。

グラフィック graphic

図版や写真。また、それらを使って視覚に訴える要素の強い印刷物。「グラフィックアート」＝絵画、版画、写真や印刷美術を含む平面的な芸術作品。「グラフィックデザイナー」＝印刷物などに使われるイラストや広告などを作る人。「グラフィックソフト」＝絵や写真などを制作、加工するためのコンピューターソフト。

クラブミュージック club music

ディスクジョッキー（DJ）が大音響で音楽をかける中、飲食したり、踊ったりする店（クラブ）で好まれているダンス音楽の総称。ディスクジョッキーの個性を尊重するため、店により音楽的傾向は異なる。従来、ディスコミュージックと言われていたものに近い。

クランキー CRUNKY

㊥チョコレート（ロッテ）。クランチ（かり

かり、さくさく軽い食感）からの造語。

グランドスラム　grand slam

　完全制覇。もともとはトランプ・ゲームのブリッジでかけ金を総取りする勝ちを指す。テニスではウィンブルドン選手権および全豪、全仏、全米の各オープンの4大大会すべてで優勝すること。ゴルフでは、男子は全英オープン、マスターズ、全米プロ、全米オープン、女子はデュモーリエ・クラシック、ナビスコ選手権、全米女子オープン、全米女子プロの全大会を制すること。野球では満塁ホームランのことを指し、ラグビーでは伝統の5か国対抗（2000年から6か国対抗）で全勝優勝すること。

グランドデザイン　grand design

　長期間にわたって行われる大規模な計画、全体構想。直訳すれば、「壮大な図案」。

クリアランス　clearance

　整理。解除。専門用語として通関、離陸・出港許可の意味でも使う。「クリアランスセール」は、在庫一掃の大売り出し。

クリープ　Creap

　(商)インスタントクリーミングパウダー（森永乳業）。「クリーミー・パウダー」の意味から命名。1960年、森永製菓が日本で初めてインスタントコーヒーを製造・販売、コーヒーブームが起きた。その翌年に発売。

グリーンコンシューマー　green consumer

　緑の消費者。環境のことを考えて行動する消費者。グリーンコンシューマー運動は、環境配慮型の商品を買うことで、消費生活に伴う環境への負荷を減らすとともに、企業の生産活動にも働きかけ、環境保全を図っていこうという非営利組織（NPO）運動。

グリーンスパン（アラン・〜、　Alan

Greenspan）
(人)米連邦準備制度理事会（FRB）議長。1926年生まれ。FRBは日本銀行に相当するアメリカの中央銀行で、政府から独立して政策金利の変更の判断などを行う。グリーンスパン議長は適切な判断で景気や相場を安定へと導き、その手腕は高く評価されている。87年8月から現職。

グリーンツーリズム　greentourism
都会を離れて行う長期滞在型保養。欧米で生まれた余暇利用の形態。都市生活者が農村や漁村、山中のログキャビン（丸太小屋）などに長期間滞在し、農林漁業を体験したり、地域の文化に触れたりすること。

グリーンピース　Greenpeace
国際的な環境保護団体。オランダ・アムステルダムに本部を置く。1971年、米アラスカ沖で行われた核実験の際、12人のカナダ人が抗議船を出したのが発足のきっかけ。「非暴力直接行動」「政治的中立」「財政的独立」を活動方針に掲げ、オゾン層破壊、原子力と有害廃棄物の処理、海洋生態系の保護など、様々な環境問題に取り組んでいる。

グリーンビル　Greenvill
2001年2月、愛媛県立宇和島水産高校の実習船えひめ丸にハワイ・オアフ島沖で衝突して沈没させたアメリカの原子力潜水艦。8月にもサイパンで自損事故を起こした。

グリーンメール　greenmail
ある会社を企業買収すると見せかけて、あらかじめその会社の株を買い占め、その後市価よりも高値で株の買い戻しを迫ること。「ブラックメール（恐喝）」に「グリーンバック（米ドル紙幣）」をかけた言い方。グリーンメールを用いてもうける投資家のことは「グリーンメーラー」という。

グリーンランド　Greenland

㊞世界最大の島でデンマーク領。面積は日本の約6倍。氷土の島を「緑の島」と名づけたのは植民を促進するためだったと言われている。

グリコ　Glico

㊪キャラメル（江崎グリコ）。1922年発売。グリコーゲン（牡蠣などに多く含まれる動物のエネルギー代謝に重要な物質）に由来。単なるキャラメルではなく、あくまで栄養菓子であるとの考えから、「グリコキャラメル」ではなく「グリコ」と名づけた。

クリスチャン・ディオール　Christian Dior

㊪フランスのファッションブランド。第二次世界大戦後、女性らしい曲線を強調したデザインを発表し、後にAライン（→p61）、Yラインなどのシルエットを生み出したクリスチャン・ディオールが創設者。「ディオリッシモ」「ミス・ディオール」といった香水も有名。アクセサリー、靴など幅広い商品を扱っている。

クリック　click

コンピューターのマウスのボタンを1回押してすぐ離す動作。ダブルクリックは、これを素早く2度繰り返すこと。普通、クリックといった時は、マウス上部の左ボタンを押すことを指し、右ボタンを押す場合は右クリックと表現されることが多い。

クリニーク　CLINIQUE

㊪化粧品ブランド。アレルギーテスト済み、無香料など、医学的視点による商品を販売。

クリニック　clinic

診療所。特に個人病院や病院・医科大学の付属診療所など、中・小規模のものをいう。ギリシャ語の「寝台」を意味する言葉が語源。

【ク】

クリル列島　Kuril'skie Ostrova
㊞千島列島のロシア名。カムチャッカ半島と北海道の間に連なる。日本政府は国後・択捉以南を北方領土と呼び、歯舞・色丹を含め計4島の所有権を主張、返還を求め続けている。

クリントン（ヒラリー・～、Hillary Clinton）
㊟前米大統領夫人。1947年生まれ。2000年の上院選で初当選（ニューヨーク州）。「全米で最も優秀な弁護士100人」に選出されたことも。

クルーガーV　KLUGER V
㊐車。SUV（トヨタ）。ドイツ語で「賢い」「聡明な」を意味するクルーガーに、英語のビクトリー（勝利）の頭文字Vを冠した。

グループホーム　group home
障害者や独居老人などが、援助を受けると同時に助け合いながら共同生活する場。ヨーロッパやアメリカで設置が進んでいる。日本では痴呆症の高齢者が介助職員の協力を得て少人数で暮らす施設が注目され、厚生労働省はゴールドプラン21（↓p127）で大幅な増設を計画している。2000年に作られた映画「ホーム・スイートホーム」（栗山富夫監督）は、これをテーマにしたもの。

グルカ　Gurkha
㊞ネパール中部、標高1500㍍の町。首都カトマンズの西北西。同国の王家グルカ王朝を建設したシャハ族はこの付近の出身。英軍やインド軍の勇猛果敢なネパール人傭兵・グルカ兵はこの王朝名に由来する。

グルジア　Georgia
㊞旧ソ連邦構成国。家畜と番犬の守護聖人ゲオルギウス（ゲオルグ）の名に由来するとされ

る。ソ連のゴルバチョフ政権で外相を務めたエドアルド・シェワルナゼ氏が1995年以来大統領を務める。首都トビリシ。

クルスク　Kursk

ロシアの巡航ミサイル搭載原子力潜水艦。2000年8月、バレンツ海で演習中に爆発、沈没し乗員118人全員が死亡する事故を起こした。

グルタミン酸　glutamic acid

アミノ酸の一種。1908年、東京帝国大教授・池田菊苗が昆布のうまみの正体として発見した。これを原料にしたグルタミン酸ナトリウムが「味の素」の名で売り出され、家庭で手軽にだしがとれるようになった。

【ク】

クルド　Kurd

トルコ、イラン、イラク、シリア、アルメニアの国境付近の山岳地帯に住む2000万人余りの「世界最大の少数民族」。第一次大戦後、国家建設を目指したが果たせず、居住地が各国に分割され、自治や分離独立を要求して、それぞれの政府と対立してきた。湾岸戦争の際は、イラク国内のクルド人が政府軍に抵抗し弾圧を受けた。また、トルコではクルド労働者党が分離独立を目指す武力闘争を展開、14年間に約3万人が死亡、党首のオジャラン議長は1999年、国家反逆罪で死刑を宣告された。

グルメ　gourmet

食通。美食家。フランス語で「ぶどう酒の利き酒をする人」の意味で、カタカナ語としてはもっぱら食通を指して使われるが、本来は、ワインや美術などに造詣の深い人についていう言葉。「グルマン」は、大食家。

クレア　CREA

㊐月刊誌（文芸春秋）。7日発売。女性向け

教養雑誌。誌名は英語のクリエーション、また、「モードを作る」「芸術を創造する」「先例を作る」などの意味のイタリア語のcreareから、発展的・革新的な女性をイメージして。

クレーマー　claimer

苦情を言う人。常習的苦情屋。クレームは(当然の権利として)請求・主張する、異議・苦情を申し立てること。特に(企業などの)あら探しをして、ウソ・誇張・一方的な言い方で相手側を非難する人を指すことが多い。

クレオール語　Creole language

混交語。混成語。植民地などで、複数の異なる言語集団が接触することによって生じた新たな言語(＝ピジン語)が、そこに住む人々の母語を消し去ってしまい、新しい母語として定着したもの。カリブ海周辺のハイチ語、インド洋のセーシェル語、西アフリカ・シエラレオネのクリオ語など。

クレジット　credit

基本の意味は「信用」。そこから多様な場面で使われる。①クレジットカードでの買い物など信用販売、割賦販売。消費者金融の貸付。「クレジットホリック」＝クレジット中毒。ホリックは中毒者。クレジットカードで自分の所得に不相応な高額の買い物をする人。「クレジットローン」＝クレジットカードによる現金貸付サービス。②政府・銀行・企業などから必要な場合に一定金額を借り入れる短期の借款。「クレジットクランチ」＝金融機関の貸し渋りで企業の資金調達が困難になる状況。「クレジットライン」＝日銀が都市銀行に対し設定している貸出限度額。③新聞やテレビなどの国際ニュースに付ける記者名や通信社名。情報の信頼性を表す。④映画やテレビなどで示されるスタッフやキャスト。またスポンサー名。

クレムリン　Kremlin

モスクワにある旧皇居。クレムリンはロシア語で「城郭」の意味。スパスカヤ塔をはじめとする塔、大クレムリン宮殿、ロシア大統領府、クレムリン劇場などがある。1990年に世界文化遺産に登録。かつてはソ連共産党、現在はロシア政府を表す言葉として使われる。

クロイツフェルト・ヤコブ病　Creutzfeldt-Jakob disease（CJD）

脳が委縮し、人格障害や痴呆を引き起こす難病。治療法はなく、多くは1、2年で死に至る。1920年にこの疾患を報告したドイツの医師2人の名前をとって命名された。特殊なたんぱく質「プリオン」（→p286）が病原体とみられ、通常は100万人に1人程度が発症するが、脳外科手術時に硬膜（大脳を覆う膜）にできた欠損部を覆うために使うヒト乾燥硬膜によっても感染することがあり、国内で76人もの発症が確認されている（2001年11月現在）。BSE（牛海綿状脳症＝狂牛病）にかかった牛を食べたのが原因で発症するのではないかという疑いもあり、問題になっている。

グローバリゼーション　globalization

世界化。地球化。グローバル化。globe（グローブ）は地球の意味で、いろいろな物事が国家の枠組みを超え、地球規模に拡大して、世界の一体化が進むこと。冷戦終了後、規制緩和と民営化が進む中で市場経済（資本主義）が世界的規模に拡大する一方、社会・文化の分野でも衣食住のスタイルをはじめ同質化する傾向にある。コンピューターの発達による情報革命もそれを支えている。グローバル化に対しては、アメリカの制度・慣行を各国に押しつけているだ

【ク】

けだとする批判もある。また、多国籍企業を利するばかりで市民生活の向上につながっていないとして、国際会議などの際に抗議行動を繰り返す反グローバル派と呼ばれる人々もいる。

グローバル・スタンダード　global standard

世界基準、世界標準。グローバリゼーションの過程で世界共通の基準、モデルとなったもの。企業活動や金融システムの基準を指すことが多い。

クローン　clone

全く同じ遺伝情報を持つ動植物の、個体や細胞の集団をさす。ギリシャ語で「小枝」を意味する言葉が語源。1997年、世界で初めて、英国のロスリン研究所が成体羊の乳腺の細胞からクローン羊「ドリー」を誕生させた。人間への応用には多くの批判があり、日本では2001年、「クローン技術規制法」施行により、懲役などの罰則を設けクローン人間作りが禁止された。

クロップドパンツ　cropped pants

丈が短く（六分丈、七分丈など）、太ももや腰にぴったりしたズボン。クロップは「縁を切り落とす」という意味で、長ズボンを途中で切ったようなデザインが特徴。綿とポリウレタンが混ざったストレッチ素材で、腰骨ではくヒップハンガー・タイプ（→p265）が主流。

グロモント　Guromont

(商)ドリンク剤（中外製薬）。「グロンサンバーモント」を略したもの。米国バーモント州の長寿の秘訣とされるハチミツとリンゴ酢を水に薄めて飲む「バーモント療法」にヒントを得、「グロンサンバーモント」として発売（1962年）。翌年「グロモント」と改名。65年には処方改良品を新グロモントの名で発売。

グロリア　Gloria
㊇車。セダン（日産）。英語で「栄光」を意味する言葉にちなんで命名。

クロワッサン　croissant
①三日月形のパン。表面を軽く焼いてある。②㊇雑誌（マガジンハウス）。10・25日発売。生活全般にわたる情報を掲載。

グロンサン内服液
㊇ドリンク剤（中外製薬）。成分である「グルクロン酸」をもじったもの。1951年に医療用医薬品「グロンサン末・注」として発売。60年に「グロンサン内服液」、64年に「グロンサン強力内服液」を発売。

ケ

ケアプラン　care plan
2000年に始まった介護保険制度で、要介護認定を受けた高齢者に対して設定される介護サービス計画。高齢者本人が決めてもいいが、通常はケアマネジャーと呼ばれる専門家と相談のうえ、保険の支給限度内で作成する。各人の条件に合わせ、訪問、通所サービスや短期入所などの内容、日時などが決められる。ケアプランを市町村に提出すれば、費用の9割は保険で賄える。

ケアマネジャー　care manager
介護支援専門員。介護保険制度で、要介護認定の訪問調査やケアプラン（介護サービス計画）の作成をする人。都道府県が行う資格試験があり、2002年1月時点で、看護婦、介護福祉士、ホームヘルパーなど約23万人が合格している。

ゲイツ（ビル・～、Bill Gates）
㊇米ソフトウエア最大手マイクロソフトの創

業者の一人で、現会長。１９５５年生まれ。米経済誌フォーブスの世界長者番付で、２００１年現在で8年連続世界一の大富豪（資産総額５４０億ドル）。

ゲイナー　Gainer

(商)月刊誌（光文社）。10日発売。若い男性向け。ファッション・商品情報を掲載。ゲイナーは、英語で「勝利者」「獲得者」の意。

ケイマン諸島　Cayman Islands

(地)中米カリブ海の英領。海のリゾート地であるとともに、タックスヘイブン（税金回避地↓p191）であるためペーパーカンパニー（幽霊会社）が多い。

ケーススタディー　case study

事例研究。いくつかの具体的な事例を詳しく調査・研究することにより、一般的な原理や法則を導き出す手法。「公務員倫理ケーススタディー」は、「大学の同窓会」「友人からの香典」「利害関係者との会食」など、14の事例を想定して規程に反するかどうか説明を加えたもの。国家公務員倫理審査会が２００１年６月、国家公務員倫理規程（２０００年４月施行）の解釈に誤解が多いため、事例をまとめ、各省庁に配布した。

ケースワーカー　caseworker

社会福祉の一環として、精神的、肉体的、社会的に困っている人に対し、個別に問題解決を援助するのがケースワークで、それに携わる専門職がケースワーカー。日本では１９５０年から社会福祉事務所や保健所、児童相談所に置かれ、子どもの施設入所や里親委託などにもかかわる。

ケータイ

携帯電話。通話やメールのやりとりだけでなく、インターネットへの接続やチケット類の予約までできることから、若者を中心に生活必需品となっており、こうした身近さから「ケータイ」とカタカナで表記されることも多い。

ゲートボール　gate ball

T字形の木製スティックでボールを打ち、三つのゲートを順に通過させ、最後に中央のゴールポールに当てて上がりとなるゲーム。1チーム5人からなる2チームで対戦する。1947年、ヨーロッパ起源のクロッケーをもとに子供の遊びとして考案された。70年代後半には、高齢者を中心に爆発的ブームを呼んだ。

ケーブル・アンド・ワイヤレス　Cable & Wireless

㊎イギリスの大手通信会社。1999年、日本の国際通信会社に対して初の本格的な敵対的買収を行った。大手企業向けにデータ通信サービスを行う。

ケーラー（ホルスト・～、Horst Köhler）

㊇国際通貨基金（IMF）専務理事。1943年生まれ。ドイツ人。欧州復興開発銀行（EBRD）総裁の後、2000年から現職。

ゲットー　ghetto

他の住民から隔離されたユダヤ人居住地。16世紀、イタリア・ベネチアにあったユダヤ人地区をそう呼んだのが最初で、このイタリア語の語源はヘブライ語の「絶縁状」に由来するとも、都市の外側の施設を意味する語の短縮形であるともいわれる。ナチスドイツのユダヤ人強制収容所もこの名で呼ばれた。また、現代アメリカの黒人などマイノリティーが集まって住む地域もゲットーと呼称される。

ゲットする

「手に入れる」「獲得する」「ものにする」とい

った意味の若者言葉。英語の動詞「get」から。
(例)「オークションでお宝グッズをゲットする」「待望の先取点をゲットした」「ついに彼女をゲットしたぞ」

ケベック Québec
㊞カナダ東部の州。かつてフランスの植民地ニューフランスの首都があった。現在も住民の8割以上がフランス系で、連邦からの分離・独立を求める運動が盛ん。州独立を掲げる政党には、連邦レベルのケベック連合、州レベルの地方政党ケベック党がある。

ケラチナミン
㊕ドライスキン治療薬(興和)。角質(ケラチン)をなめらかにすることにちなんで命名。

ゲラン GUERLAIN
㊕香水ブランド。1828年、ピエール・フランソワ・パスカル・ゲランがパリに店を開いたのが始まり。ナポレオン3世の妃のために作った香水により、王室御用達の称号を得た。現在でも各国の王室で用いられている。日本人の婦人の名のついた「ミツコ」、「夜間飛行」などが有名。

コ

合コン
合同コンパの略。コンパは「company」(仲間、交際)をコンパニーと発音したところから来た言葉で、割り勘で開く懇親会・飲み会のこと。合コンは、男女比がほぼ一対一になるように学生や社会人のサークル(同好会)、友人グループなどが他のグループと合同で開くコンパ。

コーディネート coordinate
全体の調和を考えて各部分を調整すること。特に、服装について、色・柄・素材・アクセサリーなどを組み合わせること。コーディネートを専門にする人がコーディネーター（調整者）。ファッション関係だけでなく、放送番組の進行責任者や、臓器移植の際、提供者側と受容者側の間で調整する人なども、コーディネーターと呼ばれる。

コーポラティズム　corporatism
　協調組合主義。協調国家主義。国の政策決定に企業や労働組合のような組織を参加させるやり方。

コーポレートガバナンス　corporate governance
　企業統治。企業がだれのものかという観点から経営責任を明確にすること。バブル崩壊後に企業の不祥事が相次いだことから、業績も含めた経営全般について経営者を監視すべきだとして打ち出された考え方をいう。

【コ】

コーラック
　㊕便秘薬（大正製薬）。もともと米P&G社の製品で、米市場での名はデルコラックス（Dulcolax）。P&Gが日本市場で発売するとき名前を少し変えてコーラックと命名した。

ゴールドプラン21　gold plan 21
　2000年度から5年間に整備すべき介護サービス提供量の目標を定めた政府の計画。本格的な高齢化社会に備え福祉基盤を整備する計画、ゴールドプラン（高齢者保健福祉推進10か年戦略、1990〜99年度）、それを拡充した新ゴールドプラン（95〜99年度）を引き継ぐもので、ホームヘルパーの倍増、痴呆性老人への支援強化などを盛り込んでいる。

ゴールドマン・サックス　Goldman Sachs
　㊍アメリカの証券・投資の大手。2001年から日本で、他の証券会社と提携して国内初の

個人投資家向けの株式夜間取引市場を始めている。

コールレート call rate

金融機関同士で資金の貸し借りをする短期金融市場における市場金利。コールとは「呼べば答えるほど短い」ところから名づけられている。「ゼロ金利政策」は日本銀行が無担保コール翌日物のコールレートを事実上ゼロに誘導する政策をいう。

ゴーン（カルロス・～、Carlos Ghosn）

㊇日産自動車の社長兼最高執行責任者（COO）。1954年生まれ。ブラジル生まれのフランス人で、フランスのミシュラン社（→p326）を経てルノー社入社。99年日産自動車COO就任、翌年に同社社長に。リバイバルプランと呼ばれる大規模なリストラ計画を断行、「ゴーン・ショック」「ゴーン革命」の流行語を生んだ。

コカ・コーラ Coca-Cola

㊔アメリカの世界最大の飲料会社と主力製品の名前。同社はコカ・コーラやファンタなどの飲料のほか、コーヒーや紅茶、食品も製造する。コカ・コーラは世界の約200か国・地域で販売され、アメリカ文化の象徴ともいわれる。コカの葉とコーラの実が主原料で、同社が原液とシロップを製造し、これを傘下あるいは独立した会社が製品にして販売している。

コギャル

現代の一部女子高校生の俗称。茶髪、ルーズソックス、ガングロメークなどが特徴で、都会的生活を謳歌する。20歳前後の若い女性「ギャル」（gal＝girlの変形。米口語）の下の世代（子ギャル）という意味で、さらに下の世代（中学生）は「マゴギャル（孫ギャル）」という。

ココセコム

㊔警備会社セコムが2001年4月から始めた位置情報提供サービス。携帯電話より一回りほど大きい専用端末を自動車に取り付けておくと、盗難にあった場合など、全地球測位システム（GPS）と携帯電話基地局から送られてくる情報をもとに、パソコン上に端末の位置を表示できる。

コジェネレーション cogeneration

熱電併給システム。電気と熱を同時に発生させ、供給するシステム。液化天然ガス（LNG）、液化石油ガス（LPG）、重・軽油などを燃料にタービン、エンジンを動かし、発電のほか、発生する排熱を利用して冷暖房や給湯などを行う。排熱を有効活用することで、エネルギー利用の効率化やエネルギーコストの低減のメリットがある。

コシュトゥニツァ（ボイスラフ・～、Vojislav Kostunica）

㊇ユーゴスラビア連邦大統領。2000年の大統領選で野党連合の統一候補として当選を果たし、ミロシェビッチ後のユーゴを率いる。

コスタリカ Costa Rica

㊞カリブ海と太平洋に挟まれた中米の共和国。国名は、動植物が豊富なことから「豊かな海岸」の意。1983年、憲法で永世中立を宣言した。首都サンホセ。

コスタリカ方式 Costa Rica Formula

同一政党の2人の候補者が衆院選の同じ小選挙区（定数1）から立候補を希望した場合に、協定を結ぶなどして、選挙ごとに小選挙区と比例選で交互に立候補する方式。国会議員が同じ選挙区で連続して当選することを禁じているコスタリカ共和国の名前を取って名付けられた。

同じ地域を地盤にする候補者の出馬を調整する方法として、主に自民党で行われている。協定がしっかり守られるかどうか、候補者が落選した場合どうするかなど問題も多い。

コストコ・ホールセール Costco Wholesale

㊎アメリカの流通大手。会員制をとり、倉庫のように商品を並べた店舗が特徴。直接メーカーから商品を仕入れるなどして、コストを削減することにより低価格を実現。福岡、幕張などに出店し、カルフール（↓p99）とともに日本の流通・小売りのあり方に影響を与えている。

コスプレ costume play

「コスチューム・プレー」の略。コスチュームは衣装、プレーは演技の意味で、英語のコスチューム・プレーは本来、華やかな衣装が目立つ歴史劇、時代劇を指すが、コスプレは、マンガなどの登場人物の髪形や服装などをそっくりまねて変装し、当該人物になりきること。その主たる発表会場がコミケ（↓p131）。手作りの衣装で着飾る人があふれ、コスプレ用の衣装を売る店も出る。

ゴスペル gospel

本来、福音（イエス・キリストの説いた人類の救いと神の国についての教え）を意味するが、黒人の教会音楽の総称としても使われる。手をたたいたり、足を踏みならしたりしながら神を賛美して歌う。リズミカルで明るいメロディー、明日への希望や励ましに満ちた歌詞が特徴で、日本でも愛好者が増えている。

コスモポリタン cosmopolitan

①国際人。世界主義者。国籍や国境にしばられず、世界的に活躍する人。②㊔COSMOPOLITAN 月刊誌（集英社）。20日発売。女性向け。教養・生活情報を掲載。

【コ】

コソボ　Kosovo

㊞ユーゴスラビア・セルビア共和国南部の自治州。州都プリシュティナ。多数派のアルバニア系住民とセルビア人が対立、ミロシェビッチ大統領（↓p329）率いるセルビア側の連邦政府がアルバニア側に激しい弾圧を加え、1999年3月の北大西洋条約機構（NATO）によるユーゴ空爆につながった。その後、国連コソボ暫定統治機構（UNMIK）が管理、2001年11月に自治政府樹立に向けた州議会選挙が行われた。

コピーライター　copywriter

広告文案の作成者。コピーは広告文、キャッチフレーズのこと。戦前は「アドライター」と呼ばれていた。現在では、印刷媒体に載せる文案を書く人ばかりでなく、テレビ・ラジオなどのコマーシャル作者も含む。コピーライターの団体に「東京コピーライターズクラブ（TCC）」があり、毎年、優秀な広告に対して「TCC広告賞」を贈っている。

コペンハーゲン　Copenhagen

㊞デンマークの首都。バルト海に面する港湾都市。デンマーク語では「ケベンハウン」と言い、「商人の港」の意。

コミケ　comic market

マンガやアニメの同人誌を展示即売する催し、コミックマーケットの略称。以前はコミケットとも呼ばれた。1970年代半ばに始まり、東京で夏と冬の年2回開かれ、それぞれ「夏コミ」「冬コミ」と呼ばれる。コミケは単に売買するだけでなく、ファン同士が作品を話題に交流できる楽しみもあって、多くの愛好者が集う。2001年夏の参加者は48万人にも上った。

コミット　commit

かかわること、関係すること。主に「コミットする」の形で使われる。「コミットメント」なら、「かかわり」「公約」「約束」といった意味の名詞。「更なるコミットメントを歓迎する」「水準を順守するよう確保することにコミットする」「勧告に沿った政策を実施することにコミットする」「国際犯罪と闘うとの我々のコミットメントを再確認する」（2001年7月のジェノバ・サミットのG8宣言の要旨から）など、公文書でもこれら様々な意味合いで多用される。

コミュニケ communiqué（フランス語）

公式声明。共同声明。国際会議や首脳会談などの結果を文書で表したもの。法的拘束力はない。

コミュニティー community

地域社会。一定の地域（主に市町村ないしそれより小さい範囲）に住み、共にそこに属していると意識している人々の集団。「コミュニティーセンター」＝集会・娯楽・文化的催しなどのための地域社会の中心的施設。公民館・集会所・図書館など。「コミュニティーバス」＝自治体などにより設置され、地域住民の細かな要望に沿った運行をする（主に小型の）バス。

コミュニティー・チェスト community chest

共同募金。チェストは箱のこと。アメリカ最大の共同募金組織「コミュニティー・チェスト（現ユナイテッド・チェスト）」にならい、日本の共同募金会も当初はこう呼んだ。

コミュニティーレストラン community restaurant

非営利組織（NPO）が地域の活性化や雇用創出を目的に設立する新しいタイプのレストラン。高齢者でも一人で気軽に利用できるように、世代を超えた地域交流の場とするとともに、シングルマザーや障害者ら職を得にくい人たちの就労を支援するという側面も持つ。店舗を持たず、福祉施設や既存のレストランの休業日を利用して開くところもある。

【コ】

コムサデモード　COMME ÇA DU MODE

㊔ファイブフォックス社によるファッションブランド。ほかに、モノコムサ、コムサコムサ、コムサなど多様な展開をしている。

コメンテーター　commentator

コメント（論評）をする人。ニュース解説者。

コラーゲン　collagen

にかわ質。硬たんぱく質の一種で、肌や髪の若返りに効果があることから化粧品や美容食品に使われる。

コラボレーション　collaboration

共同。協力。合作。「伝統芸能とロックミュージックのコラボレーション」などと、音楽や美術の領域で、普段は出会うことのない異なるジャンルの者同士が一緒に作品を作り上げることに使われる場合が多い。

コリアンダー　coriander

セリ科の一年草。別名、香菜（シャンツァイ）、中国パセリ。地中海沿岸が原産だが、中国から東南アジア、インドにかけての国々で常食される。パセリのように生の葉をサラダや炒め物に乗せたり、スープなどに散らしたりする。タイ料理やベトナム料理の流行で日本のスーパーでもよく見かけるようになった。

ゴリッチュ　gorichu

㊔チューハイ（アサヒビール）。パッケージにも採用した、サラリーマン男性が共感を抱く「力強さと優しさ」をもつゴリラとチューハイを組み合わせて命名。

コルゲン
㊔風邪薬（興和）。コモンコールド（普通感冒）＋アレルゲン（抗原）の造語。

ゴルディオスの結び目　Gordian knot
「ゴルディオスの結び目を断つ」で、難題を一気に解決することをいう。アレクサンダー大王が、長い間だれにも解けなかったゴルディオス王が結んだ複雑な結び目を剣で断ち切ったという故事による。

コレクト
㊔入れ歯関連用品（シオノギ製薬）。コレクトは、「正す」「調整する」の意。機能面から命名。

コロニアル　colonial
植民地風の。植民地時代の。コロニー（植民地）の派生語。植民地時代のアメリカのイギリス風建築様式や、アジアやアフリカでヨーロッパ人が着た夏用の衣服を「コロニアルスタイル」という。

コロンビア　Colombia
㊞パナマに接する南米の国。国名はクリストファー・コロンブスにちなみ、「コロンブスの国」の意。世界最大のコカイン産地で、65%を生産しているとされる。首都ボゴタ。

コンコース　concourse
大きな駅、または空港などのビルの中央にあるホールを兼ねた通路。新幹線が止まる駅の場合、切符売り場や改札口、売店、待合室などがある、線路・ホームの一つ下の階をコンコースと呼ぶことが多い。英語のコンコースには、もともと（人や物、馬の）集合、合流、群集という意味があり、大きな公園の中央広場、競馬場もコンコースに含まれる。

ゴン

㊮防虫剤（大日本除虫菊）。1983年発売。力強く、短く、覚えやすいという条件から、登録済み商標の中から選定。

コンサートマスター　concertmaster
オーケストラの第一バイオリンの首席奏者。楽師長。指揮者に次ぎ、楽団全体の指導的役割を果たし、独奏も受け持つ。指揮者および聴衆の最も近くに位置を占める。

コンセンサス　consensus
意見の一致。合意。特に、国や自治体の政策に関する同意。（例）「住民のコンセンサスを得るために説明会を開く」

コンテス　COMTESS
㊮高級バッグで知られるドイツのブランド。1929年、アドルフ・ダニエル・コップが創業。馬のしっぽの毛を染色して織った素材で作るホースヘアや、ダチョウの革であるオーストリッチ、ワニ革のクロコダイルのバッグなどが熟練工により作られている。

コンテンツ　contents
内容。中身。マルチメディア関連の用語で、静止画、動画、音声などの素材、作品などをいう。また、インターネットのホームページで提供するサービスを指すことも。

コンドミニアム　condominium
分譲マンション。もとは共同所有の意味。また、リゾート地に多い、部屋にキッチンのついた長期滞在型のホテル。

コンパクトディスク　compact disc
CD。レコードに取って代わった音楽・音声情報再生用の記録媒体。直径12センチまたは8センチの円盤にデジタル方式で音声を記録し、レーザー光線で読み取る。コピー（複製）しても劣化しないデジタル情報の特性は、大量生産を容易にする一方、不法コピーも可能にするという弊害を生んだ。

コンビニ convenience store

コンビニエンスストアの略。多くが年中無休、24時間営業で、売れ筋商品を中心に日常生活に必要な商品をそろえる。全国に約3万7000店(2000年現在)。最近では公共料金の支払いや預金の引き出し、宅配便の受け付け、旅行の予約、音楽配信など様々な利用も可能となり、最大手セブン―イレブンの年間売り上げは2兆円を超え、親会社のイトーヨーカ堂、小売業トップだったダイエーをも抜いた(2001年2月期決算)。

コンピューターウイルス computer virus

コンピューター(宿主)に侵入して様々な症状を引き起こす自己増殖プログラム。たいていはコンピューターマニアなどによって作られたものが電子メールなどを介して「感染」する。生物の細胞に寄生して増殖する「ウイルス」になぞらえてこう呼ばれる。これに対処するプログラムも「ワクチン」と呼ばれる。引き起こす症状は様々だが、コンピューター本来の使用に支障を来すものが大半。2000年の「I LOVE YOU」、2001年の「サーカム」「コード・レッド」などが知られる。

コンプライアンス compliance

法令順守。特に、企業が法令を順守する意識を指す。企業のコンプライアンスの概念は、1960年代から独占禁止法違反、株式のインサイダー(↓p44)取引事件などが相次いだアメリカで浸透。日本でも、80年代から国際的な産業スパイ事件や共産圏への不正輸出事件をきっかけに議論が高まった。

コンペ competition

コンペティション（競争、試合）の略。日本では特に、ゴルフの競技会、また、公募による建築設計、デザインの競技会の意味で多く使われる。

コンベンション　convention

代表者会議、交流会。「コンベンションセンター」＝国際会議や大規模な展示会などを行える宿泊設備なども含めた施設。「コンベンションシティー」＝国際会議や博覧会などに備え、施設や交通機関を整備した都市。

コンポスト　compost

現在は焼却や埋め立て処分されている生ごみを、収集、発酵させ、たい肥として利用するもの。市販されているたい肥製造機を用い、生ごみと土を交互に重ね、バクテリアによって発酵させて作る。焼却すればダイオキシンなどが放出されるおそれもあるごみを資源として利用することで、ごみの量を減らし、しかも資源の節約にもつながることから注目されている。

サ

サーチエンジン　search engine

検索エンジンとも。インターネット上の膨大な情報の中から必要な情報を効率よく検索するシステム。サーチエンジンごとに特徴があるが、知りたい事柄に関する単語を入力して関連する情報を引き出すやり方や、分野を特定して探していくやり方などがある。例えば、「北海道温泉」と入力すると、北海道の温泉に関係するホームページ（↓p306）のリストが表示される。Yahoo! JAPAN, Infoseek Japan など。

サーバー　server

テニスや卓球などの球技でボールを打ち出す選手。それを受ける側は「レシーバー」。また、給仕する人、食物を載せる大型の盆、給仕に使うフォーク類などもいう。コンピューター用語としては、ネットワークにおいて顧客にサービスを提供するコンピューターのこと。

サーベイランス surveillance

監視。査察。監視制度。特に、1986年5月の東京サミットで合意された、経済成長率、国内需要、物価、経常収支、財政収支、金融情勢、為替レートの7項目についての、先進国間の相互監視を指す。また、「サーベイランス・システム」は、各種の感染症の発生状況を監視・把握し予防対策に努める厚生省（現厚生労働省）の事業。エイズの監視委員会「エイズ・サーベイランス」（後にエイズ動向委員会に改称）など。

サイケデリック psychedelic

幻覚的。陶酔的。幻覚剤などによって引き起こされる状態。まるで幻覚を見ているような刺激的な色彩を使った絵画や服装なども指す。略してサイケともいう。

サイコ psycho

精神病者。神経症患者。神経症的な。「サイコロジー」＝心理学。「サイコアナリシス」＝精神分析学。「サイコセラピー」＝心理療法。患者の不安をやわらげるなどして苦痛軽減を図る。「サイコオンコロジー」＝がん患者の心理的側面を研究し、精神的な看護を目指す学問。「サイコパス」＝精神病質者。平気で他人をだまし、殺人までも犯す病理をロバート・D・ヘアが「診断名サイコパス」という著書にまとめている。

サイト site

場所。地域。コンピューター用語としては、インターネットで情報を発信している場所をいう。Web サイト、検索サイト、出会い系サイトなど、ホームページと同義で使われることが多い。

サイバーショット　Cyber-shot

（商）デジタルカメラ（ソニー）。手のひらにのるサイズから超望遠ズームレンズを備えたものまで各種あり、新製品が出るたびに好評を得る人気ブランド。キヤノンはIXY DIGITAL、富士フイルムはFinePix、ニコンはCOOLPIX、オリンパスはCAMEDIAなどのブランドで、それぞれ人気デジタルカメラを発売している。

ザウルス　Zaurus

（商）携帯情報端末（シャープ）。恐竜を意味する「dinosaurus」の語尾（saurus）をもとにした造語で、巨大なパワーを秘めた新しい情報ツールの誕生をイメージした愛称。

サクソホン　saxophone

吹奏楽、ジャズなどで使われる管楽器。サクソフォーン、サキソフォン、サックスとも。ベルギーのアドルフ・サックスが考案、製作し、1846年にパリで特許を得た。管は金属製だが、木管楽器に分類される。同じく、サックスが考案した管楽器に、サクスホルン（サクソルン）がある。

サクロンS

（商）胃薬（エーザイ）。前身製品「サクロフィール」に由来。配合成分に緑色の「銅クロロフィリンナトリウム」があり、〈サ＋クロロフィル＋ン〉として、語呂をよくした。Sにはスッキリ、スピーディー、スムーズなどの意味を込めている。

サザビー　SAZABY

㊭1972年、家具の輸入販売を目的に設立された。現在では、バッグ、生活雑貨、衣料品

の企画販売のほか、レストラン経営など幅広い分野を手がけている。生活雑貨・喫茶のアフタヌーンティー、多国籍レストラン・キハチなどは有名。2001年、ナスダックに上場したスターバックスコーヒー（↓p168）の仕掛け人でもある。

サスペンデッドゲーム suspended game

サスペンデッドは「中ぶらりんになった」の意。野球やゴルフで、降雨や日没により競技を一時中断して、後日続きを行う試合をいう。

サッサ

㊔ふき掃除用布（大日本除虫菊）。1970年発売。ふき掃除をイメージできる造語で社内公募した中から選定。

サニー Sunny

㊔車。セダン（日産）。英語で「太陽がいっぱい」「明るく快活で若々しい」を意味する語にちなんで命名。

サバラン savarin

ラム酒の入ったシロップをたっぷり含ませたケーキ。19世紀のフランスの政治家で、美食の古典「美味礼賛」の著者としても知られるブリヤ・サバランの名にちなむ。

サピオ SAPIO

㊔雑誌（小学館）。第2・4水曜発売。男性向け総合雑誌。

サブカルチャー subculture

主流ではない、傍流の文化。下位文化、対抗文化などと訳される。独自の価値観や行動様式を持って、支配的、伝統的文化と対抗する若者文化、純文学に対する大衆小説などのように、権威筋からは重きをおかれない、「二流」とみられている分野などを指す。

サブリミナル広告 subliminal advertising

深層意識に働きかける広告。識域下広告。認知できない速度や音量で広告メッセージを映画やテレビに挿入し、深層意識に働きかけようとするもの。映画のフィルムに、何コマか「ポップコーンをもっとたべよう」とメッセージを挿入したら映画館売店の売り上げが伸びた、というアメリカでの実験が有名だが、実は、これは広告会社の人間による作り話であるらしく、科学的効果は実証されていない。

サプリメント　supplement

栄養補助食品。毎日の食事で十分に取れない栄養を補う。ビタミンC、カルシウム、β（ベータ）カロチンなど、特定の栄養素を補給する単一タイプと、何種類かをバランスよく配合したマルチタイプがある。形状も錠剤や、飲料タイプ、ゼリー、ビスケットなど様々。薬局だけでなく、コンビニエンスストアなどでも買うことができる。

サポーター　supporter

「サポート（支持・後援）する人」のことで、支持者、後援者を指す。特に、特定のチームを応援するサッカー・ファン。熱心さが度を越して暴徒化すると、フーリガン（↓p274）と呼ばれる。また、「サポートする物」の意で、布にゴムを織り込み、関節や筋肉をきつく締めて保護する包帯。運動選手がよく身につける。

サポート　support

支えること。支持。支援。援助。「サポート校」は、通信制の高校で学ぶ生徒の勉強を支援する塾。法律上は学校ではないが、毎日、講師が授業形式で教え、学校生活の雰囲気も味わえる。大学進学や資格取得のコース別指導をするところもあり、高校中退者や不登校の生徒の受け皿ともなっている。

サマータイム summer time

夏時間。夏の一定期間、一斉に時計の針を1時間進める制度。通常の午前6時が同7時になる。日照時間の有効利用で省エネルギーに役立ち、余暇活動が増えることで景気を刺激する効果もあるとされる。反面、寝不足になったり、残業が増えたりする、という反対意見もある。欧米を中心に世界約80か国で実施されている。日本でも1948年に導入されたが、国民に不評で4年で廃止された。サマータイムは、英国式の名称で、アメリカではデイライト・セービング・タイム(日光節約時間)という。

サマリア人 Samaritans

前722年にイスラエルがアッシリアに滅ぼされた後、移住した異民族とユダヤ人の混血によって生まれた民族。ユダヤ人からは激しく排斥されたが、新約聖書ルカによる福音書に登場する、行き倒れになった人を親切に介護する「善きサマリア人」の故事から、情け深い人、憐れみ深い人の代名詞になった。

サマルカンド Samarkand

㊞中央アジア・ウズベキスタン共和国の州都。サマルは「人々の遭遇する」、カンドは「町」の意。かつてシルクロード(絹の道)の隊商都市としてにぎわい、現在は観光都市。中央アジアで最も古い都市とされ、14〜15世紀にはチムール帝国の首都として繁栄した。

サミット summit

主要国首脳会議。参加国は日、米、英、仏、独、露、イタリア、カナダの8か国とEUで、毎年1回持ち回りで開催され世界の経済、政治問題について話し合う。第1回は1975年にフランスで開かれ2回目からカナダが参加、3回目にはEC(現EU)委員長が出席するようになり、97年からはロシアが正式参加になった。日本では79、86、93年に東京、2000年に沖縄で開催された。サミットの本来の意味は頂上、頂点。そこから大統領、首相など各国の政治権力の頂点にある人々、さらにそうした首脳間の会議・会談をサミットと言うようになった。その他の会合に、92年にブラジルで開催された地球サミット（国連環境開発会議）などがある。（→p403過去のサミット開催地）

サムスン　Samsung

(企)韓国4大財閥（他に現代、LG、SK）の一つ。朝鮮戦争後、軽工業から重工業・サービス産業に進出した。サムスン電子やサムスンSDIなど多くの企業から構成される。4大財閥が1年に生んだ付加価値総額は2000年度で韓国の国内総生産（GDP）の1割を占めている。

サライ　SERAI

(商)雑誌（小学館）。第1・3木曜発売。男性向け。生活実用・趣味情報を掲載。サライはペルシャ語で「宿」を意味する。

サラエボ　Sarajevo

(地)ボスニア・ヘルツェゴビナの首都。1914年セルビア人青年がオーストリア皇太子を暗殺し、第一次世界大戦の発端となった。84年第14回冬季五輪開催。90年代にはイスラム勢力とセルビア人勢力が対立し、同国内で内戦が発生した。

サルモネラ菌　salmonella

病原性の腸内細菌の一種。経口感染し、食中毒や急性腸炎などを引き起こす。アメリカの獣医学者D・E・サルモンが、農務省検査官をしていた1882年に発見した。サルモネラ菌による食中毒の治療には、一般的にはニューキノロンという特効薬が使われるが、2001年8月に、この治療薬が効かない耐性菌の感染患者が日本で初めて確認された。

サワデー Sawaday

㊇芳香剤（小林製薬）。1975年発売。さわやかな日（デー）の意。

サンクチュアリ sanctuary

聖域。禁猟区。もともとは中世に法律の力の及ばなかった寺院など「神聖な場所」を指す言葉。現在はクジラや野鳥など野生生物の保護区・禁猟区の意味でも使われる。サンクチュアリをつくる運動は20世紀初頭から英米で活発化し始め、日本でも最も早い時期からサンクチュアリ運動を紹介した日本野鳥の会が1981年に北海道のウトナイ湖に第1号の直営サンクチュアリを開設している。

サンチャゴ・デ・コンポステーラ Santiago de Compostela

㊞スペイン北西部の都市。中世以来、聖ヤコブ（スペイン名サンチャゴ）巡礼の終点として全ヨーロッパから多くの巡礼者を集めた聖地。1985年、旧市街は世界文化遺産に登録された。

サントリーホール Suntory Hall

㊇東京都港区赤坂にある音楽ホール。サントリー株式会社が記念事業として建設、1986年10月に開場した。世界でも最大級のパイプオルガンが設置されている。

サンポール

㊇トイレ洗浄剤（大日本除虫菊）。1959年発売。当時のトイレの暗いイメージを一新する明るいネーミングを、と考え、SUN（サン＝太陽のように光り輝く）と主成分である塩酸の「酸」を掛け、「ポリッシュ」（polish＝磨

く、光らせる）を組み合わせ、長さと語調から「サンポール」に。

サン・マイクロシステムズ　Sun Microsystems

㊭アメリカのワークステーション・ソフトウエア大手。プログラミング言語のＪａｖａ（ジャバ）を開発。Ｊａｖａは携帯電話にも使われ、ゲームなどの携帯サービスを充実させるのに一役買っている。

サンリオピューロランド　Sanrio Puroland

(商)東京都多摩市にある全天候型のテーマパーク。ハローキティで知られるキャラクターブランド・サンリオが建設、１９９０年12月に開場した。

シ

シアーズ・ローバック　Sears, Roebuck

㊭アメリカの世界最大の小売業。１８８６年、時計の通信販売会社として出発。現在は金融・保険、不動産部門まで手がける。シカゴにあるシアーズタワー（１１０階建て、約４４０メートル）は超高層建築の典型として知られる。

シアトル　Seattle

(地)米国西方、カナダに近いワシントン州最大の都市。日本人として初の野手の大リーガー・イチローが在籍するシアトル・マリナーズの本拠地。コーヒーショップチェーン、スターバックスコーヒー（→p168）の発祥地。１９９９年、世界貿易機関（ＷＴＯ）閣僚会議が開かれた際には、自由貿易体制に反対する非政府組織（ＮＧＯ）のデモが吹き荒れ、反グローバリズム運動がクローズアップされる契機になった。

シアヌーク（ノロドム・〜、Norodom Sihanouk）

㊅カンボジア国王。1922年生まれ。53年に国王としてフランスからの独立を指導。70年のクーデターで政権を追われたが、後に三派連合大統領に就任した。93年に国王。

シーア派 Shia Muslims
イスラム教の分派。シーアはアラビア語でセクト（宗派・党派）の意味。多数派のスンニ派（↓p175）と対立している。もともとは、預言者ムハンマドの正統後継者でイスラム共同体の最高指導者イマームがムハンマドの女婿のアリーであると主張する党派（＝シーア・アリー）を意味した。イランは1979年の革命でシーア派を国教に定めている。

シーザーサラダ Caesar salad
レタスにオリーブオイル、ガーリック、粉チーズなど様々なものを入れて混ぜ合わせたサラダ。メキシコ・ティファナのレストラン「シーザーズプレース」で、店主のシーザー・ガルディニがたくさんの行楽客のため、ありあわせの材料で作ったサラダに由来する。ローマの政治家シーザーとは無関係。

シーシュポスの神話 The Myth of Sisyphus
果てしなく続く報われない苦労。コリントの王・シーシュポス（シシフォス、シシュフォス）がゼウスの怒りを買って科せられた、山頂まで押し上げるたびにすぐに転げ落ちてしまう石を永遠に押し上げ続けさせられるという刑罰から。フランスの作家・カミュは、これを題材に人生の不条理を論じた。「骨折り損のくたびれもうけ」と類似。

シーズニング seasoning
調味料。香辛料。また、それらを加えて味をととのえること。

シースルー see-through

透過、透けて見える、の意。透ける生地で仕立てた洋服や、体の線が透けて見えるようなデザインなど、主に服飾の場合に使われる。透過性の工業製品の場合はスケルトン（骸骨、↓p167）。

ジーター（デレク・～、**Derek Jeter**）

(人)米大リーグ、ニューヨーク・ヤンキースの遊撃手。１９７４年生まれ。チーム一の人気者で、90年代後半からのヤンキース黄金時代を支える中心選手。２００１年2月、10年で推定１億８９００万ドルの長期契約を結んだ。

シード　seed

トーナメント形式の競技会で、上位入賞が予想される強い選手同士またはチーム同士が、初戦から対戦することのないように、組み合わせを作ること。シードの権利（シード権）は、予選の成績や前回の順位などをもとに与えられる。

ジープ・チェロキー　Jeep Cherokee

(商)車。ＳＵＶ（ダイムラー・クライスラー）。ジープは登録商標で、ダイムラー・クライスラー社製のものにしか使えない。一般用語はジープ型車。

シーボンド

(商)総入れ歯安定剤（エーザイ）。米国コームラボラトリーズ　インコーポレイテッド社が製造。天然の海草から作ったので、シー（海）ボンド（糊）と命名。

シーマ　CIMA

(商)車。セダン（日産）。スペイン語で「頂上」「完成」を意味する語にちなんで命名。

シーメンス　Siemens

(企)ドイツの大手電機メーカー。富士通と提携しているほか、東芝とも、次世代携帯電話の統一規格Ｗ―ＣＤＭＡと欧州などの現行デジタル携帯電話規格GSMの双方に対応できる携帯電話の開発で相互協力関係にある。

シーリング　ceiling

予算の概算要求基準。本来の意味は「天井」。政府予算編成の際、歳出が安易に膨張しないよう、各省庁が財務省に提出する概算要求には基準が設けられており、要求額の天井、上限の意味でシーリングと呼ばれる。ゼロ・シーリングなら前年度予算と同額、マイナス・シーリングなら前年度より少ない額が上限。シーリング設定で過大な予算要求は防げるが、新規事業要求の余地が限られ、予算の内容がマンネリに陥る原因ともいわれる。

シールズ　SEALS

米海軍特殊部隊。「シールズ」の名称は、海(Sea)空(Air)陸(Land)の頭文字をとったもので、陸海空にまたがる情報収集や奇襲攻撃を任務とする。1962年、ベトナム湿地での戦闘を想定し創設された。2001年のアフガニスタン攻撃にも出撃。

シーレーン　sea lane

直訳すると「海の道」。一般には、船舶の航行する海上交通路をいう。特に、食料や石油、工業製品原材料など資源の多くを海外からの輸入に頼っている日本のような海洋国家の場合、通商上重要な価値を持つ航路、あるいは戦争など有事に際し国家が生存するために確保しなければならない海上連絡交通路を指す。

シェア　share

分け前。割り当て。経済用語では通常、「市場占有率」と訳される。例えば「A社のビールはシェア4割を誇る」という場合は、出回っているビールのうちの4割がA社のビールであるということになる。

Jヴィレッジ　J Village

福島県楢葉町、広野町にまたがる国内最大規模のナショナルトレーニングセンター。1997年7月完成。49・5㌶の広大な敷地に、天然芝のサッカーグラウンド10面、体育館や室内プール、雨天練習場などを完備している。福島第一、第二原子力発電所に原発計10基を立地する東京電力が「電源地域の振興策」を理由に約130億円かけて建設。福島県、日本サッカー協会、東京電力が発起人となった第三セクター方式で運営されている。

Jリーグ　J League

1993年5月にスタートした日本のプロサッカーリーグ。当初は10チームで始まったが、その後、参加チームを増やし、2002年現在、J1（1部）16チーム、J2（2部）12チームの2部制。毎年、J1の下位2チームがJ2の上位2チームと入れ替わる。各チームが地域に根ざしたホームタウン制をとり、プロ野球と異なり、母体である企業の名をチーム名から外している。（→p411チーム一覧）

ジェノサイド　genocide

ある国民・人種に対する計画的な集団虐殺。ジェノはギリシャ語で「民族」、サイドはラテン語で「殺す」の意。ナチスドイツによるユダヤ人の虐殺、カンボジアのポル・ポト政権下における虐殺、ルワンダのフツ族によるツチ族の虐殺、ボスニア・ヘルツェゴビナでのセルビア人勢力によるイスラム教徒の虐殺、ユーゴ・コソボ自治州のアルバニア系住民の虐殺などがこれにあたる。

シェルパ　Sherpa

ネパール東部に住む高地民族の名称で、ヒマラヤ登山の案内・荷揚げ人として知られる。また、主要国首脳会議のサミット（→p142）が「山の頂上」を意味することから、会議で準備、案内役をする各国の補佐官なども１９８０年代からシェルパと呼ばれるようになった。

ジェンダー　gender

　生物学的な性別（セックス）ではなく、社会的、文化的に形成される後天的な男女の差。「ジェンダーギャップ」＝政治行動や社会活動などで見られる男女の相違。「ジェンダーフリー」＝「女らしく」「男だから」といった差別、区別、強制をなくそうという考え方。「トランスジェンダー」＝自分の性に強い違和感を持つ性同一性障害者。そうした患者を治療するのはジェンダークリニック。

シシカバブ　shish kebab

　くし焼き肉。ケバブ（トルコ語で「焼き肉料理」の意味）の一種で、羊肉の塊を串焼きにしたもの。シシケバブ、シシュケバブとも。トルコや中東各国では日常的な食べ物。

システムエンジニア　systems engineer

　業務のコンピューターシステム開発、設計を行い、その後は保守・管理などにあたる専門技術者。ＳＥと略される。

シズル　sizzle

　肉の焼けるジュージューという音。転じて、食欲をそそるような音をつけたり、おいしさを連想させるような雰囲気を出したりして、商品を食べたくなる、買いたくなるようにさせる広告の手法をいう。

ジダン（ジネディーヌ・～、Zinedine Zidane）

　㊅サッカーのフランス代表選手。１９７２年生まれ。２００１年、史上最高の移籍金６４４５万ドル（約81億円）でイタリア・ユベントス（→p347）からスペインリーグのレアル・マド

リードへ移籍。

シチュエーション　situation

特定の状況・状態・立場・位置。映画・劇などの、登場人物の置かれた境遇・場面。「シチュエーションコメディー」＝登場人物と場面設定とのからみの面白さで笑わせる喜劇。「シチュエーションドラマ」＝アメリカのテレビで主流の、家庭を舞台にした連続テレビドラマの総称。「シチュエーションルーム」＝軍の作戦本部の情報処理室。

シックハウス・シンドローム　sick house syndrome

新築または改築された住宅への入居が原因で発症する病気の総称。室内の有害物質を吸い込むことによりかかる化学物質過敏症が代表的なもので、頭痛や吐き気、ひどい場合には呼吸困難に陥るケースもある。ホルムアルデヒドなど化学物質を多く含む合板や接着剤が多く使われている住宅での発症が多い。アルミサッシの普及などで住宅の気密性が高まったのも一因と見られる。欧米では、古くからビルで働く人たちに似たような症状があり、「シックビル」と呼ばれていた。

ジップコード　ZIP code

アメリカの郵便番号。Zone Improvement Program の頭文字をとった。

シティー　the City

(地)英国ロンドンのテムズ川左岸にある英国の産業・貿易・金融の中心地。正式名はシティー・オブ・ロンドン。古代ローマ人が建設した植民地の城郭内の約1マイル（約1・6キロ）四方にあたり、イングランド銀行、証券取引所、各種の金融機関などが集中する。

シティ・グループ　Citigroup

㊭アメリカの総合金融会社。金融持ち株会社大手のシティコープと総合金融サービスのトラベラーズ・グループが1998年合併して生まれた。膨大な資産総額と顧客数を誇る。

シニア senior

年長者。上級生。反対語はジュニア。「高齢者」「老人」といった直接的な言葉の言い換えとして多く用いられる。「シニアグラス」＝老眼鏡。「シニア住宅」＝高齢者専用の集合住宅。高齢者の生活に配慮した設計がなされ、介護サービスも受けられる。シルバーマンションとも。「シニアツアー」＝プロゴルフで50歳以上の選手だけが参加する競技会。

シネマコンプレックス cinema complex

複合型映画館。ひとつの建物の内部を区切り、複数の映画を上映する施設。「シネコン」と略される。規模の異なる映写スペースを同時に運営することで、上映映画の人気や規模に応じた効率の良い経営を図る。「コンプレックス」は「劣等感」ではなく「複合体」の意味。日本では、1993年4月、神奈川県海老名市に誕生したのが最初。

ジハード jihad（アラビア語）

イスラム世界を守るために、イスラム教徒が異教徒に対して行う戦い。「聖戦」と訳される。十字軍に対する戦いやオスマン朝のヨーロッパ進攻がジハードと称された。近年では、1990〜91年の湾岸危機・戦争時のイラク・フセイン政権や、2001年米国同時テロで首謀者と糾弾されたウサマ・ビンラーディンが、ジハードを宣言、イスラム脅威論を象徴する言葉となっている。

ジバンシィ GIVENCHY

(商)フランスのデザイナー、ユベール・ド・ジバンシィが創設したブランド。オードリー・ヘプバーンの主演映画の衣装のデザインなどで有名になった。シンプルでオーソドックスなデザインが主流。洋服のほか、香水などでも広く知られている。

シビック　CIVIC

㊇車。セダン（ホンダ）。シビックは、英語で「市民の」の意。性能、居住空間など「市民のための」車を徹底して追求したという意味を込めて命名。

シビリアン・コントロール　civilian control

軍隊の指揮権が文民（シビリアン）によって統制（コントロール）されること。文民統制ともいう。文民とは、軍人でないという意味での一般市民のこと。軍部の独走や政治への介入を抑止し、政治（民主主義）の軍事に対する優位を定めた制度。日本国憲法では第66条で「内閣総理大臣その他の国務大臣は、文民でなければならない」と定めている。

シフト　shift

一般に、（人や物の）位置、方向、体制の移動・移行・転換。（例）「満期を迎えた郵便貯金の一部が銀行預金・現金通貨にシフトした」。また、スポーツの球技で選手の位置を変えること。野球では打球の飛びそうな方向に野手が守備位置を変えることで、「バントシフト」「松井シフト」など、その守備隊形も指す。「3交代シフト」など、24時間稼働の工場や病院などの交代勤務も表す。

シミュレーション　simulation

模擬実験。現実には実験できないような物事について、コンピューターなどを使い、実際の状態に近いモデルで分析・予測すること。（例）「今回の参院選の得票から衆院選が行われた場合の各党の獲得議席をシミュレーションした」。また、宇宙船の操縦訓練や防災訓練など、現実の場面を想定して模擬演習・予行演習すること。「シミュレーションゲーム」は、現実と同じような世界をコンピューターなどで再現して体験するゲーム。もともとは、机上の軍事演習のこと。

ジャージー　jersey

①セーターなどに使われる軽くて伸縮性のある厚手のメリヤス生地、またはそれで作った製品、特に運動着をいう。イギリス・ジャージー島の漁師用衣服が語源とも、イギリス人服飾家の名前にちなむともいわれる。②イギリス・ジャージー島原産の乳牛。その乳は、脂肪分が多く、バターの原材料として使われる。改良種のニュージャージージー種が普及している。

ジャグジー　Jacuzzi

泡ぶろ。数か所あいた穴から気泡を強く噴射させ、温水が循環し、泡や渦にマッサージ効果があるとされる。温泉施設などに設置されるほか、家庭用のものも。イタリア系米国人ジャクージ氏が考え出した。Jacuzzi　はジャクージ社の商標。ジャクージ、ジャクジーとも。

シャドーキャビネット　shadow cabinet

イギリスの野党第一党がつくる「閣僚」組織。影の内閣。保守党と自由党（19世紀）、労働党（20世紀以降）が政権を争う二大政党制が長く続いているイギリスでは、野党側の党は政権交代に備えて各大臣になる議員をあらかじめ決め、内閣のような組織をつくっている。第一野党党首には国から影の内閣首班としての給与が支給される。日本では同様の組織として、現在、民主党が「ネクストキャビネット（次の内閣）」を設けている。

シャトル　shuttle

折り返し運転。特定の路線（おもに近距離）を頻繁に往復運行する交通機関。特に東京（羽田）と大阪（伊丹、関西空港）を結ぶ航空便はシャトル便と呼ばれる。シャトルバスはホテル⇔空港、催し物会場⇔最寄り駅などを往復運行するもの。地球と宇宙とを往復するのがスペースシャトル（→p172）。

ジャニーズ（事務所）　Johnny's

ジャニー喜多川を社長とする芸能プロダクション。SMAP、TOKIOなど人気男性アイドルグループが所属する。

シャネル　CHANEL

㊕「寝る時につけるのはシャネルの5番」というマリリン・モンローの言葉で知られる香水、宝石、靴、時計などの高級ブランド。創始者、ガブリエル・シャネル（通称：ココ・シャネル）。

ジャマイカ　Jamaica

㊞カリブ海北部の国、英連邦に所属。インディオの言葉「ハマイカ」が転訛し、英語で「ジャマイカ」に。「泉の湧き出るところ」の意で、地下洞穴が多く地下水が豊富なことによる。1970年代、同国のボブ・マーリーを代表とするレゲエ（→p367）音楽が世界的に広まる。熱帯の国ながら、カルガリー冬季五輪でボブスレー（→p311）に出場し、映画「クール・ランニング」のモデルにも。首都キングストン（王の町）。

ジャララバード　Jalalabad

㊞アフガニスタン東部の都市。首都カブールとパキスタン西部ペシャワルの中間地点にあり、アフガニスタン有数の交易都市。

シャリアピン・ステーキ　Shalyapin steak

たたいて薄く延ばした牛肉を、すりおろしたタマネギに漬けて焼き、いためたタマネギをのせたもの。ロシアのバス歌手、シャリアピン（1873〜1938年）が来日した際、帝国ホテル料理長が作ったところから。

シャリオ　CHARIOT

㊔車。ミニバン（三菱）。シャリオは、フランス語で「古代ギリシャ、ローマの戦闘用二輪馬車」のこと。古代戦士のように誇り高く、行動力にあふれる男のパーソナルカーという意味で命名。

シャルダン

㊔芳香消臭剤のブランド名（エステー化学）。18世紀のフランス人画家シャルダンの名から。見る者にやすらぎと潤いを与える絵にちなんで命名。第一号は「エアーシャルダン」（1971年発売）。

シャロン（アリエル・〜、Ariel Sharon）

㊇イスラエル首相。右派政党リクード党首。1928年生まれ。華やかな軍歴を持つ、対パレスチナ強硬派。2001年就任。

ジャンキー　junkie

中毒者。特に麻薬の常用者・中毒者。また特定のもの・趣味に熱中している人。マニア。「チョコレート・ジャンキー」といえばチョコに目のない人のことをいう。

ジャンク　junk

がらくた。くず。「ジャンク・フード」＝栄養価の乏しいスナック食品。あまりおいしくない立ち食いの食品もこう呼ばれることがある。ポテトチップスなどを多食する青少年に見られるビタミンB群の欠乏による脚気風の病気をジャンク・フード病とも。「ジャンク・ボンド」＝くず債券。高利回りだが信用度の極めて低いリスクの大きな債券。信用度（格付け）の低い企業の社債などは人気が低いので利回りが高くなる。また、企業乗っ取りのための資金調達手段として発行されることもある。「ジャンク・メール」＝ダイレクトメールなどの、すぐにくずかごに捨てられるような郵便物。

ジャンクション　junction

高速道路の接続点、分岐点。「つなげること」の意のラテン語が語源。日本道路公団では、一般道路との出入り口をインターチェンジ、高速道路間を直接、連絡しあう合流点をジャンクションと呼んで区別している。一般道と高速道など高さの違う道路を結ぶ連結路はランプ。

シャングリラ　Shangri-la

理想郷。1933年、J・ヒルトンが発表した小説「失われた地平線」に登場する架空楽園。チベットの奥地に存在するといわれる仏教徒のユートピア「シャンバラ」がモデルという。アメリカ第32代F・D・ルーズベルト大統領（1933〜45年）は、メリーランド州の大統領別邸のキャンプ・デービッドを、平和への願いを込めてシャングリラと名づけた。

ジャンボ　jumbo

超大型であること。19世紀、アメリカのショーに出演して人気を博した巨象の名前に由来する。ジャンボはスワヒリ語で「こんにちは」、また、黒人の英語方言で象の意ともいう。「ジャンボ機」は、1969年就航したボーイング社製747超大型ジェット機の愛称。

ジュゴン　dugong

海生ほ乳類。漢字表記は「儒艮」。インド洋、太平洋から南西諸島にかけて分布。立ち泳ぎして授乳する姿から人魚伝説が生まれたという。少数ながら沖縄諸島に生息が認められ、国の天然記念物になっている。

【シ】

ジュネーブ Genève

㊞地スイス南西部、レマン湖畔の都市。同国内フランス語圏にある。国連の欧州本部や国連難民高等弁務官事務所（UNHCR）、世界保健機関（WHO）、国際労働機関（ILO）、国際赤十字など各種の国際機関の本部が置かれている。

シュプール Spur（ドイツ語）

①スキーの滑った跡。②㊔ SPUR 月刊誌（集英社）。23日発売。女性向け。ファッション・旅行を掲載。

シュプレヒコール Sprechchor（ドイツ語）

デモや集会などで参加者が大声で主張を唱和すること。第一次大戦中ドイツの革命家リープクネヒトが考案したとされ、日本の労働運動にも取り入れられた。本来は、ギリシャ演劇などで、セリフや詩を合唱のように連呼することを指した。

ジュラ紀 Jurassic Period

中生代の真ん中の地質年代、約2億年前から1億4000万年前。フランスとスイスの国境にあるジュラ山脈にちなむ。巨大な肉食・草食の恐竜や翼竜が現れた時代で、スピルバーグ監督（→p172）の映画「ジュラシック・パーク」は、これらの恐竜をバイオ科学により復活させたというストーリー。

シュレーダー（ゲアハルト・～、Gerhard Schröder）

㊇ドイツ首相。社民党党首。1944年生まれ。98年に左派連立政権を樹立して首相に。

ジョイントベンチャー joint venture

共同企業体。略してJV。複数の企業が出資するなどの協力関係を作って、事業を行うこと。大規模な工事など一企業では資金・技術などの面で受注が困難な場合によく見られる形態。

ショー・ザ・フラッグ　show the flag

「旗幟を鮮明にせよ」という意味の英語の慣用句。2001年9月の米同時テロ発生直後、日本の対米支援を巡ってアーミテージ米国務副長官が柳井俊二駐米大使に言ったとされる言葉。一部のメディアが「日の丸を見せよ」の意味にとり、「日の丸を掲げた自衛隊艦艇をインド洋に浮かべてくれ、と米国が要求した」などと報道し、混乱と憶測を呼んだ。

ジョージア　GEORGIA

(商)コーヒー飲料（コカ・コーラ）。コカ・コーラ発祥の地である米国ジョージア州にちなみ命名。

ジョーゼット　georgette

夏の婦人服などに使われる薄地の絹または人絹の布。パリの裁縫師婦人服商、ジョーゼット夫人にちなむ。

ショートステイ　short stay

和製英語で、直訳すれば「短期入所」。家族や介護者の休養を目的として、在宅の寝たきりや痴呆症などの老人たちを一時的に施設で預かる事業、または、短期間滞在して、治療やリハビリテーション（機能回復訓練）を行う施設のこと。学生などが短期留学で一般家庭に宿泊することもいう。

ショービニスム　chauvinism

極端な愛国主義、排外的な愛国主義。ナポレオンに心酔したフランスの兵士ショーバンの名に由来する。

ジョホールバル　Johore Bahru

(地)マレーシア南部のジョホール州の州都。約2キロのジョホール水道を隔てて、シンガポールと対する。日本が1998年サッカーW杯の初出場を決めた都市。

【シ】

ジョン・ブル John Bull

イギリス、またはイギリス人を示すあだ名。18世紀、J・アーバスノットが著したホイッグ党を批判した政治風刺寓話に登場する典型的イギリス人地主の名に由来する。

シラク（ジャック・〜、Jacques Chirac）

㊅フランス大統領。1932年生まれ。首相、パリ市長を経て95年から現職。サミットで来日時に相撲観戦するなど知日派で知られる。

シラバス syllabus

学校などでの年間授業計画。埼玉県では県立高校の学校ごとに、生徒の学力に応じたシラバスを作成。学習指導要領の範囲に縛られずに弾力的な授業を行うのが目的で、全国初の取り組みとして注目される。

シリアル cereal

穀類。主に、朝食などに食べるコーンフレーク類を指す。古代ローマで、豊年の女神ケレス（英語でシリーズ）にその年の最初に刈り取った麦の一束をささげたことにちなむ。

シリアル serial

「連続した」「通しの」「シリーズの」という意味。「シリアルナンバー」は通し番号、製造番号。連続殺人魔は、英語では「シリアルキラー」という。

シリコンバレー Silicon Valley

㊞米カリフォルニア州、サンフランシスコ郊外に広がる渓谷地帯の俗称。シリコンを原料とする半導体メーカーなど、コンピューター関連企業が集中しており、情報・通信産業の最先端地域。「バレー」は渓谷の意味。

シルバー silver

銀、または銀色。日本では、「銀髪」が白髪を意味するところから、「シルバーシート」「シルバーエイジ」のように「老人の」「高齢者の」の意で複合語をつくる。しかし、本来、シルバーは「高齢者の」という使い方はしない。英語で白髪はグレー（ホワイト）ヘア、シルバーエイジは「シニア・シチズン」。

シルビア　Silvia

㊔スポーツ車（日産）。シルビアは、ギリシャ神話に登場する美しく清らかな乙女。

ジレンマ　dilemma

板ばさみ。窮地。難局。八方ふさがり。ディレンマとも。「二重の問題」を意味するギリシャ語が語源。選ぶべき二つの事柄について、どちらを選ぶか決めかねている、あるいは、どちらをとっても望ましくない結果になる、という状態。論理学では、対立する二つのうちどちらを前提としても同じ結論になり、いずれにせよ、その結論が避けられないことを示す論法をいう。両刀論法。

シロガネーゼ

東京都港区の白金かいわいに住む、イタリアンブランドをさりげなく着こなす若い主婦層のこと。イタリア・ミラノのおしゃれな女性を指す「ミラネーゼ」をもじった造語で、女性誌「VERY」（→p55）が命名した。実際の地名の「白金」は「シロカネ」と濁らないのが正しい。

ジン　gin

ライ麦やトウモロコシを原料として、ネズの実（杜松子＝としょうし）で香りをつけたアルコール度の高い（40〜50％）蒸留酒。17世紀半ばにオランダでつくられ、フランス語のgenievre（杜松子）を元にジェネバ（geneva）と名づけられた。これが17世紀末にイギリスに伝わり、略して「ジン」と呼ばれるようになった。

シンクタンク　think tank

頭脳集団。総合研究所。各分野の専門家を集め、政府や自治体の政策決定、企業戦略の立案に役立てることを目的に、政治・経済・科学技術などの問題の調査・分析・予測・提言をする研究組織。アメリカではシンクタンクの活動が政治システムに事実上、組み込まれており、政府に対する影響力が大きい。

シングル　single

ひとつの、単独のという意味だが、独身者、特に、結婚にこだわらず、自立して自由に生きる独身者を指して使われることもある。「シングルマザー」は未婚の母、あるいは離婚して子どもを引き取った女性。また、「シングルライフ」は独身生活、「シングルキャリア」は未婚のキャリア女性で、いずれも和製英語。

シンクロ　synchronize

同時に起きる・起こすこと。また、時間的に一致する・させること。同調。同期。例えば、映画・テレビなどで映像と音声を一致させる、カメラでフラッシュの発光とシャッターの開く瞬間を一致させることなど。厳密に一致している場合だけでなく感覚的な同時性にも使われる。

シンクロナイズド・スイミング　synchronized swimming

水中で音楽に合わせて演技をし、その正確さや難易度、美しさ、創造性などを競う競技。「テクニカルルーティン（規定演技）」と「フリールーティン（自由演技）」のふたつの演技を行う。1920年代にヨーロッパで生まれた「アーティスティック・スイミング」が前身。34年のシカゴ万博にウオーターバレエ・チームが登場し、演技と音楽、チームの選手同士が同調（シンクロ）するところから、この名が付いた。

シン・フェイン党　Sinn Fein

北アイルランドのカトリック系過激組織「アイルランド共和軍」（ＩＲＡ）の政治組織。名称は「我々自身」を意味するアイルランド語。イギリスからの独立を目指し１９０５年に組織された。

シンポジウム　symposium

あるテーマに関する複数の専門家による講演会。ギリシャ語のシュンポシオン（一緒に飲むこと）が語源で、同名のプラトンの著作は「饗宴」と訳されている。現代では、複数の講演者がある問題に対して見解を述べた後、聴衆や司会者の質疑に答えたり、講演者間で討議したりするものをシンポジウムと呼ぶ。略して「シンポ」とも。

ス

スウォッチ　Swatch

㊔スイスの時計ブランド。１９８３年の発売以来、手ごろな価格と高品質、多彩なデザインにより世界的に人気を博している。商品はすべて限定生産。

スーパー　super

「超」「上」「一流」などの意味を表す接頭語。卓越したさま。「スーパーカー」「スーパーマン」「スーパースター」など。「スーパーコンピューター」（略してスパコン）は、複雑な科学技術計算専用の超高速コンピューター。事務処理などに用いる汎用の超大型コンピューターより10倍以上も計算速度が速い。

スーパーカミオカンデ　Super-Kamiokande

東大宇宙線研究所のニュートリノ（↓p227）

観測装置。岐阜県神岡町・神岡鉱山の地下約1000メートルに設置され、高さ約41メートル、直径約39メートルの円筒形をしている。内部には純粋な水を満たし、水中に飛び込んできたニュートリノが原因で発生する「チェレンコフ光」をセンサーでとらえる仕組み。1998年にはニュートリノに質量がある証拠となる「ニュートリノ振動」の観測結果を発表するなど成果を上げてきたが、2001年にセンサーの大量破損事故を起こし、研究の遅れが心配されている。

スーパードライ SUPER DRY

(商)ビール（アサヒビール）。「辛口」を「ドライ」と表現し、前年1986年発売の「アサヒ生ビール」よりさらにドライという意味で「スーパー」と命名、87年に発売。圧倒的なシェアを占めていたキリンビールを逆転した。

スーパーバイザー supervisor

運営者、管理職、指導監督者。（例）「イベント全体のスーパーバイザーに、この業界に詳しい専門家を起用した」。また、スーパーマーケットなど小売業で、需要と供給を見定めて品ぞろえをアドバイスする人。

スーパービュー super-view

(商)伊豆方面へのJR特急の名称。正式には「スーパービュー踊り子号」。「スーパービュー」は、窓が大きいので眺めがよい、という意味。乗車する女性客室スタッフは「ビューレディ」。

スーパーボウル Super Bowl

米ナショナル・プロフットボールリーグ（NFL）の優勝決定戦。2リーグ制のアメリカン・カンファレンスとナショナル・カンファレンスのプレーオフを勝ち抜いた1位同士が対戦する全米最大のスポーツイベント。「ボウル（bowl）」は、「ボール（ball）」ではなく、食器の鉢、すりばち形の入れ物のことで、フットボールの競技場を指す。近年は1月最終日曜日に行っていたが、2004年からは2月の第一日曜日に移行することが決まっている。

スーパーホップス　SUPER HOP'S

㊔発泡酒（サントリー）。1994年、サントリーは、業界で最初にビールより価格を安く抑えた発泡酒「ホップス」を発売、その後、酒税法改正で値上げを迫られたため、より麦芽比率の低い「スーパーホップス」を開発、発売した。

スカイマークエアラインズ　Skymark airlines

㊎航空業界の規制緩和を受けて、格安航空運賃で市場参入した航空会社第1号。1998年9月に東京—福岡間が就航した。

スカイライナー　Skyliner

㊔京成電鉄の上野駅と成田空港駅を結ぶ特急の名。旧国鉄の「成田新幹線」構想が頓挫したため、都内から鉄道で成田空港へ直行する唯一の特急というのが売りだったが、後にJR東日本が「成田エクスプレス」の運行を始めてからは、旅客獲得競争が厳しくなっている。

スカパー

㊎CS（通信衛星）デジタル放送事業を行う「スカイパーフェクTV」の愛称。正式社名は「スカイパーフェクト・コミュニケーションズ」。パーフェクTVとJスカイBが1998年に対等合併してできた。CS3社体制で共倒れを恐れた業界が、生き残りのために手を結んだ結果といえる（ディレクTVは2000年にサービスを終了）。2000年8月時点で、SD (Standard Definition) 映像による一般向けのテレビサービスが171チャンネル、デジタルラジオが106チャンネル、総登録者数は約2

26万人。

【ス】

スキーム　scheme

枠組み。計画。ギリシャ語で「形」を意味する言葉に由来。役所用語として頻出し、政治・経済関係で幅広く使われるが、英語のスキームには、「実現の保証のない計画」「悪巧み」「陰謀」といったマイナスのニュアンスがある。

スキャナー　scanner

写真や文書などの画像情報を走査（スキャン）して、画像データに変換し、コンピューターで使えるようにする装置。「スキャン」は細かく論理的に、かつ連続的に調べる意。

スキャンダル　scandal

醜聞。不祥事。ゴシップが主に有名人にまつわる単なるうわさで悪くないことも含むのに対し、スキャンダルは社会的に非難されるような悪いことにのみ使われる。政治家のセクハラ発覚はスキャンダル、芸能人の結婚のうわさはゴシップ。

スキル　skill

技能。熟練。コンピューター操作や英会話など仕事をこなすための技能について言われることが多い。「スキルアップ」は、技能を向上させること。

スキンヘッド　skinhead

髪をそり上げて丸坊主にした頭。スキンは肌・皮膚の意味で、髪のない（地肌が見えるまで髪を短くした）状態。1970年前後のイギリスに出現した白人至上主義・右翼系の若者のトレードマーク。最近はバスケットボールやサッカーなどの有名スポーツ選手がしている。

スクラップ・アンド・ビルド　scrap and build

老朽化した既存の施設や組織を壊して、新しいものを積極的に作るという、現代的な経営方針の一つ。(例)「業績回復のために店舗のスクラップ・アンド・ビルドを徹底的に行う方針を打ち出した」

スクランブル　scramble

緊急発進。領空侵犯などに対し、地上で待機している迎撃戦闘機が短時間で発進する行動。また、有料テレビ放送で、契約者以外の視聴を防止するため電波をかく乱すること。もともとの意味は「急いで動く」「ごたまぜにする」など。「スクランブル交差点」は、歩行者が青信号のとき、車両の通行を全部止めて、歩行者が縦・横・斜めのどの方向にも横断できる交差点。

スケープゴート　scapegoat

身代わり。犠牲。いけにえ。他人の身代わりとして責任を負わせられた人や、支配層に対する大衆の不満をそらすため社会から迫害される社会的弱者などを指して使われる。古代ユダヤで贖罪(しょくざい)日に人々の罪や苦難を背負わせてゴート(ヤギ)を荒野に放した習慣(贖罪のヤギ)から。スケープはエスケープ(逃れる)の古い形。

スケルトン　skeleton

透明・半透明の容器に収められ内部が見える構造の商品。時計、カメラ、パソコンなどハイテク製品に多い。もともとの意味は骸骨、骨組み。「スケルトン住宅」は、建物の骨格部分(スケルトン)と内部を構造上分離し、間取り・内装は居住者が自由に設計できる住宅。また、スポーツでスケルトンといえば、鉄製そりにうつぶせに乗り、ボブスレーやリュージュと同じ氷のコースを滑り降りタイムを競う競技のこと。

スコットランドヤード　Scotland Yard

ロンドン警視庁の通称。スコットランドの領主の地所だったところに建てられたためこの名がついた。現在は少し離れたところに移転し、「ニュースコットランドヤード」の標識が立っている。訳語の「ロンドン警視庁」というのは、首都ロンドンの警察であるため、東京を管轄する警視庁にならってつけたもの。

スターバックス　Starbucks

㊭アメリカのコーヒーショップ。日本でも、しゃれた雰囲気とバリスタと呼ばれる従業員が客の好みに応じて作る「スペシャリティーコーヒー」が人気を集め、１９９６年の１号店開店後、５年間で３００店を出店した。「スタバ」の愛称でも呼ばれ、２００１年10月にはナスダック・ジャパンに上場している。

スタジオジブリ

長編アニメ「風の谷のナウシカ」「もののけ姫」「千と千尋の神隠し」などで知られる宮崎駿監督主宰のアニメ製作スタジオ。「風の谷のナウシカ」公開後、１９８５年に設立。「ジブリ」は、イタリア語でサハラ砂漠に吹く熱風を意味する言葉から発想、アニメーション界に旋風を巻き起こそうとの願いから命名された。２００１年10月には東京都三鷹市に「ジブリ美術館」（正式名称は三鷹市立アニメーション美術館）がオープンした。

スタッフロール　staff roll

映画、テレビ番組、コンピューターゲームなどの最後に流れる製作関係者（スタッフ＝監督、脚本、音楽、装置などの担当者）の名前の一覧。ロールは名簿、表、巻物の意味。クレジットロール、エンドクレジットともいう。

スタンガン　stun gun

スタンは気絶、ガンは銃。高電圧によって相手を気絶させたり麻痺させたりするほどの衝撃を与える銃。護身用に作られたが、犯罪に使われることも多い。

スタンディングオベーション　standing ovation

演奏会、競技会などで、観客が立ちあがって拍手を送ること。

ズッキーニ　zucchini

西欧野菜の一つ。形状はキュウリに似ているが、ウリ科のカボチャの仲間。煮込み野菜料理「ラタトゥーユ」など、南欧料理では欠かせない素材。

【ス】

ステータス　status

社会的な地位、身分。「ステータスシンボル」は、社会的な地位の高さや経済力の大きさを象徴的に示す所有物（別荘、高級自動車、自家用飛行機など）や習慣。

ステートアマ　state amateur

国が強化費用などを援助して養成するアマチュアのスポーツ選手。国家の威信のため、国際大会で入賞させるのが目的。第二次世界大戦後、ソ連、東独をはじめとする社会主義国家が力を入れて有名になった。

ステップワゴン　STEP・WGN

㊇ワゴン車（ホンダ）。「あらゆるシーンでステップアップしてもらえたら」というところから命名。WGNはワゴンの略称をロゴ化したもの。

ステレオタイプ　stereotype

紋切り型、決まり文句。型にはまった代わりばえのしない陳腐な表現や行動、思考。ステロタイプともいう。もともとは、印刷で原版（活字組版）からとった紙型に鉛合金を流し込んで作った複製版のこと。

【ス】

ストイック　stoic

禁欲的。克己的。厳しい克己心、義務感を持って理性的に生きるのを目指した古代ギリシャのストア哲学（者）、または、その精神的態度に似た、欲望を我慢して何かに励むような態度や生き方をいう。この哲学の創始者・ゼノンが、広場（アゴラ）にあった彩色列柱廊（ストア・ポイキレ）で講義を行ったのに由来する。（例）「そんなストイックにならずに、気楽に考えた方がうまくいくさ」

ストーブリーグ　stove league

プロ野球で、ペナントレース終了後のシーズンオフに行われる選手の獲得合戦の別称。「ストーブ」が必要な寒い時期に、トレード、新人選手の獲得などで、球団と球団が火花を散らすさまをペナントレースになぞらえて呼んだもの。スポーツ新聞では連日、熱い戦いが紹介され、オフの目玉のひとつになっている。

ストックホルム　Stockholm

㊞スウェーデンの首都。毎年12月10日、ノーベル賞の授賞式が行われる。（平和賞授賞式はノルウェーの首都オスロ）。

ストナ

㊫風邪薬（佐藤製薬）。風邪が「スーッとなおる」の意から命名。

ストラディバリウス　Stradivarius

華麗な音色と豊かな音量、美しい外観を持つバイオリンの名品。17世紀から18世紀にかけ、イタリア・クレモナの弦楽器製作者アントニオ・ストラディバリとその一族によって作られたバイオリン。

ストリーミング　streaming

インターネット上の音声や動画を受信しながら、同時に再生を可能にする技術。インターネット放送はこの技術の進歩によりニュース、スポーツ、音楽などの動画や音声を組み合わせた放送のコンテンツ（情報の内容）を配信するサービスへと幅が広がってきた。

ストレーツ・タイムズ　Straits Times

㊔シンガポールの代表的な新聞。シンガポール株式市場の主要指標であるST指数を発表している。

ストレス　stress

①環境の変化など様々な外部的刺激に対し、過敏に反応すること。ストレスを引き起こす原因となるものを「ストレッサー」という。②強弱アクセントで強く発音する部分。

ストレッチ　stretch

①伸び縮みする布地・素材。②競技場・競馬場の直線コース。③筋肉と関節を伸ばす柔軟体操。腰痛や肩凝りの予防・治療のための健康法、スポーツの準備運動として行う。ストレッチングともいう。

スパン　span

時間的な幅。期間。（例）「10年、15年というスパンで、日本経済をどの方向にもっていくのかを議論する」。橋梁などの支柱から支柱までの距離、飛行機の翼幅の意味もある。

スピードガン　speed gun

球速測定器。主に野球で投手の投げた球の速さを測定する。人間の耳には聞こえない24ギガ・ヘルツの超音波を次々と発信、この超音波がボールに反射して戻ってくるまでのわずかな時間差から、球のスピードがわかる。日本では1時間あたりの㌔・㍍で表すが、アメリカではマイル（1マイルは約1・6㌔・㍍）で表す。これまでの日本の投手の最高球速は、千葉ロッテ時代の伊良部秀輝の時速158㌔・㍍。

【ス】

スピルバーグ（スティーブン・～、Steven Spielberg）

（人）米映画監督、製作者。1947年生まれ。現在、最も知名度が高く、人気のある監督の一人。監督作品に「未知との遭遇」（77年）、「E.T.」（82年）、「ジュラシック・パーク」（93年）、「A.I.」（2001年）ほか。93年、ナチス政権下での実話を描いた「シンドラーのリスト」で、アカデミー作品・監督賞などを受賞。

スプライト Sprite

（商）炭酸飲料（コカ・コーラ）。1960年に米国で誕生。英語のSpirit（元気の意）、Sprite（妖精）から。前者は炭酸ガスが威勢よくはじける様子を、後者は製品のさわやかな透明感を表現している。

スプラトリー Spratly Islands

（地）「東南アジアの火薬庫」と呼ばれる南シナ海の諸島。南沙群島とも。周辺海域は戦略上、重要な海上交通路であるとともに、海底石油資源、天然ガス、良質な漁場にも恵まれているため、中国、台湾、フィリピン、マレーシア、ベトナム、ブルネイが領有権を主張している。

スペースコロニー space colony

宇宙空間に地球と同じような環境を作り出し、多くの人が生活できるようにした都市。スペースコロニーの構想を初めて提案したのは、米プリンストン大学のオニール教授。1970年代、米航空宇宙局（NASA）が実際に構想案を作成したが、当時の試算で約20年の歳月と約2500億ドルの費用がかかるとされた。

スペースシャトル space shuttle

再利用を可能にして打ち上げ費用の低減を目指した米の宇宙往還機。1981年4月に「コロンビア」が初飛行。86年1月には、チャレンジャーが打ち上げ直後に爆発事故を起こした。現在は、コロンビア、ディスカバリー、エンデバー、アトランティスの4機が使われている。日本人では、92年9月に毛利衛さんが初飛行している。

スペースワールド　Space World

㊔北九州市八幡東区の新日鉄八幡製鉄所の敷地跡に作られたテーマパーク（1990年開業）。宇宙がテーマで、実際の宇宙飛行士の訓練に近い内容を体験できる施設もある。

スポーツフィッシング　sports fishing

釣果を目的とせず、釣ることそのものを楽しむ釣り。金属などでできたルアーや空中を飛ぶ虫に似せたフライなどの疑似餌を釣りの条件に合わせて選択し、それらを巧みに動かして釣りあげる。外来種で引きが強いとされるブラックバス（→p282）を釣るのが、特に人気が高い。スポーツフィッシングは生きた餌を触らずにすみ、また道具や服装なども多様化したことで若者を中心に受け入れられた。釣った魚をその場で放すキャッチ・アンド・リリースはこの釣りの特徴的な行為。

スポット　spot

特定の地点・場所。「観光スポット」「デートスポット」など、「○○スポット」は○○するのにふさわしい場所をいう。スポットライトの略として、「スポットをあてる（注目する）」とも使う。「スポットニュース」＝テレビ・ラジオの番組中の切れ目、または番組と番組の合間の短いニュース放送。「スポット市場」＝先物取引に対し、売買契約と同時に現物（スポット）の受け渡しをする市場。また長期契約に対し、当座必要な分の売買をする市場。原油、石油製品などで行われる。長期契約に比べ価格は変動しやすい。「スポット市場」で取引される原油が「スポット原油」、その価格が「スポット価格」。

スミソニアン・インスティチューション Smithsonian Institution

米・ワシントン市にある学術文化研究機関（1846年設立）。「スミソニアン」は「スミソンの〜」の意で、イギリスの化学者ジェームズ・スミソンが「人類の知識を広めるために」と残した基金をもとに作られたことに由来する。航空宇宙、歴史、自然史などの博物館、美術館、天文台など多くの分野の施設がある。

スモーキーマウンテン smokey mountain

フィリピン・マニラ市のごみ集積場。ごみの山から発生したメタンガスが自然発火し、煙がたちのぼっていることから、「スモーキーマウンテン（煙をふく山）」と呼ばれる。ここのごみを拾い生活の糧として生きるスラムの人々を描いた日本の記録映画「忘れられた子供たち―スカベンジャー」は、内外に大きな衝撃を与えた。元祖スモーキーマウンテンは1995年に閉鎖されたが、第二、第三のスモーキーがマニラ周辺に誕生している。

スラップスケート slap skate

靴の底部のブレード（刃）がかかと部分だけ離れ、前の接合部分がバネ仕掛けになっている新しいタイプのスケート靴。かかとを上げてもブレードが氷を押さえ、ける力が効率よく氷に伝わる。選手の疲労も少ない。オランダで開発され、1997年ごろから急速に普及、スピードスケートの世界記録を次々と短縮させた。

スリジャヤワルデネプラ・コッテ Sri Jayawardanapura Kotte

㊞スリランカの首都。1985年コロンボか

ら遷都。コロンボの南東に隣接。名称は、82年就任のジャヤワルデネ大統領の名と、15~16世紀のコッテ王国にちなむ。

スルーパス　through pass

サッカーのパスで、味方の選手がいる位置ではなく、相手陣営に走りこむ味方選手の進行方向に向けて、相手守備陣のすき間を通すようにして出すパス。スルーは「通す」という意味。シュートの直前によく見られる。イタリア・セリエA（↓p180）で活躍する中田英寿のスルーパスは、一瞬にして相手ゴールを脅かすことから「キラーパス」の異名を持つ。

スロバキア　Slovakia

㊞１９１８年、チェコと合併してチェコスロバキアに。93年分離独立。首都ブラチスラバ。

スンニ派　Sunni

イスラム教の一派。コーランに次いで重きを置かれる規範（スンナ）に従う人々の意味で、全イスラム教徒の9割を占める。シーア派（↓p146）と対立している。

セ

セイ　SAY

㊔月刊誌（青春出版社）。28日発売。若い女性向け。「あなたが言う雑誌・考え方情報」がテーマ。

セーフガード　safeguard

緊急輸入制限。輸入の急増で国内産業が打撃を受けるのを防ぐため、関税を引き上げたり数量を制限したりして一時的に輸入を抑える措置。繊維製品が対象の「繊維セーフガード」、工業品や農産物など幅広い対象の「一般セーフガード」などがあり、いずれも世界貿易機関（ＷＴＯ）で認められている。日本では２００１年４

月に、中国から輸入されるネギ、生シイタケ、畳表（イ草）の農産品3品目に初めて一般セーフガードが暫定発動されたが、本格発動は見送られた。

セーフティーネット　safety net

安全網。本来は落下防止のために張られている網。その意味から、預金者保護のため当局が金融システムを保護する措置や、政策などで悪い影響を被る人を救済する措置などを指す。金融機関の不良債権の処理が進むと破たんする企業が出るので、雇用対策などのセーフティーネットの整備の必要が言われた。

ゼーリック（ロバート・〜、Robert Zoellick）

㊇米通商代表部（USTR）代表。1953年生まれ。財務次官補や国務次官の経歴を持つ。2001年から現職。

セカンドオピニオン　second opinion

第二の意見。主治医の診断や治療法が適切か、別の医師に意見を求めること。医療を受ける患者側の権利として、インフォームドコンセント（→p51）とともにアメリカでは社会医療制度として定着し、特にがんや心臓病のように治療法が多岐にわたる分野で必要性は高くなっている。

セキュリティー　security

安全。安心。防犯。国家安全保障。安全という意味ではセーフティーと同じだが、セキュリティーは、犯罪に対する備え・対策の意味合いが強い。最近は、コンピューター・ウイルスやハッカー（→p246）の侵入からコンピューターを守ること、個人情報の保護の意味でもよく使われる。「セキュリティーチェック」＝空港などで乗客を対象に行う身体検査。「セキュリティーポリス」＝SP。首相など要人の身辺警護をする警官。

セクション　section

分割された部分。ラテン語「切られたもの」が語源。会社・組織の部課、文章の段落、新聞・雑誌の欄、音楽の楽節、建築図面の断面図など、区切られたものを表す。セクションペーパーは方眼紙。セクションマークは、§の記号のことで、チャプター（章）の下位区分を示す。

セクハラ（セクシュアルハラスメント）sexual harassment

性的嫌がらせ。職場の上司がその地位を利用して部下に性的関係を強要することや、異性に対する不快な発言や職場環境もセクハラに当たる。近年、犯罪行為であると社会的に認識され、職場の上司や、大学の教授をセクハラ行為があったとして訴える裁判が全国で相次いでいる。

【セ】

セックスチェック　sex check

オリンピックで、女子競技者であることを確認する医学検査。通常、口腔内の粘膜を採取して性染色体を調べる。1964年、東京大会の陸上競技で金、銅ふたつのメダルを獲得したポーランド選手が、その後「女性ではない」と判定され、メダルや記録がはく奪されたのがきっかけ。次のメキシコ大会から実施された。フェミニティーコントロール、ジェンダーベリフィケーションともいう。

セックスレス　sexless

特殊な事情がないのに、夫婦間などで性交、あるいは性的接触が1か月以上もなく、その後も長期にわたることが予想される状態。「セックスレス・カップル」という言葉は、1991年、日本性科学学会での阿部輝夫医師（精神科）による報告の中で初めて使われた。96年には、脚本家の内館牧子がセックスレス夫婦を描いた小説「義務と演技」が話題を集め、テレビドラマと映画になった。

【セ】

セットプレー　set play

サッカーやラグビーで、ルールによって決められた一定の状況から試合を開始するプレー。サッカーのフリーキックやコーナーキック、ラグビーのラインアウト、スクラムなど。

セデス　SEDES

(商)解熱鎮痛薬（シオノギ製薬）。sedative（鎮静）＋S（語呂調節）から命名。左右どちらから読んでも同じになる商標。

セドリック　Cedric

(商)車。セダン（日産）。バーネットの名作「小公子」の主人公の名前をとった。

ゼネコン（ゼネラル・コントラクター）general contractor

総合建設業者。土木から建築まで一式すべてを請け負う業者の総称。コントラクトは「契約」「請負」の意味。

ゼネラリスト　generalist

ゼネラル（全般的な、総合的な）に人を表すistが付いて、多方面の知識・技能を持つ人、万能選手を指す。特に企業経営の分野で、広い視野から全体的な立場で判断できる人の意味で使われる。反対語は「スペシャリスト」（専門家）。ゼネラルは「全般的な」のほかに「普通の」「将軍」などの意味もある。ジェネラルとも。「ゼネラルマネジャー」＝組織の総括管理者、総支配人。「ゼネラルスタッフ」＝企業の最高責任者の下で経営全般を補佐する人。もともとは、軍隊で将軍を補佐する参謀のこと。

ゼネラル・エレクトリック（GE）General Electric

㊭アメリカの世界最大の電機メーカー。発明

王エジソンの設立した会社が前身。２００１年に退任するまで20年にわたって最高経営責任者（ＣＥＯ）を務めたジャック・ウェルチ（↓ｐ56）が、事業を整理・集中化、他社の買収にも注力して、製造から金融、情報サービスまで幅広く手がけるコングロマリット（複合企業）に成長させた。

ゼネラル・モーターズ（ＧＭ）　General Motors

㊭アメリカの自動車メーカーで世界最大。１９０４年の設立後、キャデラックやシボレー、オペルなど数多くの自動車会社を合併して事業を拡大してきた。日本では２００１年現在で、いすゞ自動車、富士重工業、スズキに資本参加、またトヨタ自動車、石油会社のエクソン・モービルと共同でガソリン自動車に代わる燃料電池車の開発を目指している。

セパタクロー　sepak takraw

足で行うバレーボール形式の球技。３人ずつの２チームが、高さ１・55㍍のネットをはさんで、籐で編んだボールを落とさないようにけり合う。マレーシアで発祥。マレー語のセパ（ける）とタイ語のタクロー（ボール）の合成語。

セフィーロ　Cefiro

(商)車。セダン（日産）。スペイン語で「そよ風、地中海に春をもたらす西風」を意味する語にちなんで命名。

セブン―イレブン　7—Eleven

㊭アメリカのコンビニエンスストア大手。イトーヨーカ堂グループのセブン―イレブン・ジャパンは日本のコンビニエンスストアの草分け。経営危機に陥ったアメリカのサウスランド社（セブン―イレブンの本家）を買収するまでに成長、現在は親会社のヨーカ堂の売上高をもし

のぐ。社名は「(朝)7時から(夜)11時まで」の意味。

セミナー seminar

ラテン語で「苗床」を意味する言葉が語源。若い学生を研究者に育てる「苗床」の意。短期間に集中的に行う研究集会のこと。セミナーは英語で、主に大学で行う演習形式の専門的授業はドイツ語のゼミナール、およびその略語のゼミが使われることが多い。

セリーヌ CELINE

(商)一人乗りの二輪馬車と「C」のマークで知られるブランド。1945年にセリーヌ夫妻が子供用の靴店を開業したのが始まり。その後、婦人靴、バッグ、ベルトなどに進出、現在ではトータルファッションブランドとして展開している。流行にとらわれないデザインと、品質の高さで人気。

セリエA Serie A

イタリアのサッカーなどのプロスポーツの1部リーグ。「セリエ」は英語の「シリーズ」の意味。「A」は「アー」または「エー」と発音する。サッカーリーグは世界で最もレベルの高いプロリーグで、各国の一流選手が活躍している。1994年に三浦知良がジェノア、98年に中田英寿がペルージャ(のちに移籍)、99年に名波浩がベネチアに所属し、日本でも注目されるようになった。現在、18チームで構成。Aの下にB、C1、C2がある。

セルシオ CELSIOR

(商)車。セダン(トヨタ)。ラテン語で「至上」「最高」を意味する語にちなんで命名。

セレナ SERENA

(商)ワンボックスカー(日産)。スペイン語で「晴れ晴れとした、穏やかな」を意味する語にちなんで命名。

セレラ・ジェノミクス　Celara Genomics

(企)アメリカのバイオ企業。日本、アメリカ、欧州などの国家間レベルの国際共同チームとは別に、独自にヒトゲノム（↓p265）解読を行い、2001年にその成果を公表した。

ゼロ金利（↓p128コールレート）

ゼロックス　Xerox

(企)アメリカの世界最大の複写機メーカー。ゼロックスは会社名であると同時に、同社が開発した静電写真画像（ゼログラフィー）の商品名でもある。日本の富士ゼロックスは、富士写真フイルム社と合弁で1962年に設立された。

セロテープ　cellotape

(商)ニチバンの商標名。一般名称はセロハンテープ。透明なセロハン表面に粘着剤、裏面に剥離剤を施したテープ。セロハン（再生セルロースの凝固フィルム）もデュポン社の商標名だったが、現在では普通名詞として使われている。

センチュリー　Century

(商)車。セダン（トヨタ）。英語で「1世紀＝100年」を意味する語にちなんで命名。

センデロ・ルミノソ　Sendero Luminoso

ペルーの極左過激派組織。スペイン語で「輝く道」の意味。1970年ごろに創設され、80年から武力闘争を開始、これまでに国際協力事業団派遣の日本人を含む3万人以上がテロで犠牲になった。92年、当時のフジモリ政権が創設者アビマエル・グスマンを逮捕するなど徹底的に取り締まり、衰退に向かった。

セントアンドルーズ　Saint Andrews

(地)英国スコットランド地方の都市。市名は、キリスト十二使徒の一人アンデレにちなみ、かつて大聖堂が存在した。15世紀、世界で初めてゴルフが行われ、現在「全英オープン」が開催される「ゴルフの聖地」となっている。

ソ

ソーサ（サミー・〜、Sammy Sosa）

㊇米大リーグ、シカゴ・カブスの外野手。1968年生まれ。ともに37年ぶりに年間本塁打の記録（ロジャー・マリス、61本）を塗り替えた98年のマーク・マグワイアとの本塁打王争いで日本でも有名に。年間本塁打60本以上3度達成（98、99、2001年）は史上ただ一人。ドミニカ共和国出身。

ソーシャルワーカー　social worker

民生委員、社会福祉士などの総称。貧困や病気などの問題を解決するための援助をする社会福祉活動がソーシャルワークで、それに携わる人がソーシャルワーカー。患者や家族の相談にのるメディカル（医療）ソーシャルワーカーを置く医療機関もあり、福祉の現場では支援相談員、生活指導員などと呼ばれることもある。

ソーホー（SOHO）　Small Office Home Office

パソコンなど情報通信機器を利用して、自宅や小規模なオフィスで、ソフトウエアの開発や編集、デザインなどの仕事をする自営業者。会社員が自宅近くのオフィスで本社と結んだ通信回線を使い業務を行うのをSOHOと称する場合もある。

ソシオ制度　socio

サッカーで、市民の会費でクラブを運営する方式。ソシオは「会員」を意味するスペイン語。会員は、年間シートを購入する形で会費を納めて資金面を支援する一方、クラブ会長ら役員の選挙など運営面にも参加する。横浜FCは「市民（みんな）で創る市民（みんな）のクラブ」を合言葉に、スペインに多いこの制度をモデルに設立されたが、資金難、練習場確保、戦力不足など、様々な課題を抱えている。

ソドムとゴモラ　Sodom and Gomorrah

悪徳、堕落の象徴的表現。いずれも旧約聖書に出てくる死海沿岸の町で、住民の不信仰や風紀の乱れがはなはだしく、神に滅ぼされた。ソドムから派生した言葉「ソドミー」は性的異常行為を示す。

ソニア・リキエル　Sonia Rykiel

㊐ニットで有名なファッションブランド。創設者のソニア・リキエルが妊娠中に適当なマタニティー・ウエア（妊婦服）がなかったことから、自分で作ったのが始まりという。体の線が美しく見えるデザインで、若い女性を中心に高い人気がある。

ソフトウエア　software

コンピューターに様々な命令を実行させるためのプログラムの総称。機械などの形ある設備に対して、形のない知識や情報などを指す場合もある。ハードウエア（コンピューターの機械部分）の対語としてできた語。単にソフトと略すことも多い。

ソフトランディング　soft landing

軟着陸。もともとは飛行機が衝撃なく着陸することを指すが、経済政策でインフレやデフレ、景気の過熱した状態を緩やかに戻すという意味でも使われる。（例）「過熱したアメリカの景気をいかにソフト・ランディングさせるかがアラン・グリーンスパンFRB議長の腕の見せ所になった」

ソマリア　Somalia

㊞アフリカ東部、インド洋に面する国。その

形から「アフリカの角」と呼ばれる。ソマリ族の国の意。ヌビア語のソマリ（黒い）に由来するとされる。1990年代から内戦が続いている。首都モガディシオ。

ソムリエ sommelier

フランス語で、ワイン全般についての知識を持ち、高級レストランなどでワインの相談にのる給仕。日本ソムリエ協会の試験に合格したソムリエ資格を持つ人は2001年初頭で約5500人、そのうち航空3社（日航、全日空、日本エアシステム）の客室乗務員が1000人を超す。女性形はソムリエール。

ソラナ（ハビエル・～、Javier Solana）

(人)欧州連合（EU）共通外交・安全保障上級代表。1942年生まれ。スペイン人。北大西洋条約機構（NATO）事務総長を経て現職。

ソルトレークシティー Salt Lake City

(地)米中西部ユタ州の州都。標高1340メートルの盆地に位置。市名は街の北西に広がる塩湖「グレートソルト湖」に由来する。末日聖徒イエス・キリスト教会（モルモン教会）の総本山があり、市民の7割近くが同教徒。2002年冬季五輪開催地。

ソルベンシーマージン比率 solvency margin ratio

保険金支払い余力を示す数値。生命保険会社の経営の健全性を測る指標の一つ。災害などの予測を超えた事態で多数の死亡者が出た場合に、保険会社が自己資本や株式の含み益などで、どの程度対応できるか数値化した。高い方が健全性が高いとされ、数値が200%を下回ると金融庁が経営改善を命じる早期是正措置の対象となる。

タ

ターゲット　target

目標。標的。具体的には、アーチェリーや射撃の標的、軍事的攻撃の目標、企業の販売・宣伝活動で働きかけの対象とする特定の購買層、経済指標で目標とする数値など。(例)「アメリカ中枢をターゲットにしたテロ攻撃」「ビジネス客をターゲットに売り込みを図る」。また、「インフレ・ターゲット」は、デフレに陥るのを防ぐため設定するインフレ率の目標数値のこと。

ターザン　Tarzan

㊔雑誌(マガジンハウス)。第2・4水曜発売。若い男性向け。健康・スポーツ情報を掲載。

【タ】

ダービー　Derby

イギリス・ロンドン郊外で行われるサラブレッド3歳馬のレース。1780年、イギリスのダービー伯爵が始めた。これにならい、日本ダービー(東京優駿競走)が、1932年から行われている。2001年5月27日に開催された第68回日本ダービーは、初めて外国産馬が2頭出走した。また、ダービーは、「ホームランダービー」など、競争一般についても使われる。

ダービーマッチ　derby match

サッカーで、本拠地が同じ都市にあるチーム同士の試合のこと。現在のサッカーのスタイルは19世紀のイギリスで確立したが、それ以前は町の中の地区ごとに対戦し、相手地区の端までボールを運んだ方が勝ちというようなものだった。町ごとにルールが異なり、中でもダービー地方のものはかなり荒っぽく、その名をとどろかせていたところから、同じホームタウンを持つチームの試合をダービーマッチ(略して、ダービー）と呼ぶようになったという。ミラノ・ダービー（インテル対ACミラン）など。

ターミナルケア terminal care

末期医療。ターミナルは終着駅の意味。死を間近に控えた患者に対し、死への恐怖や肉体的苦痛をやわらげる心身両面からの医療をいう。そのための専門施設としてホスピス（→p309）などがある。延命だけを考える治療ではなく、人間の尊厳や残された人生を充実させることを重視するもの。

ダイエット diet

①食事の質や量を制限などしてやせること。本来は病人の治療や体重調節のための適正な食事をいう。②㊥発泡酒（サントリー）。同社発泡酒比カロリー50%カットが売り物。小泉首相の息子で俳優の小泉孝太郎をCMに起用して話題を呼んだ。

ダイオキシン dioxin

有機塩素系のポリ塩化ジベンゾジオキシン（PCDD）、ポリ塩化ジベンゾフラン（PCDF）の総称で、主にプラスチック類の焼却で発生する。農地や河川、湖沼、海洋の底に蓄積したものが、野菜や魚介類などを通して人体に摂取されることが多い。一般に猛毒のダイオキシンという場合、最も毒性の強い2・3・7・8四塩化ジベンゾジオキシンをさす。1999年にダイオキシン類対策特別措置法が成立し、規制が強化された。

第三セクター —sector

国や地方公共団体（第一セクター）と民間企業（第二セクター）の共同出資による事業主体。公共的事業を行うのに際し、民間の資金と経営手法などを取り入れるために採用する、官と民の中間的組織。

ダイジェスト　digest

要約。概要。本や雑誌、新聞記事など著作物やテレビドラマ、スポーツ競技、各種催し物などの内容を要約すること、または要約したもの。（例）「県議会の模様をダイジェストで伝える新番組」「決勝トーナメントの各試合のダイジェスト版」。もともとの意味は「食べ物を消化する」。

タイタン　Titan

㊔トラック（マツダ）。タイタンは、英語で「巨人」。トラックは力強さが要求されるため、ギリシャ神話に登場する巨人一族になぞらえて命名した。

ダイナブック　DynaBook

①コンピューター研究者アラン・ケイ博士の「パーソナル・ダイナブック・メディア」という論文の中に登場する理想のコンピューターのこと。②㊔ノートパソコン（東芝）。1989年、世界初のノートパソコンとして発売。理想のマシン作りを目指すという願いを込め、アラン・ケイ博士の論文にある「ダイナブック」の名をつけた。

ダイバーズウオッチ　diver's watch

潜水用の時計。がっちりしたフレームで防水機能に優れ、潜水時間の計測がしやすいようになっている。ファッション感覚で腕にはめている若者も多い。

タイムテーブル　time table

列車やバスの時刻表。学校の時間割。また、時間の流れに沿って物事の段取りを決めた計画表の意味で使うことも。その場合は「タイムスケジュール」と同義になる。ただし、タイムスケジュールというのは和製英語。本来の英語では単に「スケジュール」という。タイムテーブルの「テーブル」は、ものを配列した板の意味から「表」「リスト」を表す。

ダイヤルQ2 dial Q_2

㊔電話を使った有料の情報サービス。情報料は通話料とともにNTTが徴収し、NTTから情報提供者に支払われる。番号が0990で始まるので、この名がついた。成人向けのアダルト情報も多く、子どもが勝手に電話をし膨大な料金が家庭に請求されるなど、社会問題化した。

タウ

㊔デジタル高画質フラットテレビ（松下電器産業）。タウは、Tにあたるギリシャ文字で、文字が持つ形から、垂直なものの象徴。また「To a T」で、「完璧、ピッタリ」を意味するとも。

ダウ工業株 Dow-Jones Industrial Average

ニューヨーク証券取引所に上場している代表的な30銘柄で構成される平均株価のこと。経済紙のウォール・ストリート・ジャーナル（↓p57）を発行しているダウ・ジョーンズ社が算出して発表している。創業年の古い、伝統のある会社が多いのが特徴。

ダウニング街 Downing Street

ロンドンの中心部にある官庁街。首相官邸が長い期間、ダウニング街10番にあったことから、「ダウニング街」はイギリス政府の代名詞として使われてきた。ブレア首相（↓p291）は家族が増え手狭になったため、1997年に住居部分の広い、隣の11番にある蔵相公邸と交換し話題になった。「ダウニング」の名称は、17世紀の政治家ジョージ・ダウニングにちなむ。

タウンエース TOWNACE

㊔車。キャブワゴン（トヨタ）。タウン（町、都会）とエース（第一人者、最も優れたもの、

切り札）の合成語。

ダウンサイジング　downsizing

文字通り、サイズ（大きさ）をダウン（縮小）することで、従来あるものをより小型化しようとすること。コンピューターに関しては、それまで大型コンピューターと無数の端末で構成してきた集中型のデータ処理システムを、パソコンなど性能の高い小型コンピューターで構築する分散型のシステムに置き換えることを言う。それによって、コストを抑え、効率的な運用ができるようにする。企業がスリム化のため人員を削減する意味でも使われる。

タウンミーティング　town meeting

国民対話集会。閣僚が地方に直接出かけて、内閣の様々な政策について住民と意見を交換しようというもの。小泉内閣が構造改革路線を推し進めるため積極的に行っている。もともとは、植民地時代のアメリカに見られた政治的慣行で、全有権者による集会で年間の予算と事業計画を決定し、そこで選ばれた役人にこれらを執行させたもの。

タウンモビリティー　town mobility

高齢者などに移動手段を提供し、買い物をしやすいように支援する仕組み。移動に苦労する高齢者や身障者に商店街など一定地域内で電動スクーターや電動カート、車いすを貸し出し、案内役のボランティアが同行したり、道路や店内の段差をなくしたりして、弱者に優しい街づくりと商店街など市街地の活性化を図る。英国で始まったショップモビリティーにならった。

ダウンロード　download

パソコン通信やインターネット上などから、情報を各端末装置に転送すること。逆に、ホームページを公開するなど、各自の端末からサーバーに情報を送ることをアップロードという。

ダカーポ dacapo

①初めに戻って繰り返し演奏することを示す音楽用語。イタリア語で「初めから」の意味。途中に戻るのはダルセーニョ。②(商)雑誌（マガジンハウス）。第1・3水曜発売。若者向け。総合情報。

タキシード tuxedo

男性の夜会用略式礼服。背広と燕尾服の中間の正装で、19世紀末、アメリカ・ニューヨーク州タキシード・パークの会員らが着始めた。黒い蝶ネクタイをつけるため、燕尾服の「ホワイト・タイ」に対して「ブラック・タイ」と呼ばれる。イギリスでは、ディナー・ジャケットという。

タジキスタン Tajikistan

(地)パミール高原に位置する中央アジアの国。イラン系タジク人が6割以上を占め、スンニ派（↓p175）のイスラム教徒が多い。1991年にソ連から独立。共産党系の政権とイスラム系反政府勢力が内戦を続けたが、97年和平合意。翌98年、国連タジキスタン監視団（UNMOT）の秋野豊政務官ら4人が反政府勢力に射殺される事件が起きた。首都ドゥシャンベ。

タシケント Tashkent

(地)ウズベキスタンの首都。シルクロードの隊商都市。トルコ語で「石（タシ）の町（ケント）」の意。

タス TASS

㊭1925年創設の旧ソ連国営の通信社。「タス」はソ連電報通信社の略称。ロシア帝国時代のベストニク通信社を前身とする。第二次大戦後はソ連唯一の通信社として活動、ソ連崩壊後の92年にイタル＝タスと改称した。

タックスヘイブン tax haven

租税回避地。税（タックス）の安息所（ヘイブン）という意味。諸外国に比べて極端に有利な税制上の特典があり、法人税などが無税かごく低率の国々（地域）のことを指す。企業はこれらの地域に拠点を作ることで税金対策を行っている。最近では資金洗浄（マネーロンダリング↓p323）に利用されることもあるという。

ダナ・キャラン Donna Karan

㊔アメリカのファッションブランド。「自分と家族のための服」という観点から、仕立て屋の父とモデル出身の母を持つニューヨーク生まれのデザイナー、ダナ・キャランが創設。娘のために「DKNY」、夫のために「ダナ・キャラン・メン」など、多様なブランド展開をしている。

【タ】

タヒチ Tahiti

㊞フランス領ポリネシアのソシエテ諸島の中心の島。南海の楽園と呼ばれ、かつて画家ゴーガンが住み、多くの傑作を残した。

ダビング dubbing

再録音。再録画。磁気テープなどに記録した音楽、映像などを、複製すること。従来のアナログ方式では、ダビングすると音質、画質は元のものに比べ劣化するが、デジタル方式で記録したものは複製しても劣化しないため、不法コピーが大きな問題となっている。原義は英語の dub（追加録音をする、音響効果をつける、再録音する）。また、せりふの吹き替え（アフレコ）の意味もある。

タフマン

㊔飲料（ヤクルト）。英語の Tough Man（タフな人）から命名。

ダブルスクール double school

大学に籍を置きながら、英会話、簿記などの専門学校や司法試験、公務員試験の予備校などに通うこと。就職に有利になるような実践的な知識、技術を身につけようとするのが目的。また、大学側も少子化時代を見据え、学生数を確保するため、簿記などの資格試験用の講座を開設するところもあり、大学自体のダブルスクール化現象も現れ始めている。

タペストリー tapestry

絵や模様を描いたつづれ織り。タペストリー（タピストリーとも）は英語読みで、フランス語ではタピスリー。中世ヨーロッパで、教会や城館の壁面装飾として盛んに用いられた。

ダボス Davos

㊞スイス東部の保養・行楽地。第二次大戦前には結核療養のためのサナトリウムがあり、トーマス・マン作「魔の山」の舞台となった。現在、夏は避暑、冬はウインタースポーツのリゾート。「ダボス会議」＝1971年以来、毎冬当地で開催される「世界経済フォーラム年次総会」（通称、ダボス会議）には、民間財団の主催ながら、世界各国の要人、経済界のトップが集う。政治・経済から芸術・文化まで幅広い分野についての議論が行われ、「賢人会議」とも称されている。2001年には日本から森首相、鳩山・民主党代表も出席した。

ダミー dummy

本物の代わりになるもの、身代わり、替え玉、見本、模型。例えば、人間の代用として衝突実験や防災訓練、映画撮影、射撃の標的などで使う人形やマネキン人形、また実物に見せかけた札束、シミュレーション（↓p153）で使う数値など。「ダミー会社」は、主に脱税など法の規制を逃れるために便宜的に使う、名前だけでほとんど実体のない会社。トンネル会社ともいう。

ダモクレスの剣 the sword of Damocles

権力の座が安定でないことのたとえ。シチリアの独裁者ディオニュシオス1世が、王であることの幸福をたたえる家来のダモクレスを王座に座らせ、頭上に馬の毛で剣をつるして、王座が常に死と隣り合わせであることを教えたという故事による。

ダライ・ラマ14世 Dalai Lama XIV

㊇チベット仏教の最高指導者。1935年生まれ。2歳で13世の生まれ変わりと認定され、4歳で即位した。59年に中国のチベット統治に抵抗して起きた動乱を機にインドへ亡命、ダラムサラに亡命政権を樹立した。非暴力による解放運動、人権、環境問題などへの取り組みが評価され、89年にノーベル平和賞を受賞。

【タ】

ダラムサラ Dharamsala

㊞インド北部。1959年3月のチベット動乱後、中国から亡命したチベット仏教の最高指導者ダライ・ラマ14世の拠点。

タリバン Talibaan

1996年から2001年までアフガニスタンを実効支配した政治勢力。タリバンとはアラビア語で「神の道を学ぶ者たち」を意味する。94年にアフガン南部のカンダハルで最高指導者ムハンマド・オマル師の下で神学校の学生が集まり結成され活動を開始。96年に首都カブールを奪取、パキスタンから武器供与を受けたこともあり、国土の90%を実効支配した。2001年、米同時テロの黒幕とされたウサマ・ビンラーディン（→p267）を保護しているとされて米軍やタリバンと対立する北部同盟によって崩壊させられた。

ダルエスサラーム Dar es Salaam

㊞アフリカ東部のタンザニアの首都。98年8月、ケニア・ナイロビと当地の米国大使館が爆破され、米国はアフガニスタンに滞在するサウジアラビアの富豪ウサマ・ビンラーディンをテロ犯として追及した。

タルタルソース　tartar sauce

マヨネーズにピクルス、タマネギ、パセリ、ゆで卵、香辛料などを加えて練り合わせたソース。肉、魚、フライなどに添える。

ダンクシュート　dunk shoot

バスケットボールで、高くジャンプして、ボールをリングの真上から直接中にたたき込むシュートのこと。1990年代に活躍した米プロバスケットボール協会（NBA）シカゴ・ブルズのマイケル・ジョーダンの滞空時間の長いダンクシュートは、多くのファンを魅了した。ダンクショット、またはダンキングシュートともいう。

ダンチュー　dancyu

㊕月刊誌（プレジデント社）。6日発売。料理や食に関する記事を掲載。「男の厨房」の意で、男性にもっと食の世界を楽しんでもらいたいとして命名。創刊10年を経て読者の半数は女性に。

タント　TANTO

㊕月刊誌（集英社）。17日発売。日常的な材料を使って簡単に作られる料理を紹介。

ダンピング　dumping

不当廉売。採算を度外視した安売り。また、国内での販売価格よりも大幅に下回る値段で輸出すること。ダンピング提訴は、輸入国の業界などが自国政府へ提訴することをいい、調査してダンピングがあると認定されると（いわゆる「クロ」認定）、反ダンピング関税をかけられることがある。日本の対米鉄鋼輸出に対して、90年代後半から米国の鉄鋼業界によるダンピング提訴が相次いでいる。

チ

チェアマン　chairman
議長。委員長。また、サッカー・Jリーグでの最高責任者。Jリーグを代表するとともに、業務を管理・統括する。プロ野球のコミッショナーにあたる地位。議長や委員長の意味では、性による差別を避けるため「チェアパースン」が使われることがある。

チェイニー（ディック・〜、Dick Cheney）
(人)米副大統領。1941年生まれ。現大統領の父41代ブッシュ大統領のもとで国防長官として、91年の湾岸戦争を指揮した。

チェコ　Czech
(地)ヨーロッパ中部にある国。ボヘミア地方に定着した「最初の人」の意。1918年以来スロバキアとともにチェコスロバキア共和国を構成していたが、93年に分離独立した。首都プラハ。

チェチェン　Chechen
(地)ロシア連邦内、カスピ海と黒海に挟まれたカフカス山脈中央部の共和国。人口約100万人。石油・天然ガスなどの資源に富む。大半がイスラム教徒であるチェチェン人は、19世紀前半のカフカス戦争、スターリン時代のカザフスタンへの強制移住など、辛酸をなめた。独立派と親露派が対立し、1991年ロシアからの独立を宣言したが、94年ロシアが軍事介入し、独立派武装勢力との抗争が続く。首都グローズヌイ。

チェルシー　CHELSEA

㊔キャンデー（明治製菓）。高温で煮詰めたキャンデー（スカッチキャンデー）。イギリスの都市・チェルシーにちなんで命名。

チベット　Tibet

(地)中国西部の自治区。中国名は西蔵。崑崙山脈やヒマラヤに囲まれ、平均標高4000メートルを超えるチベット高原に位置する。チベット仏教ラマ教を信仰。1951年、中国軍が進攻、平和解放に関する協定が締結され、宗主権は中国、自治権はチベットに帰属した。59年チベット動乱が発生し、以来最高指導者のダライ・ラマ14世（→p193）はインドに亡命中。2000年、カギュー派の活仏カルマパ17世もインドに亡命した。区都ラサ。

チャート　chart

海や湖の地図、また図表やグラフ類。特に、音楽CDなどのヒットチャート（売り上げ上位の表）の略、株式相場の変動表（タテ軸が株価の数値、ヨコ軸が年月日の線グラフ）の意味で使われることが多い。(例)「新曲がチャートイン（チャート入り）する」「チャート的にはそろそろ底値圏入りだが……」

チャイルドシート　child seat

自動車の座席に取り付ける子ども用のベルト付きの座席。幼児が大人用のシートベルトをしたりベルトなしで乗車するのは危険だとして、道路交通法の一部が改正され、2000年4月から6歳未満の子どもに装着が義務づけられた。違反点は1点で罰則、反則金はないが、チャイルドシートを使わず死亡事故を起こした運転していた母親が業務上過失致死罪容疑で書類送検されたこともある。装着義務化後、死傷者は減少している。

チャット　chat

雑談、おしゃべりをする意。インターネットやパソコン通信などのネットワーク上で、同時に複数の人間が書き込みを行い文字メッセージのやりとりをすることで成り立つ会話。

チュアブル chewable

かみ下しが出来ること。転じて、水が不要で口の中でかみ砕いて服用する錠剤。製薬会社などでは「口腔内崩壊錠」とも呼ばれ、新タイプの飲みやすい錠剤として開発。直径は10～20ミリ程度、水なしでも10～20秒ぐらいで溶ける。各種の薬効成分を、甘くて水に溶けやすい乳糖などに混ぜて押し固めたもの。

チューニング tuning

調律、調整。テレビ、ラジオなどの周波数を同調させたり、楽器の調子を合わせたりすること。自動車や音響製品など機械類の調整をすることにも使う。テレビやラジオなどの周波数を選択する装置は「チューナー」という。

チューリヒ Zürich

（地）スイス北部、同国最大の経済都市。世界の金融市場の中心的存在でもある。

チュニジア Tunisia

（地）地中海に面する北アフリカに位置する国。首都チュニスは古代フェニキアの植民市として栄え、市名はフェニキア人の守護神である女神タニスの名にちなみ、国名は市名に由来する。アラブ諸国との関係を重視するものの非同盟中立が基本。1998年、段階的に関税障壁を撤廃する経済自由化協定を欧州連合（EU）と結んだ。

チョモランマ Chomolungma

エベレスト山のチベット名で、「世界の母神」の意。ネパールではサガルマータ（大空の頭）と呼ばれる。英語名エベレストは、英国植民地時代のインド測量局長官ジョージ・エベレストから命名された。ヒマラヤ山脈の最高峰で、世界一の8848メートル。英国隊が1953年5月29日、初登頂に成功した。

ツ

ツーショット two-shot

テレビなどで俳優二人が映っている場面。俗語では男女が二人きりになること。ツーショットダイヤルは不特定の男女を結ぶ有料電話サービス。

ツートップ two top

サッカーの布陣で、攻撃の中心となる最前線のフォワード（FW）に2人の選手を配すること。4―4―2（守備4人―中盤4人―攻撃2人）システム、3―5―2（守備3人―中盤5人―攻撃2人）システムなどがこの布陣。守備を重視するときはFWを1人にして「ワントップ」、攻撃を重視するときは3人にして「スリートップ」にするなど、様々なフォーメーション（隊形）が選択される。

ツバル Tuvalu

㊞9のサンゴ礁からなる南太平洋の島国。インターネット上の国名表示「.tv」がテレビ局のアドレスとして売り込めるともくろんだ米国企業が、使用権を10年間5000万ドル（ツバルの国内総生産の約3倍）で買い取った。首都フナフティ。

テ

ティーノ Tino

㊔車。ミニバン（日産）。スペイン語で「理性」「判断の正しさ」を意味する語にちなんで命名。

ディーラー dealer

販売業者。自動車のディーラーといえば各自動車メーカーの特約小売業者をいう。また、金融機関で証券、為替の売買をする人もディーラーと呼ばれる。トランプではカードを配る人、ルーレットでは玉を投げ落とす人（親）のこと。

ディエゴガルシア島 Diego Garcia

(地)インド洋上の孤島で、英領チャゴス諸島の一部。長さ25キロ、幅5キロの細長い環礁。1966年から米国が借り受け、湾岸戦争や、アフガニスタンのタリバン政権に対する軍事行動の際の戦略的要衝として利用。

デイサービス day service

通所介護。日帰り介護。和製英語で、「デイ」は「一日」ではなく「日中」の意味。老人ホームやデイサービスセンターなどと呼ばれる福祉施設で、在宅介護を受けている高齢者や障害者に入浴や食事の世話、リハビリなどを行う。介護保険制度により、利用者は1割負担でサービスを受けることができる。医療機関が行う場合は「デイケア」という。

ディスクロージャー disclosure

企業や国・地方自治体の情報公開。企業は、投資家や株主が情報不足で損をすることのないように、経営状況や事業概要など企業に関する重要情報の公開を法律で義務づけられている。企業内容開示制度ともいう。最近では、公務員の不祥事や薬害事件、原子炉事故などで、国や地方自治体にも積極的な情報公開が求められている。ディスクロージャーは英語の動詞ディスクローズ（秘密などを明らかにする）の名詞形。

ディズニーランド Disneyland

(商)ミッキーマウスやドナルドダックを生んだ動画作家で製作者のウォルト・ディズニー（1

901～66年）が55年に米国のロサンゼルス近郊に建設した遊園地。その後71年にフロリダ州にディズニーワールドが、日本にも83年に東京ディズニーランド（千葉県浦安市）が完成し、日本初の本格的なテーマパーク（↓p202）としてオープン。また2001年9月、東京ディズニーランドの隣に海をイメージしたディズニーシーも完成した。

ディスプレー　display

商品などの展示、陳列。また、文字や画像を表示するコンピューターの出力に用いる装置。ブラウン管、液晶表示装置などが主流。

ティティカカ湖　Titicaca, Lago

(地)南米のペルー、ボリビアにまたがる、長さ196キロ、幅72キロの大湖沼。汽船が通る湖としては世界一の高所（約3810メートル）に位置。

デイパック　day pack

小型のリュックサック。もともとは野外生活のために1日分の食料や衣料を詰めるもの、という意味だったが、近年、若者を中心に街中でも用いられるようになり、色彩もデザインも多様化している。

ティファニー　TIFFANY

(商)高級宝飾品で有名なブランド。1837年、チャールズ・ルイス・ティファニーが雑貨店を開いたのが始まり。オードリー・ヘプバーン主演の映画「ティファニーで朝食を」は、ヒロインがニューヨーク五番街の同店の前でパンを食べる冒頭のシーンから題名をとった。1955年に経営者が交代して以降は、幅広い年齢層に支持される手ごろな価格の商品も扱っている。

ディベート　debate

一般には討論の意味。特に、あるテーマについて肯定と否定の二組の立場に分かれて行う討論会を指す。論理的な思考とコミュニケーション能力を磨くため教育現場にも取り入れられており、主張の説得力や論理性を競い合う、中学・高校生を対象にしたディベート選手権も行われている。

ティラナ Tirane

(地)バルカン半島南西部・アルバニアの首都。オスマン・トルコの総督が17世紀、戦勝を記念して建設し、イランの首都テヘランにちなんで命名した。

ディレクター director

ディレクション（管理、演出、指揮）をする人。一般的にはテレビ局の番組担当者、演出家を指すことが多いが、楽団指揮者や楽長、映画監督などにも使われる。英語としては、重役や理事、長官、局長といった意味もある。

ディンクス DINKS

ダブル・インカム・ノー・キッズの省略形。共働きで、子どもをつくることを避け、ぜいたくでゆとりのある生活を楽しもうという夫婦のあり方。これに対し、子どものいる共働きの夫婦はデュークス（DEWKS＝ダブル・エンプロイド・ウイズ・キッズ）。

ディンプルキー dimple key

側面に刻みがなく、平面に多数の凹凸を施したカギ。ディンプルとは、ゴルフボールの表面につけられた小さなくぼみのこと。工具を使って簡単にカギを開けるピッキング（→p264）と呼ばれる空き巣の被害が急増したため、従来、多く用いられてきたシリンダー錠から付け替える家庭が増えた。

データベース database

特定分野の情報を集め、効率的に利用できるようにしたもの。特に、コンピューターに情報を取り込み検索や更新を容易にしたものをいう。

【テ】

テーマパーク theme park

宇宙や映画、特定の国といった一つのテーマで出し物や見せ物、遊技施設が構成される大規模なレジャー施設。東京ディズニーランド（TDL、千葉）、ユニバーサル・スタジオ・ジャパン（USJ、大阪）、スペースワールド（福岡）、ハウステンボス（長崎）、志摩スペイン村（三重）など、全国に主要なものが30ほどある。TDLやUSJが盛況な一方、地方の第三セクター主導のものは赤字を抱えるところも多い。

デオドラント deodorant

de（除く）＋odor（におい）で脱臭剤。デオドラントシャンプー、デオドラントスプレーなど、殺菌作用、脱臭効果のある製品が多く発売されている。

テキサス Texas

㊞米国南西部、アラスカに次ぎ2番目に大きい州。アメリカ先住民の言語で「友人」の意。大牧場とカウボーイが同州を象徴していたが、20世紀初頭の油田発見以来、石油産業が発達。メキシコ湾に面する南東部のヒューストンには米航空宇宙局（NASA）宇宙センターがある。州都オースティン。

テクニカルノックアウト technical knockout

ボクシングで、レフェリーの判断で試合を中止し、勝敗を決すること。TKOと略す。負傷などによって試合が続行できない場合、試合中にセコンドからタオルが投げ込まれた場合、ドクターが試合続行を危険と判断した場合などに採用される。

テクノ techno

「科学技術の」の意味で複合語を作る。「テクノクラート」＝技術官僚。クラートは支配者の意。技術万能主義の考えのもとに、科学技術をもって社会・経済機構を管理すべきだと信ずる人。「テクノクラシー」＝技術者に国家の支配をゆだねようとする考え方。「テクノポップ」＝シンセサイザーなどの電子楽器を使ったポピュラー音楽、「テクノ」と略しても使われる。

テクノスーパーライナー　techno-super-liner

ＴＳＬ。高速、大量、低コスト輸送を目指し運輸省（当時）が造船業界と共同で１９８９年から開発を始めた超高速船。スクリューを使わずに、ジェット水流を後方に噴き出して前進する。船体はアルミニウム製で軽量化されており、最高速度は通常の船の約2倍の50ノット（時速93キロ・メートル）が可能。

テコンドー　taekwondo

朝鮮半島の伝統武術を起源とする格闘技。頭部と胴部に防具をつけ、突きやけりを使って戦う。攻め続けることを基本とし、後退などは消極的行為として減点の対象とされる。相手をノックアウトするか、得点を多く挙げたほうが勝ち。韓国の国技。２０００年のシドニー五輪で正式種目に採用された。

デザイナーベビー　designer babys

精子や卵子などの生殖細胞を遺伝子操作し、病気に強い、知力に優れるなど、特定の性質を持つように計画されて生まれてくる子供。

デジタル　digital

数量を1、2、3…と数字を用いて表す方式。アナログ（→p21）に対する言葉。デジタル時計では時刻を1秒、2秒と数値で示し、アナログ時計の針のように数値と数値の間の時間については表示しない。

デジタル・ディバイド　digital divide

パソコンやインターネットなどの情報技術（IT）を使いこなせる人と、そうでない人の情報格差。それにより生じる両者の経済格差も言う。個人間に限らず、企業間、国家間においても格差が広がり出す傾向にある。

【テ】

テストマッチ　test match

ラグビーで、各国の代表チーム同士による試合のこと。出場選手にはキャップ（帽子）が贈られ、ラガーマン（ラグビー選手）の最高の栄誉となる。ホッケーやクリケットでも使われる用語で、「インターナショナルマッチ」ともいう。

デッドロック　deadlock

会議や交渉などが行き詰まること。こう着状態。ロック（lock）は錠のことだが、岩（rock）と誤解して、デッドロックを暗礁の意味にこじつけ、「デッドロックに乗り上げる」という間違った表現が生まれた。

テディベア　teddy bear

ぬいぐるみのクマ。テディとはアメリカ第26代大統領セオドア・ルーズベルトの愛称。名前の由来は、クマ狩りに出かけたルーズベルトが捕らえた子グマを逃がしてやったという話をもとに「テディのクマ」というぬいぐるみが作られた、など諸説ある。生まれた子供にクマのぬいぐるみを与え、その子が大きくなってもぬいぐるみを大切にする欧米では、性別、年齢を問わずテディベアには根強い人気がある。日本でも人気が高まり、版権使用料が不要なこともあって各地にテディベア・ミュージアムが作られている。日本テディベア協会ではルーズベルトの誕生日の10月27日をテディベアズ・デーに定めている。

デニム　denim

ジーンズの生地。木綿の藍染めの横糸とさらしていない縦糸で織られた厚い布が一般的だが、さまざまな色、肌触りのものが作られ、おしゃれ着など用途も広がっている。南フランスの町、ニームで作られたサージ（フランス語で「サージ・デ・ニーム」）が語源。

デビスカップ　Davis Cup

男子テニスの国別対抗戦。１９００年にアメリカのトッププレーヤー、Ｄ・Ｆ・デビスが寄贈した純銀製カップを争う。当初はイギリスとアメリカの対抗戦だったが、03年から各国が参加。参加国上位16か国のワールドグループのトーナメントで優勝を争う。5試合（シングルス4試合、ダブルス1試合）行い、先に3試合勝った方を勝ちとする。

【テ】

デビットカード　debit card

小売店で買い物をするとき、銀行などの金融機関のキャッシュカードを使って即時決済できるサービス。店員がキャッシュカードを専用端末機に通し金額を入力した後、利用者が暗証番号を入力すれば、代金が預貯金口座から即時に引き落とされる仕組み。１９９９年にサービスが開始された。デビットとは会計用語で「借方」を指す。利用者はすでに所有しているキャッシュカードを使用でき、加盟小売店は売り上げと同時に代金が回収できるメリットがある。

デフレ（デフレーション）deflation

供給が需要を上回ることで物価の下落が続き、貨幣の価値が上昇する状態。２００1年3月、政府は戦後初めて日本がデフレ状態であると認定した。インフレ（インフレーション）はこの逆で、供給に対し需要が上回り物価高騰が起きることをいう。

デフレスパイラル　deflationary spiral

スパイラルは「らせん状」の意。物価下落と景気悪化が同時進行する状態。企業がモノを作っても売れなければ価格は下げざるを得ず、企業収益は悪化する。収益が悪化すると雇用調整が行われ失業率も増える。そうなると個人消費が伸び悩むため、企業は新規の設備投資を控え、雇用が回復しないので、やはりモノが売れないという悪循環をいう。

テヘラン　Tehran

(地)イランの首都。標高1160メートルに位置し、ペルシャ語で「山麓の端」の意。1786年カージャール朝ペルシャが首都とした。

デポジット　deposit

手付け金。預かり金。缶や瓶入りの飲料水を売る際に、販売業者が預かり金を上乗せして売り、購入客が空き缶・瓶を持って来れば預かり金を返すのがデポジット制。預かり金が戻ることで購入者が自発的に空き缶・瓶を返却するようになり、回収率が高まるとして、空き缶リサイクルの有効な手段の一つに挙げられる。

テポドン　Taepodong

北朝鮮の長距離弾道ミサイル。1998年8月31日、打ち上げ実験を行い、日本海および三陸沖にブースターを落下させた。北朝鮮は人工衛星の打ち上げロケットだと主張したが、日本政府は食糧援助停止、日朝正常化交渉の再開見合わせなどの対抗措置をとった。この事件は、アメリカの全米ミサイル防衛網（NMD）開発計画促進の重要なきっかけとなった。

デモンストレーション　demonstration

（何かを証明するように）はっきり見せること。具体的には、政治・社会的な意思表示のため集団で行う行進や集会（行進の場合、略してデモという）、軍隊の攻撃的行動や軍事力の誇示、スーパー店頭などで行う販売促進のための商品の実演宣伝など。また五輪などスポーツ大会などで正式種目以外の公開競技をデモンストレーション競技と言う。

デュポン　Du Pont

㊭アメリカの最大手化学企業。合成繊維や化学製品を生産。1938年、同社より発表、製品化された合成繊維ナイロンは、職員の化学者ウォーレス・カロザースが発明したもの。

テラノ　TERRANO

(商)車。SUV（日産）。ラテン語の TERRA「地球」と語感を強める接尾語 NO の合成語。

デラホーヤ（オスカー・〜、**Oscar De La Hoya**）

(人)米のボクシング選手。1973年生まれ。シュガー・レイ・レナード、トーマス・ハーンズに並ぶ5階級制覇を達成。

テリオス　**TERIOS**

(商)小型乗用車（ダイハツ）。古代ギリシャ語で「願いをかなえる」を意味する語にちなんで命名。

デリカ　**DELICA**

(商)車。ワゴン（三菱）。荷物を運ぶ車（デリバリ・カー）という意味から命名。

デリバティブ　derivative

金融派生商品。株式や為替、金利などの金融商品から派生した金融商品のこと。将来の相場の変動を予測して行う先物取引や、異なる金利や通貨を交換するスワップ取引、一定価格で売買する権利をやり取りするオプション取引（↓p81）などを組み合わせる。本来は為替や金利などの変動の悪影響を回避する目的で開発されたが、少ない資金で大きな取引ができる投機的な側面があり、取引に失敗すると巨額の損失を発生させることもある。

【テ】

デリバリー delivery
配達、配送。「デリバリーサービス」＝パーティー会場などに料理を出前するサービス。「デリバリー狩り」＝ピザやすしの配達人を襲い金品を奪う犯罪。「コントロールド・デリバリー」＝麻薬犯罪などを摘発するために行う「泳がせ捜査」。

テルアビブ・ヤッファ Tel Aviv - Jaffa
㊞イスラエル西部、地中海沿岸に位置する都市。テルアビブは「春の丘」の意味。1909年、ユダヤ人の居住区として建設され、第一次中東戦争後、アラブ人の住む町ヤッファを合併し、現在の地名に。同国経済の中心地で、初代首相の名にちなむベングリオン空港（旧名ロッド空港）がある。

デルコンピュータ Dell Computer
㊎アメリカのコンピューター会社。パソコンの直販メーカー。小売店を介さず、個人や企業から直接注文を受けて製造・販売する経営手法で急成長した。

デルタフォース Delta Force
1977年創設されたアメリカの対テロ特殊部隊。衛星通信機器などを携行、特殊任務を行う。80年、イランのアメリカ大使館人質救出作戦の失敗により、初めてその存在が明らかになった。グレナダ侵攻、湾岸戦争、アフガニスタン攻撃などにも出動。

テレトピア Teletopia
未来型コミュニケーションモデル都市。テレコミュニケーション（遠距離電気通信）とユートピア（理想郷）からの造語。有線テレビなど情報通信網を張り巡らし地域振興を図ろうとする旧郵政省（総務省）の構想。

テレパル TELEPAL

㊒隔週刊誌（小学館）。水曜発売。テレビ番組情報を掲載。

デング熱 Denguefieber（ドイツ語）

東南アジアやオセアニア、南米で流行している熱病。ネッタイシマカという蚊を媒介にし、4〜6日程度の潜伏期間の後、高熱が数日続き、発疹、だるさ、筋肉や関節の痛みなどの症状が出る。ほとんどは自然に治り、死亡率は低いが、インドネシアなどかなりの死者を出している国もある。

テンション tension

精神的な緊張や不安。政治・経済上の切迫した状態。また興奮状態にあることを、俗に「テンションが高い」「ハイテンション」などという。

ト

ドイエ（ダビド・〜、David Douillet）

㊇仏の柔道選手。1969年生まれ。バルセロナ五輪3位、アトランタ、シドニーで連続金メダル。シドニーでの篠原信一との決勝戦で「疑惑の判定」が話題を呼んだ。

ドイモイ Doi Moi

ベトナム語で「刷新」の意。ベトナムが、ベトナム戦争以来の戦時型経済を見直し、1986年に採用した改革開放路線のこと。経済に市場原理を導入し、食糧の増産や消費財の普及などに目標を置いた。

ドゥエボットーニ due bottoni

イタリア語で「二つのボタン」の意味。襟の第一ボタンが2個付いているボタンダウンのシャツ。ネクタイをしなくても襟元が引き締まってみえるようにデザインされており、カジュアルでもだらしなくならないスタイルで中高年ビジネスマンにも人気を呼んでいる。

【ト】

ドーハ　Doha

(地)ペルシャ湾岸国カタールの首都。1993年サッカーのワールドカップ最終予選で、日本代表がイラクと引き分けて本大会出場を逃した「ドーハの悲劇」の地。2001年11月、当地で開催された世界貿易機関（WTO）閣僚会議で、多国間による包括的な通商交渉を行う新多角的貿易交渉（新ラウンド）開始が合意された。

ドーバー海峡　the Strait of Dover

(地)英仏間の幅約32キロの海峡。フランスではカレー海峡と呼ぶ。1994年ユーロトンネル（英仏海峡トンネル）が開通、特急ユーロスターがロンドンとパリをつなぐ。

ドーピング　doping

スポーツ選手や競走馬が身体能力を高めるために禁止薬物を使用すること。公平さを欠くばかりでなく、健康被害が問題視されている。薬物には、筋肉増強剤（アナボリックステロイドなど）、興奮剤（コカインなど）、利尿剤（フロセミドなど）などがある。1960年のローマ五輪で自転車競技の選手が薬物を使用して競技中に死亡したのをきっかけに、国際オリンピック委員会（IOC）が67年の総会で全面禁止を決定。72年のミュンヘン五輪からドーピング検査を実施している。

トカレフ　Tokarev

旧ソ連の軍用自動式短銃。1930年代から使用されており、中国、北朝鮮、東欧でも生産された。密輸され、暴力団などが使用、94年には300丁以上が押収された。最近は小型で扱いやすく性能が良いロシアの「マカロフ」に人気が移っている。「トカレフ」という名は技師の名前に由来する。

ドキュメンタリー　documentary

虚構（作りごと、フィクション）を交えず、事実や記録のみに基づいて作られた放送番組・映画・文学作品などのこと。実録ともいう。ノンフィクションと同じ。ドキュメントは「事実をそのまま記録したもの」「（記録・証拠となる）文書」の意味。

ドクターK　Doctor K

野球で、次々と三振を取ることのできるピッチャーのこと。野球のスコアブックでは、三振を「K」と表記する。これにドクター（博士）を組み合わせた。「K」については、「strikeout」（三振）の中の一字を取ったという説が有力。字画が3画のため三振の記号として定着したともいう。反対に、数多く三振を喫するバッターは「ミスターK」。

【ト】

ドクターペッパー　DrPepper

㊕炭酸飲料（コカ・コーラ）。1885年、米テキサス州で開発されたアメリカで最も古い炭酸飲料。製品名は、開発者の勤める薬局の経営者の奥さんの父であるチャールズ・ペッパー博士にちなんだもの。

ドクターヘリ　doctor heli

医師が同乗し、救急現場へ急行するヘリコプター。患者を病院に搬送する時間の短縮に加え、救急医療の専門医が現場で治療を開始できるメリットがある。

ドクトリン　doctrine

国の政治・外交上の戦略や政策の原則、また、それを示した教書。米大統領トルーマンが1947年に、自由主義諸国に対する共産主義の脅威と戦うことを唱えたトルーマン・ドクトリンなどが知られている。ドクトリンにはそのほかに教義、教理、主義、学説などの意味もある。

トスカーナ　Toscana

㊞イタリア中部の州。州都はフィレンツェで、ルネサンスの中心地。美しい田園地帯で、料理のおいしい土地としても知られ、最近は旅行記などでとりあげられることも多く、日本人の間で人気が高まっている。また、ワインの産地でもありキャンティと呼ばれる辛口の赤ワインが有名。

トッポ　Toppo

㊕チョコレート菓子（ロッテ）。トール（背が高い）＋ノッポの造語。細長い形状から命名。

トッポＢＪ　toppo BJ

㊕軽自動車（三菱）。ルーフ（トップ）が高いことと、「ビッグジョイ（ＢＪ）＝大きな楽しみ」の意味で命名。

トト　toto

サッカーＪ１、Ｊ２の試合結果を当てるくじの愛称。正式名は「スポーツ振興投票」。１９４６年から実施されているイタリアのトトカルチョの仕組みと名称を拝借し、スポーツ振興の財源をねん出するという名目で２００１年３月から導入された。トトカルチョは、かけ金の合計を意味するトータリザトーレとカルチョ（サッカー）を組み合わせたもの。収益の３分の２がスポーツ振興事業の資金となり、スポーツ団体と地方公共団体などに半分ずつ配分される。残りの３分の１は国庫納付金となる。

トトロ　TOTORO

㊕宮崎駿監督のアニメ映画「となりのトトロ」に登場する架空の生き物。フクロウがモデルといわれる。舞台となった東京都と埼玉県の境にある狭山丘陵には、映画の公開後、「トトロの森」と名づけられた一画ができた。

トナー　toner

静電複写印刷で用いられる着色粉末。これを加熱処理して用紙に固着させることでコピー（複写）を作る。

ドナー　donor

もとは寄贈者の意味で、一般には臓器移植や骨髄移植での臓器・骨髄の提供者を指す。提供を受ける人は「レシピエント」という。「ドナーカード」は、脳死後の臓器移植に同意することを記したカード。生前の本人の意思を代用するものとして普及が進められているが、全臓器を提供する意思を持っていたにもかかわらず、カードの記入漏れで脳死後の移植が見送られたケースも起きている。

トニー賞　Tony Award

女優・演出家・製作者としてブロードウェー演劇に貢献した女性を記念して1947年に創設された。正式名は、アントワネット・ペリー賞。毎年1回、ニューヨークのブロードウェー（→p294）で上演された演劇やミュージカルの優秀作品に与えられる。

ドネルケバブ　doner kebab

中東の焼肉料理の一種で、大きな羊（牛）肉の塊を機械で回しながらあぶり焼きにし、焼きあがったところからナイフでそぎ落とし、野菜と一緒にパンにはさんで食べる。手軽なファストフードとして、世界各国に広まった。

ドマーニ　Domani

㊪月刊誌（小学館）。1日発売。女性向けファッション情報を掲載。

ドミニカ　Dominica

㊞①中米カリブ海のヒスパニョーラ島の東部を占める共和国。西部はハイチ。米野球大リーグ各チームが野球学校を設立し選手を養成、サミー・ソーサ（カブス）やアレックス・ロドリゲ

ス（レンジャーズ）など多くの名選手を輩出している。首都サントドミンゴ。②中米カリブ海の小アンティル諸島ドミニカ島を中心とする国。英連邦に所属。新聞では①をドミニカ共和国、②をドミニカと表記して区別している。

ドミノ　domino

ドミノ牌を用いたゲーム。28個の牌を並べたり、組み合わせたりして競い合う。何種類もの遊び方がある。ドミノ牌はさいころの目2つを組み合わせた長方形の札で、ドミノの名は裏面の黒色が聖職者の黒い法衣（ドミノ）を連想させるところから。「ドミノ倒し」＝ドミノ牌を少しの間隔をあけて並べ立て一方の端を倒すと次々と隣の牌を倒していくもの。将棋倒しと同じ。「ドミノ現象」＝ドミノ倒しのように、ひとつのことが起きると、連鎖的に他のことが次々と起きること。「ドミノ理論」＝1国が共産主義化すると、周辺国も次々と共産主義化するという考え方。冷戦期の1950年代に米国で考案された外交理論で、ベトナム戦争介入正当化の根拠とされた。

ドミンゴ（プラシド・～、Placido Domingo）

㊇オペラ歌手。1941年生まれ。ルチアノ・パバロッティ、ホセ・カレーラスとともに「世界3大テノール」と言われる。2001年にはオペラ主役出演3000回の偉業を達成している。

トムヤムクン　tomyam kung（タイ語）

東南アジア・タイのスープ。トムヤンクンとも。レモングラスという香草、ナンプラー（魚醤）などをベースにした、酸味のきいた辛いスープをトムヤンといい、エビを主要な具にしたものをトムヤンクンという。

ドメイン　domain

インターネットにおいて住所の役割を果たす文字列。ウェブサイトやメールアドレスに出てくる「yomiuri.co.jp」「yahoo.com」など。それぞれのドメインは固有のもので、世界中でひとつしか存在せず、原則として「早い者勝ち」、つまり最初に管理機関に届け出た者しか利用することが出来ない。利用価値の高そうなドメイン（企業名や、分かりやすい単語など）を早めに「占拠」し、あるいはそれを利用したい者との取引の際に高額を吹っかけるなどの問題も起きている。このため2001年、被害に遭った企業が民事訴訟で使用差し止め請求権や損害賠償請求権を主張できるよう法改正がなされた。

【ト】

ドメスティック・バイオレンス（DV）

domestic violence

ドメスティックには「国内の」とともに「家庭の」という意味があり、家庭内暴力、特に男性から女性に向けられる暴力を指す。夫婦げんかとして見過ごされがちだったが、近年、社会問題化し、2001年4月、ドメスティック・バイオレンス防止法が成立、10月から施行された。ここには、夫や恋人がパートナーに身体的、心理的暴力を加える行為は犯罪と明記されている。

トヨタカップ　Toyota cup

サッカーで、欧州と南米のクラブ・チームのチャンピオン同士がプロクラブ世界一をかけて戦う対抗戦。正式名は「ヨーロッパ・サウスアメリカ・カップ」。ヨーロッパと南米で交互に開催していたが、南米での試合で流血騒動が起きたため開催地を第三国に移すことになり、トヨタがスポンサーになって1981年に第1回大会が日本で行われている。

トライ　try

（未経験の分野、今まで成功しなかった事柄について）試みること、挑戦すること、努力すること。（例）「初マラソンにトライする」「難関入試に再トライする」。また、ラグビーで攻撃側の選手が相手側のインゴール地面にボールをつけることもいう。得点5とゴールキックの権利が与えられる。名詞形のトライアルには「試み」「試験」のほかに、スポーツ競技の本番前に行われる「試走」「試技」「予選」などの意味もある。

ドライアイ dry eye

目の表面を覆う涙の分泌量が減り、目が乾燥する病気。コンピューターの画面などを長時間見る人に多く見られ、目の痛み、充血、視力の低下などを引き起こす。

トライアスロン triathlon

遠泳・自転車・マラソンの3種目で総合タイムを争う競技。勝者は「アイアンマン（鉄人）」としてたたえられる。アメリカの海兵隊員のアイデアにより、1974年に最初のレースが行われた。78年には遠泳3・8キロ、自転車179・2キロ、マラソン42・2キロという過酷な「ハワイ・アイアンマン・レース」が始まった。2000年のシドニー五輪で正式種目に採用され、遠泳1・5キロ、自転車40キロ、マラソン10キロで争われた。

ドライブスルー drive-through

自動車に乗ったまま買い物などができる方式。ファストフード店などで多く採用され、客は車で店に乗り付けて窓を開けて注文を出し、そのまま品物を受け取って精算、すぐに出発するという形式が多い。

トラヴィック TRAVIQ

㊔車。ミニバン（富士重）。英語のトラベル

（旅行する、移動する）とクイック（機敏な）の合成語。

トラウマ　trauma

心の傷を表すドイツ語。戦争、災害、事件、事故などに遭遇したことにより生じる激しい精神的外傷。近年多発する幼児虐待も、後の人格形成に影響を及ぼすトラウマとなることが懸念されている。（PTSD→p385）

ドラクエ　Dragon Quest

㊒エニックス社のロールプレイングゲーム（→p371）「ドラゴンクエスト」の略称。スクウェア社の「ファイナルファンタジー」（→p268）と並ぶ2大人気ソフト。シリーズ化され7作まで出ているが、それぞれ数百万本が売れ、発売当日に学校を休んで買いに行く少年が続発したりソフトを狙って恐喝、窃盗が起きたりする「ドラクエ現象」も問題になった。6作目まではファミコン、スーパーファミコン用だったが、7作目はプレイステーション用に変更された。

トラバーユ　travail

フランス語で労働、仕事の意。リクルートが女性向け就職（転職）情報誌を「とらばーゆ」と名付けて発行して以来、「転職」の意味で使われるようになった。肉体労働を「ガテン系」と呼ぶのも、これらを主に扱うリクルート発行の情報誌「ガテン」（合点）からきている。

トランジット　transit

航空機の給油・給水・機体整備などのため目的地以外の空港に一時寄航すること。途中で別の飛行機に乗り換えて最終目的地に向かうのは「トランスファー」という。両者を合わせてトランジットという場合もある。トランジットの際には、空港で飛行機から降りて待合室などで待つか、場合によっては通過査証（トランジット・ビザ）の発行を得て空港以外の場所で宿泊する。また日米安保条約運用上の用語としては、米軍の核兵器を搭載した航空機・艦船の寄港・着陸・通過を意味する。

ドリア doria

ピラフに肉や魚介類などをのせ、さらにチーズやホワイトソースなどをかけ、オーブンで焼いた料理。グラタンに似ているがマカロニの代わりに米を使う。

ドリアン durian

マレー半島原産の常緑高木。果実は、ヤシの実ほどの大きさで表面が堅いトゲで覆われている。東南アジアでは「果物の王様」と呼ばれ珍重されるが、クリーム状の果肉に独特の強いにおいがあり、持ち込み禁止にするホテルも多い。

トリコロール tricolore

3色からなる旗（三色旗）のこと。特に、フランス革命が掲げた自由・平等・博愛を象徴する青・白・赤のフランス国旗を指すが、メキシコ（緑・白・赤）など他の国の3色の国旗を表す場合もある。また、国旗に限らず、一般に3色の組み合わせ（トリコロール・カラー）の意味でも使われる。フランス語で、トリは「3」、コロールは「色」の意味。

ドリスタン

㊔溶かして飲む風邪薬（ロート製薬）。ドライシロップタイプ（溶かして飲むタイプ）の「ドライ」と成分名の合成語。

トリビュート TRIBUTE

㊔車。SUV（マツダ）。英語の「感謝の証として捧げるもの」「賛辞」を意味する語にちなんで命名。

トルクメニスタン Turkmenistan

㊞西はカスピ海、東はアフガニスタンと接す

る中央アジアの国。トルクメンはトルコ語で「トルコ人に似た」の意、これにペルシャ語のスタン（国）を付け、「トルコ系遊牧民トルクメン人の国」を意味する。13世紀以後モンゴルの支配を受け、19世紀後半からロシア帝国領となる。1924年共和国成立、翌年ソ連邦に加盟。91年独立、95年永世中立国に。国民の9割近くがイスラム教徒。首都アシガバート。

トルシエ（フィリップ・～、Philippe Troussier）

㊟1955年生まれ。サッカー日本代表監督。フランス人。アフリカ各国の監督で成果を上げ、要請を受けて98年に代表監督に就任。

トレーディングカード trading card

顔写真や経歴などが描かれたカード。スポーツ選手やアニメのキャラクター、お笑いタレント、タカラジェンヌ（宝塚歌劇団の女優）など数多くの種類があり、無作為に入っている10枚程度が1セットとして販売される。愛好家はこれを交換（トレード）し、収集するが、希少カードには高値がつく。また、「デジタルモンスター」、「遊戯王」など手元のカードを出し合って強さを競うトレーディングカードゲームがいくつも生まれ、子どもを中心にブームになっている。

トレッキング trekking

軽登山、山歩き。必ずしも頂上を目指すのではなく、健康増進や自然と触れ合うことを目的に高山のふもとなどを特殊な登山用具を使わずに歩くこと。トレッキングを楽しむ人は「トレッカー」。

トレンディー trendy

「最新の流行の」「流行の先端を行く」という意味の形容詞。元になる名詞のトレンドはもう少し広い意味で、流行のほかに「世論の動向」

「景気の動き」など一般的な傾向、趨勢、時代の風潮なども含む。「トレンディードラマ」は、バブル経済はなやかなりしころにはやった、エリート社員やキャリアウーマンたちが都会を舞台に繰り広げる恋愛ドラマ。

トロイの木馬 the Trojan horse

外見とは異なるものが送り込まれ、人を欺いて災厄をもたらすことのたとえ。トロイア戦争で、ギリシャ軍が兵士を潜ませた巨大な木馬をトロイア城内に送り込み、壊滅させたという故事による。ゲームなど無害のファイルにみせかけ、それを使うとソフトやデータを破壊するコンピューターウイルスは、「トロイの木馬」型と呼ばれる。

トワイライトエクスプレス Twilight Express

㊖大阪―札幌間約1500キロを21時間かけて走る寝台特急。1989年運転開始。ホテル並みのスイートルームを備え、食堂車ではフランス料理のフルコースが食べられるなど、高級感を売り物にしている。

トンガ Tonga

㊞南太平洋ポリネシアの王国。1845年ツポウ1世により統一され立憲君主国に。英連邦の一員。首都ヌクアロファ。

ドント式 D'Hondt system

比例代表選挙で各政党に議席を配分する計算方法。日本の衆院、参院それぞれの比例選でも採用されている。19世紀にベルギーの法学者ビクトル・ドントが、1議席ができるだけ多くの票を代表するようにとの観点から考え出した。各党の総得票数を1、2、3――と整数で割って数字（商）を出し、その商のうちの最大のものから大きい順に定数に達するまで各党に議席を配分する。例えば、定数5の比例選で、A党が150万票、B党が90万票を得たとすると、A党の商は150万、75万、50万、37・5万票――と続き、B党は90万、45万、30万――となる。この場合、商の大きい方から5番目までが当選で、A党は3議席、B党は2議席を獲得する。

トンパ文字

象形文字の一種。中国・雲南省の少数民族、ナシ族が信仰するトンパ教の聖職者が伝えてきた文字で、絵のような形が親しみやすく、日本でも人気を呼んでいる。

ドン・フアン　Don Juan

女たらし、プレーボーイの代名詞。次々と女性をたぶらかしては捨てた、ヨーロッパの伝説に出てくる人物名にちなむ。ドン・フアンはスペイン語で、「ドン」は敬称を表す。モリエールの戯曲「ドン・ジュアン」、モーツァルトやR・シュトラウスのオペラ「ドン・ジョバンニ」を始め、多くの作家・作曲家に題材として取り上げられている。

ドン・ペリニョン　Dom Perignon

(商)フランスのモエ・エ・シャンドン社製の最高級シャンパンの銘柄。略称ドンペリ。ドン・ペリニョンとは発泡性ワインを作り出したとされる修道士の名。

ナ

ナイキ　Nike

(商)米のスポーツ用品会社。スター選手と次々と契約して宣伝に使い、また選手とともに製品を開発するなどして急成長を遂げた。ナイキ・ブランドは若者に高い人気があり、特にシューズ（靴）はプレミアつきで売買されているものもある。「ナイキ」はギリシャ神話の勝利の女神「ニケー」からとったもの。ナイキのマークはブーメランのような形をした「スウッシュ」と呼ばれるもので、これは日本語でいえば「ビュ－ン」という擬声語にあたる。

ナイロビ Nairobi

㊞アフリカ・ケニアの首都。赤道付近、標高1600㍍の高原に位置。マサイ語で「冷たい水」の意。もともとマサイ族の給水所だった同地を英国人が鉄道工事のキャンプとして建設したのが始まり。野生動物の保護地・ナイロビ国立自然動物園がある。

ナショナリズム nationalism

ネーション（国民、国家、民族）を第一義的に重視する思想・運動。民族主義、国家主義、国民主義などと訳されるが、それぞれニュアンスは異なる。「民族主義」＝他民族の支配からの解放・独立を目指し、分裂している民族の統一をはかる。「国家主義」＝国民一人一人よりも国家に絶対の優位を認める。全体主義的な傾向を持つ。「国民主義」＝国民の利益や権利を擁護する立場から国家の形成を目指す（近代欧州など）。

ナショナル National

㊔ブランド名（松下電器産業）。創業者松下幸之助が、1925年に「国民の」「国民のための」の意を込めて商標にすることに決定。27年、自転車用角型ランプを発売したときに初めて使用。数度の変更を経て、現在のロゴは73年に決定された。

ナショナルトラスト National Trust

イギリスで始まった、自然環境や歴史的環境保護のための民間組織。広く浄財を募り、森林や海岸線、古代遺跡、歴史的建造物などを買い取ったり、借り上げたりする。日本では「財団法人・日本ナショナルトラスト」が、静岡県大井川鉄道SL列車の保護や岐阜県・白川郷の民家修復などの実績をあげている。

ナスダック　NASDAQ

米店頭市場。全米証券業協会（NASD）が管理している株を取引するシステムをいい、1971年に始まった。立会場で取引をせずコンピューターを用いて取引を行う。ナスダックは公開の条件が緩く、数多くのベンチャー企業（→p304）が公開している点がニューヨーク株式市場と異なる。また、マイクロソフト社（→p316）などといったハイテク関連の企業が多いのが特徴。

ナチュラリスト　naturalist

動植物など野外の自然を愛好し、研究し、解説する人。特定の狭い分野を研究するのではなく、広く自然の魅力を一般の人々に分かりやすく説明し、自然保護に尽力する。博物学者も指す。また、芸術の分野で自然主義を唱える人たちもこう呼ばれる。

ナビゲーター　navigator

航海士。航空士。自動車レースで、助手席に座って速度や方向など運転者に指示や助言を出す人。また、転じて、道案内やアドバイスをする人も指す。

ナフダトゥル・ウラマ　Nahdlatul Ulama

インドネシア最大のイスラム教組織。イスラム学者（ウラマ）の覚醒の意味。20世紀前半に結成され、独立運動の高まりとともに政治色を強めた。総裁のアブドゥルラフマン・ワヒド氏が1999年、第4代大統領に就任。その後のメガワティ政権でもウラマからは幹部のハムザ・ハス氏が副大統領に選出された。

ナンバー　Number

㊔隔週刊誌（文芸春秋）。木曜発売。1980年4月創刊。数字と深いつながりを持つスポーツドラマをビジュアルに描き出すことを目指し、数字が生き物のように動き、成長していく「数字が顔である雑誌」という意味で命名。

ナンバーズ numbers

買う人が購入窓口で好きな番号を選べる宝くじ。1994年に始まり、ナンバーズ3は3けたの数字、ナンバーズ4は4けたの数字の組み合わせを選ぶ。当選金の最高額は2000万円だが、当選した人の数によって当選金は変動する。数字の並び順を問わないボックス、下2ケタを当てるミニという買い方もあり、これらは当選金額は低いが当たる確率が高くなる。週3回抽選、1口200円。

ナンパオ

㊔ドリンク剤（田辺製薬）。中国皇帝、貴族に代々使用され、伝承された処方と伝えられる。中国での名称「男宝（ナンパオ）」は、清の康熙帝がこの処方の完成を記念して詠んだ詩にちなみ、前2句の頭文字をとったもの。

ニ

ニアウオーター near water

透明でほのかな味や香りが付いた清涼飲料水。低カロリーでビタミンや野菜成分を含むものもある。1998年にはJTの「桃の天然水」が大ヒットして「ヒット商品番付」に載るほどの売れ行きを見せた。

ニアミス near miss

飛行中の航空機同士の異常接近。1971年に岩手県雫石町上空で全日空機と自衛隊機が空中衝突し、危険性が認識された。150メートルが一応の目安とされるが、明確な基準はない。日本をはじめ航空ダイヤが過密になる地域で増えている。旅客機と米軍機、小型飛行機などの接近の例が多い。現在、日本の大型旅客機には衝突防止装置（ＴＣＡＳ）が搭載され、他の飛行機が接近してきたときに警告を発し、回避方向を指示する。

ニーズ　needs

社会的な意味での要求・必要性、需要。一般市民として「自治体の公的サービスでこういうことをしてほしい」と望んでいることや、消費者の立場で「こんな製品があったらいいのに」と思っていることなど。㈹「市民のニーズにこたえ、きめ細かな福祉サービスの実施を図る」「消費者ニーズを満たす新製品を開発する」

【ニ】

ニース条約　Nice treaty

欧州連合（ＥＵ）の新基本条約で、２０００年12月に調印。現在の15か国体制から２００４年にも中・東欧諸国を加え加盟国が倍増するのに備え、一部加盟国の先行統合や多数決制の範囲の拡大、持ち票配分などを定めた。しかし、ＥＵの将来像をめぐり各国の思惑にズレも目立ち、アイルランドはこの条約の批准案を国民投票で否決しており、発効までになお曲折が予想される。

ニカラグア　Nicaragua

㊞中米の共和国。国名は、キリスト教を受け入れ、その布教に努めたインディオの首長ニカラオの名に由来。ソモサ政権による独裁の後、１９７９年サンディニスタ民族解放戦線（ＦＳＬＮ）が臨時革命政府を樹立し社会主義路線を推進、米国の援助を受けた反政府武装勢力（コントラ）と81年から90年まで内戦状態にあった。首都マナグア。

C・W・ニコル（Clive William Nicol）

Ⓐ作家、ナチュラリスト（↓p223）。1940年イギリスに生まれ、20年ほど前から長野・黒姫山麓に住んでいる。自然の素晴らしさ、保護の必要性を訴える一方、国立公園のレンジャー養成などにも取り組んでいる。

西サハラ　Western Sahara

㊞アフリカ・サハラ砂漠西部、大西洋に臨む地域。1976年までスペイン領。79年モーリタニアの領有権放棄によって、モロッコ領となる。一方、76年に独立派住民のポリサリオ戦線がサハラ・アラブ民主共和国を樹立し独立を宣言、モロッコとの紛争が続き、国連の仲介も成果を上げていない。リン鉱石などの地下資源が豊富。

ニッカボッカ　knickerbockers

ひざ下ですそをくくるように止めた半ズボンの一種。1809年、アメリカの作家W・アービングが、ディードリッヒ・ニッカーボッカーの変名で書いた本の挿絵に登場するオランダ移民のはいている半ズボンに由来する。

ニッケル　nickel

銀白色の金属で、合金材、めっき材として用いられる。アレルギー反応を起こすとして注意が必要とされている金属のひとつで、新しい欧州統一通貨ユーロ（↓p345）のコインは、8種のうち6種までニッケルが一切使われていない。

ニッチ　niche

西洋建築で彫像、花瓶などを置くために壁面に作ったくぼみのこと。壁龕（へきがん）ともいう。また、各人や生物各種にとってそれぞれに適した所、生息場所。生態的地位ともいう。「ニッチ産業」は、すき間産業。それまでだれも手をつけなかった分野に独自のアイデアで進出した企業。中小企業やベンチャー企業（↓p

304）が多い。

ニナ・リッチ　NINA RICCI

㊞女性デザイナー、ニナ・リッチが創立したブランド。1932年、パリに小さなブティックを開いたのが始まり。後に息子のロベール・リッチが開始した香水事業が成功を博し、有名になった。48年に発表された「レール・デュ・タン」（時の流れ）は、いまだに世界的に人気のある香水。優雅で繊細な女性向けのほか、紳士向けにも多様な商品を展開している。

ニベア　NIVEA

㊞ハンドクリーム（花王）。雪のように白いという意味のラテン語から命名。

ニューウエーブ　new wave

新しいタイプ・傾向のもの。直訳すると「新しい波」。芸術・思想の分野で用いられることが多い。フランス語だと、ヌーベルバーグ（↓p228）。

ニューズウィーク　Newsweek

㊞1933年に創刊されたアメリカのニュース週刊誌。61年にワシントン・ポスト社に買収され傘下に。同じ米国のニュース週刊誌「タイム」のライバル誌。

ニューデリー　New Delhi

㊞インドの首都。英国人により近代的計画都市として建設され、1931年デリー（オールド・デリー）から遷都された。

ニュートリノ　neutrino

物質を極限まで分割して現れる基本粒子のうち、電荷を持たない素粒子群で、電子型、ミュー型、タウ型の3種がある。1954年に存在が確認された。恒星の中心部で発生する核融合などによって大量に作られ、宇宙を飛び回り、宇宙全体の平均で1立方㌢あたり約300個存在する。岐阜県神岡町の鉱山跡地に建設された東大宇宙線研究所の観測装置、スーパーカミオカンデ（↓p163）が98年ニュートリノの質量を確認、ノーベル賞級の発見とされる。

ニューヨーク　New York

(地)米国並びに世界経済の中心都市。もともとオランダ人の植民地ニューアムステルダムだったが、1664年英国が征服、ヨーク公爵領となって改称された。ビッグ・アップルの愛称もある。

ニューヨーク・タイムズ　New York Times

(商)1851年創刊のアメリカを代表する高級日刊紙。1993年に同じく伝統のあるボストン・グローブ紙を買収し、米最大級の発行部数となった。国際政治・経済記事の質と量が卓越しており、世界的にも権威がある。ベトナム戦争当時の71年、ベトナム秘密報告（ペンタゴン・ペーパーズ）のスクープが有名。

ヌ

ヌーベルバーグ　nouvelle vague（フランス語）

直訳すると「新しい波」。主にフランスで1950年代末ごろに起こった映画の動きをいう。安い製作費で無名の俳優を起用したり、撮影所のセットを使用せずに街中で撮影（ロケ）したりするなど、従来のやり方にとらわれない新しい感覚で映画を作った。ルイ・マルの「死刑台のエレベーター」、フランソワ・トリュフォーの「大人は判ってくれない」、ジャン・リュック・ゴダールの「勝手にしやがれ」などが有名。

ネ

ネイチャーゲーム　nature game

楽しみながら自然に触れる体験プログラム。

1979年にアメリカのジョセフ・コーネルが提唱し、各国で工夫をこらしながら発展している。木の幹に聴診器を当てて「木の鼓動」を聞いたり、「木の葉カルタとり」をするなど五感で自然を感じ、遊びながら自然に対する親しみと理解を深める。93年には日本ネイチャーゲーム協会ができた。

ネイルアート nail art

爪（ネイル）にチョウや花などの絵柄、模様を描いて楽しむ爪の化粧法。筆を使ってマニキュア液で爪に直接絵を描くほか、あらかじめ絵柄の描かれたシールを爪にはる、スタンプをマニキュアの上に押す、つけ爪などの方法もある。ネイルアートをはじめとした爪の手入れをする美容院を「ネイルサロン」、美容師を「ネイルアーティスト」という。

【ネ】

ネームバリュー name value

人名や企業ブランドなど名前（ネーム）の持つ価値（バリュー）。知名度、名声。（例）「香港映画はスターのネームバリューに頼る傾向が強い」。ネームバリューは和製英語で、英語の場合は「name」だけで「名声」の意味を表す。

ネオ neo

「新しい」「近代の」といった意味を表す接頭語。「ネオナチズム」はヒトラーのナチズム復興を目指し、戦後、ドイツを中心に起こった極端な排外的民族主義運動。

ネオパラエース

㊐衣類用防虫剤（エステー化学）。1979年発売。「ネオ」は「新しい」、「パラ」は薬剤の略称、「エース」は一番を目指してという意味。

ネガティブキャンペーン negative campaign

ネガティブは「否定的な」の意（反対語はポジティブ）。アメリカなどで選挙の際に行われる、対立候補の否定的な側面を強調する宣伝活動のこと。アメリカでは商品などの宣伝でもこの手法が公に認められており、競争相手をけなすCMも放送されている。日本では「比較広告」と呼ばれ、論議の末、解禁はされたが、あからさまに相手を非難するのは見苦しいことと感じる人が多いため、おとなしめである。

ネグレクト　neglect

無視。特に、最近では「保護の怠慢・拒否」を意味する児童虐待の一形態の意味で使われる。1989年の国連総会で採択された「児童の権利に関する条約」に明記され、日本も94年に締約国となって、かつては「不慮の事故」として見過ごされてきたケースも、刑事責任を負うべき事件として認識されるようになってきた。例えば、閉め切った車に子供を残して親がパチンコに行き、子供が熱中症で死亡した事例（99年に多発）などがこれにあたる。また俗語の「ネグる」はネグレクトから作られた動詞で、「無視する」「なかったことにして握りつぶす」という意味。

ネゴシエーター　negotiator

交渉人、外交関係の交渉担当者。特に、誘拐事件などで犯人と交渉し人質を解放に導くプロの交渉人を指すこともある。なかなか譲歩せず、厳しい要求を突きつけてくるような手ごわい交渉相手は、「タフネゴシエーター」。

ネコロ　necoro

㊔オムロンの開発したネコ型ロボット。外見もネコのように見え、名前を覚えるなど持ち主の声に反応するような学習機能がある。

ネスカフェ　Nescafé

㊔インスタントコーヒー（ネスレ）。ネスレの作るコーヒーの意味。

ネスレ　Nestle

㊍スイスの世界最大の総合食品会社。インスタントコーヒーのネスカフェを始め、菓子や乳製品など幅広く扱う。調味料のスイス・マギーとの合併やパスタメーカーの伊ブイトーニ・ベルジーナの買収、ミネラルウオーターの仏ペリエ買収など多くの合併・買収を通して規模を拡大してきた。

ネチケット　netiquette

ネットワーク上におけるエチケットの略。インターネット、パソコン通信に特有のルール、マナー。個人情報の保護、著作権・商標の侵害などへの留意のほか、電子メールや電子掲示板の書き方など内容は多岐にわたる。インテル社のサリー・ハンブリッジ著（高橋邦夫訳）「ネチケットガイドライン」ほか、ネット上にもネチケットを扱った多くのホームページがある。

ネットワーク　network

放送網。中央のテレビ局が地方局を系列化して回線を結び、全国をカバーする放送体制のこと。また、組織や情報、交通、人脈、インターネットなど、網のように各所に張り巡らされたものを指す。

ネパール　Nepal

㊞インドの北、ヒマラヤ山脈南麓。ヒンズー教徒が89％、仏教徒が5％、イスラム教徒が3％を占める。立憲君主制、議院内閣制を採用。2001年6月、一般の女性との結婚に反対された皇太子が、王宮晩さん会のさなかビレンドラ国王夫妻らを射殺し、自らも命を絶ったという悲劇的な事件が起きた。首都カトマンズ。

ノ

ノーアクションレター　no action letter

法令適用事前確認手続き。企業などから法解釈の問い合わせを受け付け、違法性の有無などを公表する制度。企業側が始めようとする事業内容を省庁に示し、確認したい法令を問い合わせると、省庁は30日以内に回答し、その後、回答内容をインターネットなどで公表する。経済産業省が2001年6月に導入、順次、他省庁に拡大される。企業は商品開発が迅速化され、また行政の透明化にもつながるものと期待されている。

ノーサイド　no side

ラグビーで、試合終了のこと。終了のホイッスルと同時に、それまで敵味方に分けていた「サイド」がなくなるという意味。激しく戦っても、試合が終わればチームの区別を取りはらい、ともに健闘をたたえ合うのがノーサイドの精神。双方の選手がジャージーを交換することもある。

ノーベル賞　Nobel prize

ダイナマイトを発明したスウェーデンの科学者ノーベルの遺言で創設された国際的な権威のある賞。彼の遺産を基金に1901年以来、物理学、化学、医学・生理学、文学、平和、経済学の各部門で貢献した人々に授与されてきた（経済学は69年から）。日本人の受賞者は49年の湯川秀樹氏（物理学賞）が最初で、2001年の野依良治氏（化学賞）まで計10人。

ノーマライゼーション　normalization

標準化。正常化。障害者や老人を特別視せず、健常者と同様に通常の状態で扱おうとする福祉の理念。閉ざされた施設に隔離・収容せず、家庭や地域の中で共に生活できる社会を目指す。

ノキア　Nokia

㊭フィンランドの通信機器大手。1865年に設立された製紙パルプ工場が前身。60年代から通信分野に取り組み始め、2001年現在、世界での携帯電話端末のシェア3割を占める。

ノドン　Nodong

北朝鮮が開発した中距離弾道ミサイル。ソ連製ミサイル「スカッド」の改良型で、ノドン1号は推定射程が1000キロ、北海道東部や関東南東部を除く日本全域が射程に入る。1993年5月に日本海に向け試射された。北朝鮮のミサイル配備で、東アジアの安全が脅かされるとして、アメリカは日本に対し戦域ミサイル防衛（TMD）構想への参加を促した。

ノベルティ　novelty

宣伝や販売促進のために配られる商品。もともとは「目新しさ」「新奇さ」を意味する言葉。カレンダー、携帯電話のストラップなど、日用雑貨や小物が多い。普通は無料で配布される。企業名や商品名を入れ、企業イメージや商品名の浸透を図る。

ノミネート　nominate

推薦候補（にあがる）。指名する。任命する。ラテン語で「名付ける」を意味する言葉が語源。

ノルディック競技　Nordic events

スキーで、距離（クロスカントリー）競技、ジャンプ競技、およびこれらを組み合わせた複合競技の総称。1860年ごろから、ノルウェーを中心とした北欧で発達したことから「ノルディック（北欧人の）」という。

ノルマ　norma

一定期間にこなさなければならない作業の量のこと。ロシア語が語源で、ソビエトのシベリア抑留からの引揚者が使い始めて戦後広まった言葉。

ノンノ　non・no
㊥雑誌（集英社）。5・20日発売。若い女性向け。美容・ファッション情報を掲載。

ノンバンク　nonbank
銀行のようにお金は貸すが、預金業務は行わない特殊な金融機関の総称。消費者金融やクレジット会社、リース会社、住宅金融専門会社（住専）など。1980年代のバブルのころは、銀行などの金融機関が不動産融資の総量規制の「抜け道」として、傘下のノンバンクを通して、危ない不動産融資を行ってきた。しかし、こうした融資の多くがバブル崩壊による地価下落で焦げ付き、不良債権として残され問題化している。

ハ

パーキンソン病　Parkinson's disease
脳にあるドーパミンという神経伝達物質が不足するために、震え、鈍重な動作、筋肉のこわばりといった運動障害があらわれる病気。イギリスの医師パーキンソンが1817年に初めて報告した。

パーク・アンド・ライド　park-and-ride
一定の場所にマイカーを置き、そこから公共交通機関などに乗り換える制度。都市部の道路の混雑緩和のために、地方都市で導入が始まっている。また、景勝地の尾瀬や上高地では環境保全のため、マイカーの乗り入れが禁止され、一定の場所から指定された交通機関を利用することが義務付けられている。

ハーグ　Den Hague

（地）オランダ王国南西部の都市。1830年以来の実質的首都で、政府と王宮がある。1899年国際仲裁裁判所、1922年国際司法裁判所（ICJ）が置かれ、旧ユーゴスラビア戦犯法廷などの各種国際機関もある。

バーコード　bar cord

商品に付けられた白黒のしま模様のラベル。メーカーや商品の情報が組み込まれている。レジのスキャナーで読み取ると、その情報が店内のコンピューターに送られ、商品名や値段がレシートに印刷されてレジに出てくる。また、店側も売れた商品や在庫量を瞬時に把握でき、商品管理が効率化される。この一連の流れをPOS（販売時点情報管理）システムという。「バーコード・ヘア」＝残り少なくなってすき間のあいた髪の毛をした中高年男性の髪形。バーコードのしま模様からの連想で。

パーシャル　partial

部分的。局所的。冷蔵庫の機能にある「パーシャル冷凍（フリージング）」とは、食品を氷点下3度の半冷凍状態にしておくこと。こうすることで品質の変化を防ぎ、冷凍前の状態を保つことができる。

バージョン　version

改定・改作したもの。書籍でいうところの改訂版、翻訳版。例えば、日本の歌謡曲を英語の歌詞にしたものは英語バージョン、映画をテレビ用に作り直したときにはテレビバージョンというふうに使われる。「バージョンアップ」は、一般に改良することをいうが、特に、コンピューターのソフトウエアやハードウエアの性能、機能が改良を加えられることを指して使われることが多い。

バーゼル条約　Basel Convention

医療廃棄物など有害廃棄物の国境を越えた移動・投棄を規制する国際条約。1989年にスイスのバーゼルで開かれた会議でまとめられたことからバーゼル条約という。有害廃棄物をやむを得ず輸出する場合、輸入国への事前通告を義務づけ、同意がない輸出を禁止している。先進国が途上国に有害ごみを持ち込むことを防ぐため国連環境計画（UNEP）が中心となって作った条約。

バーチャルリアリティー virtual reality

仮想現実。コンピューターなどによって現実にはない空間を実際あるように感じられるようにしたもの。最近では家庭用ゲーム機の性能が向上し、コンピューターグラフィックス（CG）を使って、臨場感あふれる三次元画像を売り物にする機種が主流になっている。また、注文住宅やマンション販売の現場では、完成後のマイホームを疑似体験できるサービスを不動産販売各社が行うなど、生活の多くの場面にバーチャルリアリティーが取り入れられている。

パーティション partition

部屋などの間仕切り。オフィスを人数に応じて大会議室として使ったり、いくつかの小会議室として使ったりするほか、家庭でも書斎や子供の勉強用に部屋の一画を仕切ってスペースを確保するなど空間を効率的に使える取り外しのできるものの利用が増えている。

ハードディスク hard disk drive

コンピューター内に、データを記録・保持する装置のひとつ。磁性体を塗ったアルミニウムやガラスのディスクをモーターで回転させ、これに磁気ヘッドを近づけてデータの読み取り・書き込みを行う。きわめて大量のデータを扱えることから、現在では多くのパソコンがハードディスクを備えている。ＨＤＤと略記することも多い。

ハードボイルド　hard-boiled

もともとは固ゆで卵の意味。人間や事件を乾いた文体で描き、冷酷・非情な内容を含めリアルに表現する小説。ヘミングウェーや推理作家ハメット、チャンドラーなどの作品が代表的なもの。

バーバリー　Burberry

(商)英国のトラディショナルブランド。バーバリーチェックと、騎士と馬をかたどったマークで世界的に有名。1856年、トーマス・バーバリーがロンドンで開業。軽くて防水性に優れた布地「ギャバジン」を開発、これで作ったコートを第一次世界大戦中、兵士が塹壕（トレンチ）で着用し、トレンチコートの呼び名が生まれた。

バーボン　bourbon

トウモロコシを主原料（51％以上）に、大麦、ライ麦などを混ぜ蒸留してつくるウイスキー。アメリカの代表的な酒。名前は18世紀末にアメリカのケンタッキー州バーボン郡でイギリスからの移民によってつくられたことにちなむ。

パーマネントファイブ　permanent five

国連安全保障理事会常任理事国であるアメリカ、イギリス、フランス、ロシア、中国の5か国のこと。パーマネントは「常設の」「永久の」「不変の」などの意味の形容詞。略してＰ5とも。Ｐ5は、安保理で議決を行う場合にＰ5のうち1か国でも反対票を投じると決議は否決される「拒否権」を持っており、またそれぞれの母国語は国連の公用語でもある。現在、安保理はＰ5のほか、五つの地域グループに割り当てられた非常任理事国10か国（任期2年、連続選出は不可）から構成される。日本は、常任理事国の数を増やしたうえで、その仲間入りすることを目指している。

バーミヤン　Bamiyan

(地)アフガニスタン北東の都市でヒンズークシ山脈越えの交通の要衝。世界最大の石の大仏2体（高さは各々55、38メートル）は、ギリシャ風の衣装をまとう仏像として、西遊記でおなじみの唐代の僧侶・玄奘が7世紀に訪問したときから存在した貴重な仏教遺跡だが、2001年3月、ユネスコなどの中止要請にもかかわらず、同国のイスラム原理主義勢力タリバン（↓p193）が宗教上の理由から破壊した。

バーモントカレー

(商)カレー（ハウス食品）。1963年発売。リンゴとハチミツを使った子ども向けの甘口タイプとして開発。当時話題になっていたバーモント療法（米北東部バーモント地方の民間療法）における長寿の秘訣のリンゴとハチミツをカレーに取り入れたことから命名。

バーレーン　Bahrain

(地)ペルシャ湾に浮かぶ島国。アラビア語でバール（海）とレーン（二つの）で、「二つの海」の意。首都マナマ。

バイアグラ　viagra

(商)男性の勃起不全による性的不能の治療薬。成分名はクエン酸シルデナフィル。1998年にアメリカで販売されて爆発的にヒットし、日本でも翌年に承認され売り出されたが、入手には医師の診断が必要。画期的な効能がうたわれているが、心臓病薬との併用で死亡例、副作用の例もある。植物の寿命を延ばすとの研究報告も。

バイアスロン　biathlon

スキーのクロスカントリー（距離競技）とライフル射撃を組み合わせた競技。ライフルを背負ってコースを滑走し、その間の定められた場所で射撃を行い、ゴールまでのタイムを競う。1960年の米スコーバレー冬季五輪から正式種目に採用された。

バイエル　Bayer

㊭ドイツの大手化学企業。19世紀末に解熱・鎮痛作用を持つアスピリンを開発、発売した老舗。

バイオエシックス　bioethics

生命倫理。ギリシャ語のビオス（いのち）とエシイコス（倫理）に由来する合成語。臓器移植、遺伝子操作、末期医療など、高度化・複雑化する生命科学技術に対し、生き物の尊厳や存在のあり方を問いなおす学問。

バイオテクノロジー　biotechnology

生命工学。生物の機能を応用し、有用な物質を作り出したり、医療や品種改良に用いたりする技術。ヒトゲノム（→p265）の解析による新薬開発や遺伝子組み換え作物など、バイオテクノロジー関連で市場の成長が見込まれている。

バイオマス　biomass

生物体。生物をもとにしたエネルギー資源としての意味でよく使われる。サツマイモやサトウキビを発酵させてアルコールを作り出したり、家畜のふん尿や生ごみからメタンガスを取り出したりするなど、生物から得られるエネルギーを燃料などに利用することをいう。二酸化炭素の放出が抑えられ、環境浄化にも役立つことから、次世代エネルギーとして期待されている。

バイシン　VISINE

(商)目薬（ファイザー）。ビジョン（視覚）と含有成分名にちなむ言葉を合体させて命名。

【ハ】

ハイター

㊫漂白剤（花王）。ドイツ語の Heiter（晴れた、澄んだの意）から命名。

ハイチオールC

㊫Lーシスティン剤〈シミ・そばかす薬〉（エスエス製薬）。1972年発売。ハイ＝高い効果のある、チオール＝成分名Lーシスティンの旧名、C＝ビタミンCの「C」から命名。

ハイパー hyper―

「超越」「過度」「非常な」といった意味を表す接頭語。「ハイパーインフレ」＝需要の増加により生産能力が限界に達し、物価だけが短期間に急上昇する超インフレ。「ハイパーテキスト」＝コンピューターを使って構成や検索が自由にできる文書ファイル。「ハイパーメディア」＝文字、図形、音声、動画などの情報を統一的に扱う超高性能メディア。

ハイビジョン Hi-Vision

NHKが作った高品位テレビ放送（HDTV）の規格。走査線が従来の525本から1125本に増え、鮮明な画像が得られる。従来のブラウン管の比率が縦3横4だったのに対し、縦9横16となる。

ハイブリッド hybrid

異種の交配によって生じた動植物の雑種・異品種。「ハイブリッド車」は、ガソリンエンジンと電気モーターなど、二つの動力源を持ち、走行条件に合わせてこの二つを組み合わせて走る車。トヨタ自動車は1997年12月に、世界初の量産型ハイブリッド乗用車「プリウス」（↓p286）を発売した。

ハイライン HiLine

㊫飲料（ヤクルト）。ハイ（高い、高級な）＋ライン（線）で、スリムなボディーライ

ンにという願いを込めて命名。

ハイラックス　サーフ　HILUX SURF

㊜車。ＳＵＶ（トヨタ）。ハイラックスは、ハイ（高級な、より優れた）とラクシャリー（ぜいたくな、豪華な）の合成語。

ハイリスク　high risk

危険度（リスク）が高いこと。「ハイリスク・ハイリターン」は、「危険度が高い分、見返りも大きい」という意味。

バイリンガル　bilingual

「バイ（二つの）＋リンガル（言語を話す）」の意から、二か国語を話すこと、二か国語を使う人。また、二か国語で書かれて（放送されて）いることもいい、テレビの音声多重放送で画面に「二か国語　bilingual」と出るのはこの意味。「バイリンギャル」は、俗に、バイリンガルの女性を指す。

パイロン　PYLON

㊜総合風邪薬（シオノギ製薬）。pyro―（熱）にちなんで命名。

パウエル（コリン・〜、Colin Powell）

㊇米国務長官。１９３７年生まれ。黒人で国務長官に就任したのは米国史上初。１９９１年の湾岸戦争時の統合参謀本部議長。

ハウスダスト　house dust

室内のほこり。ダニの死骸や排せつ物、カビなどが含まれており、ぜんそくやアトピーなどのアレルギー症状の原因の一つとされる。じゅうたん、敷きっぱなしの布団、クッションなどほこりが出たりたまったりしやすいものが室内に多くなる一方、室内の気密化、建材の洋風化などが進んだこともあって、ハウスダストを除去する機能のある空気清浄機の売り上げも伸びている。

【ハ】

ハウステンボス　HUIS TEN BOSCH

㊔長崎県佐世保市にある滞在型海洋リゾート施設。1992年開業したテーマパーク(→p202)。東京ディズニーランドの約2倍にあたる152㌶の用地に全長6㌔の運河を配し、中世オランダの町並みを再現した。ハウステンボスはオランダ語で「森の家」という意味。

ハウスミュージック　house music

ダンス音楽の一つ。1980年代後半、アメリカで誕生。単調なリズムに乗せ、既存の楽曲を自由に変形・加工するのが特徴。

パエリヤ　paella

スペイン風炊き込みご飯。大きい平なべに、肉、魚介類、野菜などを入れオリーブ油でいため、洗った米を加えてサフランで色と香りを付けた水で煮込む。スペインの代表的郷土料理。パエーリヤ、パエリアともいう。

バガボンド　vagabond

㊔放浪者、ボヘミアン。ラテン語で「さまよう者」を意味する言葉が語源。吉川英治の「宮本武蔵」を、熱血バスケット漫画「スラムダンク」で知られる漫画家・井上雄彦がこのタイトルで漫画化、原作よりも敵役を強くするなど、劇画読者にアピールする演出上の工夫で、人気を呼んでいる。

バカラ　Baccarat

㊔高級クリスタルの代名詞ともいえるブランド。18世紀、フランス・ロレーヌ地方のバカラ村の領主が、困窮する領民を救うために当時の国王ルイ15世にガラス工場の建設を願い出、創立された。繊細で豪華なデザインは各国の王侯貴族に愛され、「王者のクリスタル」とも呼ばれている。カミュ社の高級コニャックの瓶に使われていることでも知られる。

パキスタン　Pakistan

㊞インド亜大陸の西端の国。パンジャブのP、アフガンのA、カシミールのK、シンドのS、バルチスタンのSTANというイスラム教の5地域の頭文字などにイスラムのIを加えて20世紀に作られた国名。ウルドゥー語の「清廉な」(pak)に、ペルシャ語の「国」(stan)を加えたとも言われる。1947年ヒンズー教徒が多数を占めるインドから分離・独立。71年東パキスタンはバングラデシュとして独立、西パキスタンが現在のパキスタンとなる。首都イスラマバード。

バグ　bug

直訳すると「虫」。コンピューター用語で、プログラムの欠陥・誤りのことをいう。コンピューター草創期のころ、プログラムのミスがある部分に虫に似た星印をつけたところから、バグと呼ばれるようになった。ソフトウエアが大規模、複雑化するにつれ、製品の発売前にあらゆるパターンを完全にチェックしてバグをすべて修正すること(デバッグ、デバグ)は不可能になっており、パッチ(つぎあての布)と呼ばれる修正ファイルが作られている。

バグダッド　Baghdad

㊞イラクの首都。ペルシャ語で「神の園」「神の賜物」の意とされる。762年、イスラムのアッバース朝の都が置かれ、マディーナ・アッサラーム(平安の都)と呼ばれたこともある。1991年の湾岸戦争で空爆を受けた。

ハザードマップ　hazard map

防災上の観点から、その地域の危険度を示す地図のこと。火山の噴火や、大地震を想定して自治体や関係機関が作成する。ハザードは「危険」。自動車の前後の左右計4か所にある点滅装置「ハザードランプ」のハザードも同じ意味。

バサラ BASSARA

(商)車。ミニバン（日産）。室町時代の流行語といわれる「婆娑羅＝ばさら」にちなんで命名。もとは梵語の跋折羅（ばざら＝金剛）の意。

パジェロ PAJERO

(商)車。RV（三菱）。アルゼンチン南部のパタゴニア地方に生息する野生の猫「パジェロキャット」から命名。

バジパイ （アタル・ビハリ・〜、Atal Bihari Vajpayee）

(人)インド首相。1926年生まれ。若くして反英独立運動に身を投じ、人民党の前身であるジャン・サン党創設のメンバー。96年に初めて首相に就任したときは、下院の信任案否決によりわずか13日間の短命内閣となった。

パシフィックリム選手権 Pacific Rim Championship

プロ化の進むヨーロッパ、南半球のラグビー先進諸国に対抗し、後続グループである太平洋地域の発展のため、1996年、日本がリーダーシップをとって結成した対抗戦。99年からは国際ラグビーボード（IRB）の主催に。日本は、99年大会で優勝している。

パシュトゥン Pashtun

アフガニスタンで支配的な位置を占める民族。18世紀半ばに、同国の基礎となる王国が築かれて以来、支配民族としての地位を維持し、1979年のソ連軍侵攻まで、全人口の半数を占めていたとされる。アフガニスタンを実効支配したイスラム原理主義タリバン（↓p193）は、パシュトゥン人が主体となっている。

バスク Vasco

(地)スペイン北東部からフランス南西部の国境

地帯、ビスケー湾に面するカンタブリカ山脈からピレネー山脈西部にわたる。地名は古代ローマ人が「ウァスコニア」と呼んだことに由来。現在もバスク語など独自の文化を有し、スペインからの分離・独立を目指す非合法組織「バスク祖国と自由」(ETA)によるとみられるテロが続いている。ベレー帽はバスク地方の農民がかぶっていたものが一般に広まったものという。

パスタ pasta

小麦粉で作られたイタリアのめん類の総称。日本ではスパゲティとマカロニがよく知られているが、そのほかにも平べったいきしめん状のもの(フェットチーネ)、両端がペン先の形をしたもの(ペンネ)、貝殻の形をしたもの(コンキリエ)など、大きさ、形、めんの太さの違いで数十種類に上るともいわれ、料理法もバラエティーに富む。

パスネット

㊥首都圏の主な私鉄や地下鉄で共通に使える乗車券。プリペイドカード(↓p287)で、自動改札機に入れれば自動的に精算され自由に乗り降りできる。2000年10月から稼働しており、相互乗り入れの多い大都市圏では、利便性が大いに高まった。関西では96年に「スルッとKANSAI」の愛称でスタート、香港でも97年に同様のサービスが始まっている。

パスワード password

インターネット接続サービスやパソコンのソフトを利用するときなどに、自分のID番号とともに入力して、接続するコンピューターに正規の利用者であることを示す文字列。預金口座における暗証番号のような役割を果たすもので、通常8けた程度以上の英数字の組み合わせからなる。

ハタミ（モハンマド・〜、Mohammad Khatami）

㊇イラン大統領。1943年生まれ。社会の自由化と対外融和施策の改革路線を進め、2001年再選される。

バチカン Vatican

㊞イタリア・ローマ市内にあるローマ法王が統治する国。1929年、イタリアと結んだラテラノ条約により世界最小の独立国として誕生。面積0・44平方キロ。名称は国のある丘の名から。国連には加盟せずオブザーバーとして参加、「Holy See」（聖座）を国名として使用。サンピエトロ大聖堂など、ほぼ全域がユネスコ世界文化遺産に登録されている。

ハッカー hacker

他人のコンピューターにネットワークから不正に侵入し、データを盗み出す、書き換える、破壊する、といった行為を行う者のこと。官庁や企業のウェブサイトに侵入し、ホームページを書き換えるなどの行為も、ハッカーによるしわざの一例。もともとは、コンピューター技術に精通した人をハッカーと呼んでいたため、こうした不正を行う者をクラッカー（↓p114）と呼び、ハッカーと区別することもある。

バックアップ backup

①後援、支援要員。予備品。②野球などの球技で、味方の後ろに回り込んで補助すること。③コンピューター用語で、データの写しを、故障などの不測の事態に備えて、控えとして別の記憶媒体に保存すること。

バッケンレコード bakken record

スキーのジャンプ競技で、ジャンプ台ごとの最長不倒距離のこと。「バッケン」はノルウェー語で「丘」の意味で、転じてジャンプ台を指す。スキーのジャンプ台はそれぞれに構造が異なり、着地斜面の傾斜角度などによっても記録が大きく変わってくるため、各ジャンプ台の最長不倒距離をバッケンレコードとして記録している。

ハッシュパピー　HUSH PUPPIES

㊕アメリカを代表する靴ブランド。通気がよく、撥水にすぐれたピッグスキン（豚革）のカジュアルシューズで有名。短い足、長い耳が愛敬のあるバセットハウンド犬がトレードマーク。

バッシング　bashing

強くたたくこと。「ジャパンバッシング」は「日本たたき」。貿易黒字の巨大な日本を政治・経済面で悪者扱いすること。日米間の経済摩擦に伴う80年代後半の現象。その後、バブル経済がはじけ、日本に対する評価が低くなり、「ジャパンパッシング（日本素通り）」「ジャパンナッシング（日本無視）」と言われる状況も生まれた。

ハットトリック　hat trick

サッカーで1人の選手が1試合に3得点以上あげること。直訳すれば「帽子の奇術」。13世紀ごろから盛んに行われてきたイギリスの国技・クリケットで、投手が打者を3人連続でアウトにしたとき帽子（ハット）を贈って称賛したことに由来。J1リーグ・ジュビロ磐田の中山雅史は1998年に4試合連続で達成し、ギネスブックに掲載された。

ハッピーマンデー　Happy Monday

観光振興や消費拡大などを狙いに、成人の日（1月15日）を1月の第2月曜日に、体育の日（10月10日）を10月の第2月曜日に変更し3連休としたもので、2000年から実施。さらに改正祝日法（ハッピーマンデー法）の成立で、2003年からは海の日（7月20日）が7月の第3月曜日に、敬老の日（9月15日）が9月の第3月曜日に変更され、3連休が増加する。経済効果が表れている反面、小正月が平日に当たる場合もあるなど伝統行事などへの影響が懸念されている。

パティシエ pâtissier

フランス語で菓子職人のこと。菓子店やホテルなどでケーキや焼き菓子を専門につくる。パティシェの名前を冠して売り出す菓子も登場した。パティシエとも呼ぶ。

パドック paddock

競馬で、下見所。もとは「厩舎に付設した放牧場」の意味。出走前に馬を引いて歩き、馬体、毛づや、歩く姿勢などを観客に見せる場所。自動車レースで、参加車の整備・点検をする場所のこともいう。

バナー広告 banner advertising

バナーは横断幕のこと。インターネットのウェブサイトにある横断幕の形をした広告が「バナー広告」。これをクリックすると、広告主のサイトに接続（リンク）するようになっている。

パナソニック Panasonic

㊂ブランド名（松下電器産業）。北米でのブランドを決める際、「National」は他社が登録済みだったため、候補の中から、スピーカーの愛称として使われていた「PANASONIC」が採用された（1961年）。語源は「全」「総」「汎」の意の「PAN」と「音の」「音速の」という意味の「SONIC」とを組み合わせたもの。数度の変更を経て、71年に現在のロゴが決定された。

パナップ panapp

Ⓢアイス（江崎グリコ）。1978年発売。バニラアイスの中にフルーツソースが入った細長いカップ容器入りのパフェ風のアイス。「パフェ」＋「カップ」をもじって命名。

パナマ　Panama

㊞南北アメリカをつなぐ地峡に位置する中米の国。国名はインディオの言葉で「魚が豊富なこと」の意で、首都名、運河名も同じ。太平洋とカリブ海をつなぐパナマ運河は、米国が1914年完成させ、運河独占運営権を保有したが、1999年末パナマに返還した。米国は麻薬取引罪などで88年起訴した同国のノリエガ将軍を、軍事侵攻により90年逮捕し、92年禁固40年の判決を下した。

パニック　panic

恐怖などで混乱すること。経済恐慌。「パニック映画」＝災害や事故で大混乱に陥った人間の心理、行動を描いた映画。「パニック障害」＝不安感、恐怖感などから突発的にめまいなどが起こり、再発の恐怖心にとらわれる神経性の病気。「パニクる」＝頭が混乱して、どうしていいか分からなくなること。若者を中心に使われている俗語。

ハネウエル・インターナショナル　Honeywell International

㊎アメリカの自動制御システムや航空機器を手がける軍事関連企業。米航空宇宙機大手のアライド・シグナルが自動制御システム大手のハネウエルを買収したもの。航空機通信や操縦室のシステム製造は世界有数レベル。

パネリスト　panelist

パネルディスカッション（数人の専門家が意見を戦わせた後、聴衆にも参加を求める討論会）の意見発表者。クイズ番組の解答者も指す。

英皇太子妃の自動車事故死の遠因となったとされている。

パバロッティ（ルチアーノ・〜、Luciano Pavarotti）

㊇オペラ歌手。イタリア人。1935年生まれ。プラシド・ドミンゴ、ホセ・カレーラスとともに、世界3大テノールとして知られる。

パピコ papico

㊔アイス（江崎グリコ）。1974年発売。かわいらしいイメージと覚えやすさの点から、響きの良いパピプペポの音を使った名前に。

パプアニューギニア Papua New Guinea

㊞オーストラリアの北方、パプア島の東側を中心とする多数の島からなる国。パプアは「縮れ毛」の意、ニューギニアは、アフリカのギニア地方の人とパプア人が似ていると考えたスペイン人が「新しいギニア」と呼んだことに由来。

「パネラー」は和製英語だが、かなり定着し、広く使われている。

ハノイ Hanoi

㊞ベトナムの首都。川に囲まれていることから、中国語では「河内」と表記される。6世紀に建設され、1887〜1945年仏領インドシナの首都。ベトナム戦争終結後、南北ベトナム統一国家の首都に。

パパラッツィ（paparazzi＝複数形、単数はpaparazzo）

しつこい追っかけカメラマン。イタリアで最も権威のあるイタリア語辞典「ガルザンティ」によると、もとはイタリア映画「甘い生活」（1960年、フェデリコ・フェリーニ監督）に登場する追っかけカメラマンの姓（パパラッツォ）で、その後、有名人のゴシップ写真を撮るカメラマンを指すようになった。ダイアナ元

1975年オーストラリアから独立。首都ポートモレスビー。

パフォーマンス　performance

公演、興行。とくに舞台以外、路上などで衆目をひくための芝居がかった行為を指す。そこから転じて、「あれは彼一流のパフォーマンスだ」などと、自分に関心を向けさせるための行為を指して使われる（これを否定的な意味合いで言えば「スタンドプレー」になる）。「コストパフォーマンス」は「費用対効果」。かける金額に見合う働きという意味であり、この場合のパフォーマンスは「働き」「成績」の意味。

【ハ】

ハブ空港　hub airport

拠点空港。自転車の車輪のスポークが集まる軸（ハブ）のように各地への中継拠点となる空港をいう。日本では成田空港や関西国際空港などがそれにあたる。最近では韓国が北東アジアのハブ化を目指して、2001年3月に「仁川国際空港」を開港した。

パブリシティー　publicity

マスコミに情報を提供し、話題として取り上げてもらうことにより宣伝効果を得ること。マスコミの側からすれば、広告料金を取らないでPRすることになる。「パブリシティー権」は、著名人が名前や肖像などから生じる経済的価値を独占的に支配できる財産的権利。自分の名前や顔写真などを勝手に商品に使われないようにするのが目的。アイドル歌手の写真などを使った海賊版商品をパブリシティー権の侵害と認める判決も出ている。

バブル　bubble

泡。バブル経済。土地や株などの資産価格が適正価格から大幅にかけ離れ、異常に高い値段をつけている状態。日本では、1980年代後半から90年代初めのころの経済をバブル経済と呼ぶ。財テクブームで土地や株に資金が集中、これらの価格を大幅につり上げていった。しかし、その後、地価・株価は急速に下落、膨張した経済は泡のごとくはじけ瞬く間に後退した。「バブリー」は、成金や成金趣味を指していう俗語。

パブロン

㊍総合風邪薬（大正製薬）。Pan（すべての）とBronchitis（気管支炎）との合成語。「すべての咳に」という意味。昭和2年の発売以来20年代末までは咳止め薬だったが、今では総合風邪薬になり、名称を引き継いだ。

バベルの塔　the Tower of Babel

人間の思い上がりに対する戒め。実現不可能な計画のたとえ。ノアの洪水の後、人類が天まで届くバベルの塔を建設しようとしたところ、神が怒り、人々の言葉を混乱させ、工事は失敗してしまったという旧約聖書の物語による。

ハマトラ　Hama tra

ヨコハマ・トラディショナルの略。アメリカの伝統的な服装をもとに横浜・元町地区で生まれ、1970年代後半から80年代前半にかけて流行したお嬢さま風スタイル。「フクゾー」のトレーナー、「ミハマ」のローヒールの靴、「キタムラ」のバッグなど、特定ブランドの品を合わせる。

バミューダパンツ　Bermuda pants

夏場の遊び着やスポーツウエアとして用いられる、ひざまでの長さのズボン。北大西洋の英領バミューダで、1950年代から流行した。英語の言い方はバミューダショーツ。

ハミング

㊍衣料用柔軟仕上げ剤（花王）。英語で「鼻

歌を歌う」のハミングから命名。洗濯物の仕上がりがハミングしたくなるような出来になることを表現。

パラオ　Palau

㊞西太平洋、ミクロネシアの南西の島国。国名はマレー語の「島」に由来するとされる。別称ベラウ。世界で最後の国連信託統治領（米国の統治）だったが、1994年米国との自由連合国・パラオ共和国として独立した。首都コロール。

パラサイトシングル　parasite single

パラサイトは寄生虫、寄生動物。パラサイトシングルは親と同居し続け、なかなか結婚せず独立しない若者を指す。親に身の回りの世話をしてもらい経済的にも余裕のある気楽な暮らしができることから、あえて現状を変えようとしない子ども、子離れできない親という、現代の風潮を反映した現象ともいわれている。1997年、東京学芸大学の山田昌弘助教授（家族社会学）の作った言葉。

パラゾール

㊕防虫剤（白元）。原料の化学物質パラジクロルベンゾールを略して語調をよくした。

バラドル

バラエティー番組で活躍するアイドル歌手。歌番組の減少で、バラエティー番組から売り出す歌手が増えた。

パラノイア　paranoia

偏執狂。妄想症。精神病のひとつ。強く妄想を抱くが、論理的には一貫している。また、抱いた妄想以外では思考、行動に異常がない。

パラパラ

テンポの速いヨーロッパ生まれのダンス音楽「ユーロビート」に乗り、手の動きに特徴のある踊り。同じ振り付けを一斉に踊る。起源ははっきりせず、「竹の子族の流れから生まれた」「パラパラと手を動かしているから、こう名付けられた」などとも言われる。

パラフィン paraffin

石蠟（せきろう）。白、または無色で無味・無臭の固体。水に溶けない性質があり、ろうそく、防腐塗装に使われる。パラフィン蠟を紙に染み込ませ、耐水・耐湿性を高めたパラフィン紙もある。

ハラム haram

イスラム教の禁忌。豚やアルコールをとること、殺人、姦通など、イスラム法で禁止されている行為を指す。この戒律に違反していないことは「ハラル」。２００１年１月、世界最大のイスラム教徒を抱えるインドネシアで、日本の大手食品会社、味の素の現地法人が、調味料製造過程で豚の成分を利用しながら、「ハラル」の認証マークを表示したため、虚偽表示にあたると問題になった。

パラリンピック Paralympics

国際身体障害者スポーツ大会。もともとは、下半身まひを表すパラプレジアとオリンピックを合成して作られた語。１９４８年にイギリス・ストークマンデビル病院で、脊椎損傷により下半身まひになった人たちのリハビリテーションとしてスポーツ大会を開いたのが始まりとされる。現在では下半身まひ者だけでなく、様々な障害を持つ人たちが参加する大会となった。「パラ」には「副」「以外」という意味もあり、「パラ（もうひとつの）オリンピック」ととらえられている。

ハリアー HARRIER

㊅車。ＳＵＶ（トヨタ）。英語で鷹の一種

「チュウヒ」を意味する語にちなんで命名。

バリアフリー　barrier free

バリアは「障害」、フリーは「ない」こと。つまり、障害者や高齢者にとって生活や行動の障害となるものを取り除くこと。車いすでも通行しやすいように道路や建物の中に段差をなくしゆるやかな坂にする、点字ブロックを設置する——といった配慮。従来の経済性、効率性重視から弱者に配慮した街づくりへの転換が求められており、そうした人たちが扱いやすいバリアフリー商品も続々開発されている。

バリー　BALLY

㊫世界的に有名な高級靴ブランド。1851年、カール・フランツ・バリーによってスイスで創業。現在ではバッグ、婦人・紳士用衣料なども展開している。

ハリー・ポッター　Harry Potter

イギリスの女性作家J・K・ローリングによる長編ファンタジー。魔法使いの男の子ハリーが主人公。「ハリー・ポッターと賢者の石」「ハリー・ポッターと秘密の部屋」「ハリー・ポッターとアズカバンの囚人」の3作が日本語訳され、ベストセラーとなった。またハリウッドで映画化もされ、人気を呼んだ。

バリエーション　variation

変化。変形。「バリエーション豊かな素材が入荷」「首相提案は四島返還という中のバリエーションのひとつ」などと使う。「素材バリエの多い製品」「サイズ・バリエが用意されている」など、ファッション関係を中心に「バリエ」と略す場合もある。音楽用語としては「変奏曲」、生物学では「変異」「変種」のこと。

パリサイ派　Pharisees

ユダヤ教の一派。パリサイとは「分離者」で、律法を守らない人々から自分たちを分離するという意味。庶民の利益を代表する立場で、進歩的な面も持っていたが、新約聖書の中では、イエス・キリストに対立する守旧的な形式主義者として描かれたため、偽善者、独善家の代名詞になってしまった。

パリ・ダカール・ラリー Paris-Dakar Rally

世界で最も人気の高い冒険ラリー。略して「パリ・ダカ」。四輪のラリーカーのほかに、二輪や大型トラックも参加する。1979年に始まり、かつては競技名通りフランスのパリをスタートし、セネガルのダカールまで、アフリカの砂漠地帯を1万数千キロ縦断した。最近は、ダカール・アガデス・ダカール(97年)、グラナダ・ダカール(99年)などコースとともに名称も変わるが、「パリ・ダカ」の呼び名が広く定着している。97年、篠塚建次郎が三菱パジェロで日本人初の総合優勝を果たした。また2002年(アラス―マドリード―ダ・カールラリー)には増岡浩(三菱パジェロ)が15回目の挑戦で初優勝を果たした。

パリテ法 parité

フランスで、比例代表制を採用している市町村議会などに適用される選挙法の男女候補同数規定のこと。2001年3月、パリテ法の下で初の統一地方選挙が行われ、女性議員が倍増した。

バリ島 Bali

(地)インドネシア・ジャワ島の東側に位置し、イスラム教国インドネシアにありながら、ヒンズー教徒の島。民族芸能ケチャやバロンという舞踏など独特の文化をもつ観光地。外貨の収入源とすべくインドネシア政府がリゾート化を推進してきた。

バリャドリード　Valladolid

(地)スペイン北西部の同名州の州都。15～16世紀、カステラの語源でもあるカスティリャ王国の首都。スペイン1部リーグの同名サッカーチームには城彰二が1シーズン在籍していた。

ハルマゲドン　Harmagedon

世界の終末に起こる悪魔と天使の最後の決戦場。ヘブライ語で「メギドの丘」の意味で、新約聖書のヨハネ黙示録にある言葉。転じて、「最終戦争」の意味でも使われる。オウム真理教はハルマゲドンへの備えを名目に、サリンなど化学兵器の開発による武装化を進めた。

パルメザンチーズ　Parmesan cheese

イタリア北部のパルマ原産の乾燥させた硬いチーズで、すりおろしたり削ったりして粉末チーズとして使う。パルマは中田英寿が２００１年から所属しているサッカーチームの本拠地。

パレスチナ　Palestina

(地)現在のイスラエル（↓ｐ40）を中心とするヨルダン川以西の地域。紀元前12世紀、古代ローマ人が「ペリシテ人の土地」の意でパレスチナと呼んだことに由来する。ペリシテとは古代ギリシャ語で「一般人」「俗人」の意。紀元前に繁栄したユダヤ人王国はローマ帝国に滅ぼされて各地へ離散、その後居住したアラブ人を現在、パレスチナ人と呼ぶ。１９４８年にユダヤ人国家イスラエルが建国され入植地が増えるにつれ、逆にパレスチナ人が難民化、周囲のアラブ諸国とイスラエルは4次にわたる中東戦争を行った。93年オスロで、パレスチナ解放機構（ＰＬＯ）のアラファト議長とイスラエルのラビン首相とがパレスチナ暫定自治宣言に調印し、94年暫定自治政府が樹立された。

バレンツ海　Barents Sea

(地)ロシア北西の北極海。約137万平方キロ。平均水深229メートル。2000年8月12日、ロシアの原子力潜水艦クルスクが沈没し、乗員118人が死亡するという惨事が発生した。ロシアの軍港ムルマンスクが同海に面する。

ハローワーク hello work

公共職業安定所の愛称。明るいイメージを持ってもらうため1990年から使用。失業手当や教育訓練給付の手続きもここで行う。病院、老人ホームなどで働きたい人を対象とした「福祉重点ハローワーク」や、育児・介護・家事と仕事を両立する人のための「両立支援ハローワーク」も各地に開設されている。

パワー・ポリティクス power politics

権力外交。軍事力を背景にした外交。

バン BAN

(商)制汗デオドラント剤(ライオン)。英語のBAN(禁止する、止める)から、汗を止めるという意味で命名。

バンガロー bungalow

キャンプ場などに建てられる宿泊用の小屋。ヒンズー語で「ベンガル風の」の意。高温多雨のインド・ベンガル地方で造られる、軒を高くし四方にベランダを設けて通風をよくした民家を模した。英語でいうバンガローは日本のものより立派な建物をいい、日本語のバンガローに当たるものは英語ではキャビンという。

バンガロール Bangalore

(地)インド南部の都市、デカン高原に位置する。同国のIT産業の集積地として発展し、米国などのソフト産業が進出。インドの輸出に占めるソフトの比率は急伸し、1999年度の総輸出額に占める割合が1割に達した。

バンク・オブ・アメリカ Bank of America

㊎アメリカの銀行。1980年代に不良債権に苦しみ経営を縮小するなどして対処してきたが、98年に米ネーションズバンクと合併して、トップレベルに復帰した。「バンカメリカ」は持ち株会社。

ハンクス（トム・〜、Tom Hanks）
㊟アメリカの映画俳優。1956年生まれ。映画「フィラデルフィア」（93年）、「フォレスト・ガンプ／一期一会」（94年）と2年連続でアカデミー主演男優賞を獲得した。

バンコク　Bangkok
㊞タイの首都。正式名称はクルンテープで、「天使の都」の意。バンコクは外国からの呼称。1782年チャクリ朝により建設されて以来の首都。仏教寺院が多い。

【ハ】

パンシロン
㊒胃腸薬（ロート製薬）。「パン」は汎用性の「汎」、また成分のパントテン酸の「パン」から、「シロン」はスイス・レマン湖畔にある城「シロン城」をとって先代会長が命名した。

ハンティングワールド　HUNTING WORLD
㊒丈夫で機能的なバッグで知られるブランド。探検家であるボブ・リーが1965年にハンティング・ワールド社を設立、アウトドア・スポーツ装備品の製造事業を開始した。耐水、耐熱、耐久性に優れたバチュークロスのバッグが有名。ロゴマークは自由と蘇生のシンボル「牙のない仔象」がモチーフ。スカーフ、時計など様々な商品を展開している。

バンテリン
㊒鎮痛・消炎剤（興和）。英語のバンデージ（包帯）に由来。

ハンドヘルド　handheld
小型で持ち運びが可能な手持ち型のビデオカ

メラやコンピューターをいう。従来は片手で持てる携帯型の情報端末の総称でもあったが、最近では特定のウィンドウズ（↓p53）が搭載されたコンピューターを指すことが多い。

パンドラの箱　Pandora's box

諸悪の根源、解いてはならない封印のたとえ。「パンドラの箱を開ける」は「思いがけない災厄を引き起こす」意。パンドラはギリシャ神話に登場する人類最初の女性。プロメテウスが天の火を盗んだ復讐として、ゼウスはすべての悪を封じ込めた箱をパンドラに持たせた。パンドラが好奇心から箱を開けると、中から害悪、災禍が出てきて、人類は不幸に見舞われるようになったが、希望だけが底に残っていたという。

ハンドルネーム　handle name

インターネット上、特に掲示板やチャットなどで、自らの本名を明かさずにメッセージのやりとりを行う際に使われる、仮の名前。文章を書くとき使用するペンネームと同じ役割。「ハンドル」は、ここでは、ニックネーム、肩書といった意味。

ハンナラ党

韓国の最大野党。「ハンナラ」は、漢語ではなく韓国の固有の言葉で、「一つの国」「偉大な国」を意味する。1997年、金泳三政権の与党・新韓国党と野党民主党が合併して誕生した。

パンパース　Pampers

㊔紙オムツ（P&G）。「大切に育てる」という意味。命名候補のうち、アメリカの消費者から「赤ちゃんに対する優しい愛情を感じさせる」という意見が多く寄せられた言葉。

ヒ

ピアザ（マイク・～、Mike Piazza）

㊇米大リーグ、ニューヨーク・メッツの捕手。1968年生まれ。野茂英雄投手が大リーグ入りした際、ロサンゼルス・ドジャースでバッテリーを組み、日本でも有名に。口ひげがトレードマーク。

ピアジェ　PIAGET

㊔宝飾時計で有名なブランド。ジョルジュ・エドアール・ピアジェが1874年に創業し、18金とプラチナ製の時計のみを完全一貫生産で作り続けている。最近では若い世代向けのデザインも発表、アクセサリー類も充実させている。

ヒアリング　hearing

公聴会。国や地方自治体の機関などが重要議案について利害関係者、学識経験者らの意見を聞いて参考にする制度。原子力発電所施設の安全審査では公開ヒアリングが義務づけられている。ごみ処理場、道路など地域住民に大きな影響を与える都市施設の建設でも行われる。ヒアは英語の動詞で「聞く」。外国語学習の聞き取りもヒアリングというが、これは日本独自の言い方。英語ではリスニング。

ピースボート　peace boat

社民党の元衆院議員の辻元清美さんが、早大在学中の1983年に創設した市民団体。客船をチャーターし日本の若者を乗せてアジアを航海し、市民レベルの国際交流をして、平和や環境問題などを考えようというもの。さらに世界一周航海、日本国内を回るジャパンクルーズなどで活動範囲を広げ、地雷廃絶キャンペーンなども行っている。これまでの参加者は延べ1万4000人余、訪問国は80か国以上。

ビーチバレー　beach volleyball

砂浜にネットを張って行うバレーボール。砂に足をとられながら2人でコートをカバーするハードな面と、太陽の下、水着姿でカラフルなボールを追う華やかな面を併せ持つ。1930年ごろ、アメリカ西海岸で流行した遊びが起源とされる。96年のアトランタ五輪から正式種目に採用された。

ピーチ・メルバ　peach melba

バニラアイスクリームに桃のシロップ煮が添えられたデザート。19世紀後半から20世紀前半にかけて活躍したオーストラリアのソプラノ歌手ネリー・メルバの名に由来する。メルバは故郷メルボルンにちなんで付けた芸名。

ヒートアイランド　heat island phenomenon

大都市圏で都心部の気温が周囲より高くなる現象。同じ温度の地点を結んで「等温線」を引くと、中心部が島のように浮かび上がることからそう呼ばれる。都市部では、自動車やエアコンの排熱が多い一方、緑地や水面が少ないため気温が下がりにくい。環境省の調査では、7～9月に30度以上になった延べ時間数が、東京では、1980年は168時間だったのが2000年は357時間と倍増したことがわかった。

ヒーリング　healing

病などをいやすこと。ストレス社会の現代では、心地よい香りや音楽などで体と心の疲れを軽減することをヒーリングというようになった。自然の音を取り入れた神秘的な雰囲気や透明感のある声、親しみやすい旋律などが特徴の「ヒーリング音楽」、不安を取り除き、元気になりたいという気持ちを引き出す「ヒーリングアート」のほか、アロマセラピー（↓p32）やハーブなどもヒーリング効果をもたらすものとして生活に取り入れられている。

ピエール・カルダン　pierre cardin

㊇フランスのデザイナー、ピエール・カルダ

ンによる有名ファッションブランド。裁断技術の見事さと、着る人間の体形に合った布の流れの美しさから「布地の魔術師」の異名がある。服飾品のほかにも、台所用品、家具なども。

ビオトープ　Biotope（ドイツ語）

小川や池などの自然の生態系を人工的に再現したもの。「生物の生息空間」という意味。昆虫や野鳥などが住める自然環境を復元する。緑の少なくなった都市部で憩いの場として活用したり、学校に作って環境教育・情操教育に役立てたりするケースもある。

ビオレ　Biore

㊔洗顔フォーム（花王）。英語のBios（生活、生命）とOre（貴金属）を結びつけた造語。

東ティモール　East Timor

㊞ジャワ島の東、インドネシア・小スンダ列島ティモール島の東半分。旧ポルトガル領で1976年インドネシアが併合したが、9割を占めるカトリック系住民らが反政府運動を継続。スハルト政権崩壊後の99年、国連管理下の住民投票で独立派が勝利したが、併合派民兵による虐殺・破壊が深刻化、多国籍軍が介入した。2001年制憲議会選挙が行われ、国家としての形態が整いつつある。中心都市ディリ。

ビジュアル系

「見た目」「パッと見」がカッコイイ、という意味。グレイ、ルナシー、シャズナ、ラルクアンシエルなどを始めとする、派手な化粧や奇抜な服装が特徴のバンドの総称。解散したX JAPANがデビューの際「ビジュアルショック」などのコピーを使ったのが最初といわれる。

ビズ　BISES

㊔雑誌（プレジデント社）。奇数月16日発売。園芸関係の記事を掲載。ビズはフランス語で頬

への軽いキスの意。花々とキスを交わすような感触をイメージした。

ビスコ

㊖ビスケット菓子（江崎グリコ）。1933年発売。酵母ビスケットの略称「コービス」を逆にした「ビスコ」が、「グリコ」との語呂もよいことから命名。現在は酵母に代わって乳酸菌が配合され、カルシウムやビタミンも強化されている。

ビスタ　VISTA

㊖車。セダン（トヨタ）。英語で「展望」を意味する語にちなんで命名。

ヒスパニック　Hispanic

アメリカの中南米系住民。メキシコ、プエルトリコ、キューバを始めとする中南米諸国出身者とその子孫を指し、スペイン語を共通語とする。近年その人口は急増し、黒人とほぼ同数になった（2000年国勢調査）。

ピッキング　picking

ピックと呼ばれる工具を使ってドアのカギを開け、室内に侵入、現金などを奪う手口。熟練者は十数秒で開けられるという。1998年ごろから全国で急増、2000年には東京都だけで被害は1万件を超えた。このためピッキングに強い錠、カギへの需要が高まり、メーカーでは「カギ特需」といわれる現象まで起きた。警察の取り締まりもあり、2001年以降は減少傾向。

ビッグバン　big bang

爆発による宇宙誕生説。百数十億年前に大爆発を起こし、その後も膨張を続けているとされる。1946年アメリカの物理学者ジョージ・ガモフが提唱した。「ビッグバン」という言葉は、宇宙の状態は過去から現在まで変わらないという「定常宇宙論」を唱えたフレッド・ホイルにより、皮肉をこめて命名されたもの。「金融ビッグバン」は、86年のイギリスで実施された証券市場の抜本改革。日本でもイギリスにならい銀行・証券・保険の相互参入の促進などが行われた。

ビッグホーン　BIGHORN

㊕車。ＳＵＶ（いすゞ）。ロッキー山脈の岩場を走り回る「大角羊」を意味する語にちなんで命名。

ピット（ブラッド〜、Brad Pitt）

㊅アメリカの映画俳優。１９６４年生まれ。映画「リバー・ランズ・スルー・イット」（92年）で注目され、以後その甘いマスク（美ぼう）と才能でトップスターになった。日本人のファンの間では「ブラピ」と呼ばれる。

【ヒ】

ヒップハンガー　hiphanger

スカートやジーンズの股上が浅く腰回りがぴったりしたもの。腰に引っかけるように着る。

ヒップホップ　hip-hop

貧しい黒人の若者たちが１９８０年代前半のニューヨークで、金をかけずに楽しめる娯楽として生み出したラップやスクラッチなど新感覚の音楽、激しい振りのブレークダンスという踊り、スプレー缶で壁や地下鉄に描くグラフィティーアートなどに代表される文化の総称。

ヒトゲノム　human genome

人間の全遺伝情報。日米欧などの国際共同チームと米バイオ企業セレラ・ジェノミクス社の間で解読競争が繰り広げられた。両者が２００1年2月に公表した分析結果によると、人間の遺伝子の総数は3万から4万個という。遺伝情報の解析によりアルツハイマー病（↓p30）やがんなどの治療薬の開発が飛躍的に進むと期待されている。

ビネガー vinegar

食用酢。ワイン、りんご酒などからつくる。

ピノ pino

(商)アイス（森永乳業）。1976年発売。イタリア語の「ピーノ（松）」に由来。松ぼっくりのように小さくコロンとした形から命名。

ビバーク bivouac

登山で、岩陰や雪洞などで露営すること。予定外の露営（フォースト・ビバーク）を指すことが多い。最近では防寒衣類の発達などにより、計画的なビバークを行うこともある。

ビヒダス

(商)乳酸菌飲料、発酵乳（森永乳業）。整腸作用を有する特定保健用食品。善玉菌の代表格「ビフィズス菌」に由来。

ビビンバ pibimpap

朝鮮料理。ナムル（野菜のあえもの）やいためた牛ひき肉などをご飯にのせ、コチュジャン（トウガラシみそ）をくわえて混ぜる。石や陶器などにいれて熱した石焼きビビンバも人気で、日本にも専門店が増えた。

ビフィズス菌 bifidus bacterium

乳酸菌のひとつ。腸のぜん動を促して便秘を改善、他の病原菌を減らす。さらに体が外敵から身を守る免疫機能を高める働きも持つ。乳製品や豆類に多く含まれる。

ピュリツァー賞 Pulitzer prize

ハンガリー生まれの米国人ジャーナリストで新聞経営者、ジョセフ・ピュリツァーの遺志により1917年創設。毎年、ジャーナリズムを始め、文学、音楽、出版などの諸分野で顕著な功績を上げた者に授与される。

ピロティ pilotis

建物の1階部分に壁がなく、柱のみで上部の建物を支えている空間。または、建物を支えている柱そのものを指す。マンションなどでは、駐車場などとして使われているが、柱だけで建物を支えているので揺れに弱く、阪神大震災ではピロティのある建物が崩壊する例が多かった。

ヒンズークシ山脈　Hindu Kush

(地)パミール高原から南西に延び、アフガニスタンを南北に分断する大山脈。最高峰はパキスタン領内のティリチミール（7708メートル）。アレキサンダー大王、玄奘（三蔵法師）、ジンギスカンらも、この山脈を越えた。

ビンテージ　vintage

ワインの製造年。ラテン語で「ブドウの収穫」を意味する言葉に由来。「ビンテージワイン」（略してビンテージとも）は、良質ブドウが収穫された年に造られた極上ワインのこと。転じてドレスやジーンズ、車などで過去につくられた品質の優れたものを指すこともある。「ビンテージカー」は、特に1917〜30年に製造された自動車をいう。

ビンラーディン（ウサマ・〜、Osama bin Laden）

(人)イスラム原理主義者。サウジアラビア出身。2001年の米同時テロの首謀者とされる。テロ組織「アル・カーイダ」（↓p29）をつくる。

フ

ファーガソン（アレックス・〜、Alex Ferguson）

(人)サッカー、イングランド・プレミアリーグのチーム、マンチェスター・ユナイテッド（↓p325）の監督。2000〜01年シーズン、同一監督として初めて3連覇を達成。「サー（卿）」

の称号を持つ。

ファーストレディー　first lady

大統領、首相、元首などの夫人。また、ある分野で第一線にいる女性を指す。

ファイアウオール　fire wall

直訳すれば、「防火壁」。自分のコンピューターネットワークとインターネットを接続すると、ハッカー（↓p246）らによって、インターネットを経由してこちらのネットワークに不正に侵入され、データを盗まれたり改変されたりする危険が生じるが、それを防ぐために設けられる安全対策のひとつ。

ファイナルファンタジー　Final Fantasy

㊔スクウェア社の制作する、家庭用テレビゲーム機用のロールプレイングゲーム（↓p371）ソフト。エニックス社のドラゴンクエスト（ドラクエ）と双璧をなす人気シリーズ。頭文字を取って「FF」（エフエフ）と呼ばれる。ドラクエが「ほのぼのとした雰囲気のおとぎ話」であるのに対し、FFは「機械文明と魔法をテーマにしたSF」の色合いが強い。どちらも当初のプラットホーム（使用ゲーム機）は任天堂のファミコンとスーパーファミコンだったが、のちにソニー・コンピュータエンタテインメント（SCE）のプレイステーションに移り、次世代ゲーム機のシェア争奪の行方を決定づけた。

ファイバー　fiber

繊維。または繊維状のもの、特に食物繊維を指す。腸の調子を整え、保水性が高く満腹感を得やすいため、ダイエット食品に多く使われている。「光ファイバー」は、「光ファイバーケーブル」の略で、直径が髪の毛ほどのガラス繊維の管。中に光を通して情報を伝達する。従来の金属ケーブルに比べはるかに大きな容量の情報を送れるため、情報技術（ＩＴ）時代の情報・通信インフラ（→ｐ51）の要と考えられている。

ファイブミニ　FIBE-MINI

㊔食物繊維飲料（大塚製薬）。食物繊維(Dietary Fiber)のファイバーにちなみ、手軽に飲める１００ミリ・リットル飲料としての愛称ミニを付加して命名。

ファジー　fuzzy

あいまいな。ぼやけた。特に、人間の経験や直感に基づくあいまいで柔軟な思考や認識を指す。そうしたあいまいさをコンピューターで処理することを「ファジー推論」といい、地下鉄の自動制御や洗濯機、電子レンジなどに幅広く利用されている。

ファブリック　fabric

織物、布地。カーテンやクッションカバーなど、インテリアに使われる布地類をさしていうこともある。

ファミリア　FAMILIA

㊔車。セダン（マツダ）。ファミリアは、スペイン語で「家族」。ファミリーカーのトップモデルという意図で命名。

ファンカーゴ　FUN Cargo

㊔コンパクトカー（トヨタ）。英語のファン（楽しい）とカーゴ（積み荷）の合成語。

ファンタ　Fanta

㊔炭酸飲料（コカ・コーラ）。ファンタジー（空想）、ファンタスティック（空想的な、実に素晴らしい）から。

ファンタスティック　fantastic

空想的な。風変わりな。また、単に、素晴らしいものに接した感動を表すのにも使われる。名詞形は「ファンタジー」で、「ファンタジック」は和製英語。「東京国際ファンタスティック映画祭」＝東京国際映画祭の協賛企画として1985年から開催されている、ＳＦ、ホラー、ファンタジーなどを対象とした映画祭。「ファンタジア」＝音楽用語で、「幻想曲」と訳される。1940年に制作されたディズニーの音楽アニメ映画のタイトルにもなった。

ファンダメンタルズ　fundamentals
経済の基礎的諸条件。その国の経済成長率や物価上昇率、国際収支、失業率など経済の基礎となる諸指標を一括していう。ファンダメンタルとは「重要な、基礎的な」という意味だが、1978年のボン・サミットでアメリカのカーター大統領が「ファンダメンタルズ論」として使用して以来、経済の安定性を語る用語として一般化した。

フィアット　Fiat
㊎イタリア最大の自動車メーカー。最高級スポーツカーで知られるフェラーリ社は傘下。

フィードバック　feedback
出力結果を再入力すること。よりよい結論を出すために、結果を現状に照らして吟味し、もう一度考えること。草を食べ進んで行く羊の群れが、時々戻って食べ残した草を食べることに由来するという。

フィールズ賞　Fields prize
数学のノーベル賞といわれる。40歳以下の学者に4年に1度授与される数学界の最高賞。日本人では1954年に小平邦彦、70年に広中平祐、90年に森重文の3氏が受賞している。カナダの数学者ジョン・C・フィールズの提案で1936年に設置。

フィールドワーク　fieldwork
野外作業。実地調査。現場訪問。生物学、地質学、人類学、考古学、社会学などの分野で、実験室・研究室の外で行う調査、研究をいう。また、児童・生徒の教育目的で行う校外学習を指すこともある。

フィガロ　Figaro

㊇1825年創刊のフランスの代表的な日刊紙。

Vゴール方式　V goal

サッカー・Jリーグで、試合が正規の90分で決着せず延長戦に入ったときの勝敗決定方式。延長戦は最大計30分（15分ハーフ）行われるが、どちらかが得点した時点で試合終了とする。Jリーグが世界に先駆けて導入した。従来は、サドンデス方式と呼ばれていたが、サドンデスが突然死を表しイメージがよくないため、ビクトリーの頭文字をとって1994年から、Vゴール方式と呼ぶようになった。国際サッカー連盟（FIFA）は95年、主催大会の一部の試合に、ゴールデンゴール方式の名称で取り入れた。

フィジー　Fiji

㊞南太平洋、メラネシアの島国。17世紀オランダ人タスマンが「発見」。英国の支配を経て、1970年独立。2000年フィジー系とインド系住民が対立、フィジー系武装集団が国会を占拠したが、2か月後インド系の首相ら人質を解放し、逮捕されるという事件が発生。インド系住民は英国植民地時代、サトウキビなどのプランテーション労働者として渡って来た。首都スバ。

フィッシャー（ヨシュカ・〜、Joschka Fischer）

㊅ドイツ副首相・外相。1948年生まれ。80年の「緑の党」結成時に参加し83年に同党が国会に進出したときの一期生。60年代には学生運動に加わり、逮捕された経験も持つ。98年か

ら現職。

フィッシャーマンズワーフ Fisherman's Wharf

漁師波止場。サンフランシスコの観光名所。日本の港町にも観光の目玉として「フィッシャーマンズワーフ」を冠した施設がつくられている。

フィット Fit

㊔コンパクトカー（ホンダ）。フィットは、英語で「ぴったりの」の意。生活のあらゆるシーンにぴったりフィットする車という意図で命名。発売10日で2万3000台受注の大ヒット車となった。

ブイトーニ Buitoni

㊔イタリアンパスタ（ネスレ）。19世紀イタリアのパスタ作りの名人で、ブイトーニの創業者でもあるマンマ・ジュリアことジュリア・ブイトーニの名から。

フィトフォース

㊔ハーブサプリメント（ロート製薬）。ギリシャ語で植物を意味するフィトに由来、「植物の力（フォース）」の意。

ブイヤベース bouillabaisse

南フランスの郷土料理。地中海でとれる魚介類をサフランやにんにくなど香味野菜と一緒に煮込んで作るスープ。

フィラリア filaria

寄生虫病の一種。犬のフィラリア症は犬糸状虫という寄生虫が蚊の媒介によって感染、せきや呼吸困難をおこす。人のフィラリア症は血液やリンパ節に寄生虫が潜み感染する。症状が悪化すると、象皮病になる。

フィランソロピー philanthropy

慈善活動。特に企業が地域の福祉、環境活動などに貢献すること。アメリカでは企業利益の地域還元の考えが定着しているが、日本でも1980年代後半から90年代にかけてのバブル期に、企業のイメージアップを狙う意味もあって重視され始めた。ギリシャ語の「フィリア（愛）」「アンソロポス（人類）」からできた英語。主に芸術や文化への支援活動は「メセナ」。

フィリップス　Philips

㊎オランダの電機メーカー。半導体事業も米国企業を買収するなどして強化している。

フィリバスター　filibuster

長時間演説で議事進行を妨げる戦術。もとの意味は「海賊」「不法侵入者」。日本では1929年の衆院本会議で5時間余という例があるが、国会法61条で「議長は発言時間を制限できる」と規定している。

【フ】

ブース　booth

（外側から見えないように）間仕切りをした小部屋、空間。投票所の投票用紙記入場所や、間仕切りで区切られた個人用オフィススペースなどをいう。

ブータン　Bhutan

㊞ネパールの東方に位置し、北を中国・チベット、南をインド・アッサム地方に接するヒマラヤ山脈南側の山岳王国。別称はドルック・ユル（竜の国の意）。1962年アジアの途上国援助を目的とする国際機関「コロンボ計画」に、71年には国連に加盟し、「世界の秘境」といわれた鎖国状態を脱して近代化の道を歩む。首都ティンプー。

プーチン　（ウラジーミル・～、Vladimir Putin）

㊟ロシア大統領。1952年生まれ。ソ連の国家保安委員会（KGB）出身。柔道は黒帯の腕前。

【フ】

フーリガン　hooligan

１９７０年代半ばからイングランドで顕著になった暴力的サッカーファン。競技場の内外で暴力ざたや乱闘行為に及ぶ。85年の欧州チャンピオンズカップ決勝では、暴徒化したイングランドのファンがイタリアの観客を襲って39人が死亡、「ヘイゼルの悲劇」と呼ばれる大惨事を引き起こした。イングランドだけでなくドイツ、オランダ、スウェーデンなどでも発生し、社会問題となっている。

プール　pool

ためておくこと。水泳場、駐車場（モータープール）、物置き場など。企業の連合体、協力態勢といった意味もある。「プールする」という動詞の形で、ある目的のために資金をためておくことにも使う。（例）「各大使館では、訪問する国会議員が持参した土産金をプールし、飲食などに使用することが慣例化していた」

フェイク　fake

模造品。偽造。動物愛護の観点から、動物の本物の毛皮を使わずに、人工毛皮（フェイクファー）を取り入れるファッションも登場した。

フェイス　FACE

㊍平面（フラット画面）テレビ（東芝）。商品コンセプトは「人にやさしいフラットテレビ」。英語の「ＦＡＣＥ」に「人と向き合う」という意味があること、業界に先駆けて「“F”lat“ACE”」になるという願いから命名。

フェーン現象　Föhn

風上側に雨を降らせながら山脈を越えた風が、風下側に乾燥した気温の高い気象状態をもたらす現象。湿った空気と乾いた空気では高度が変わったときの温度変化の割合が異なるのが原因。

１９３３年７月25日に山形市で、国内の気象台・測候所が観測した気温としては史上最高の40・8度が記録されているが、これも台風によるフェーン現象によるもの。なお、「フェーン」の名称は、もともとはヨーロッパ・アルプスでつけられた。

フェデラル・エクスプレス　Federal Express

㊎アメリカの航空貨物大手。略称フェデックス。英語で fedex は同社の宅配で送るという意味の動詞と、宅配で届いた手紙や荷物を指す名詞としても使われる。

フェデラル・ファンド・レート（ＦＦ金利）Federal Funds Rate

米国の金融機関同士が資金の過不足を解消するために市場で融通する翌日返済、無担保取引に適用される金利。日本の無担保コール翌日物金利に相当する。中央銀行の米連邦準備制度理事会（ＦＲＢ）が、国債を売り買いするなどして金利の水準を誘導するため、政策金利の性格を持つ。

フェドカップ　Fed Cup

女子テニスの国別対抗戦。１９６３年に、国際テニス連盟（ＩＴＦ）の創設50周年を記念して始まった。ＩＴＦの連盟杯をかけたところから「フェデレーションカップ」と呼んでいたが、95年から現在の名称に。ワールドグループ（前年度優勝国と地域予選を勝ち抜いた12か国で構成）で優勝を争う。男子テニスの国別対抗戦はデビスカップ。

ブエノスアイレス　Buenos Aires

㊞南米アルゼンチンの首都。ブエノ（良い）とアイレ（風）で「良い風」の意。16世紀、大航海時代の船乗りが聖母マリアに順風を祈ったことに由来。音楽のタンゴは20世紀初め当地で誕生した。

【フ】

フェミニズム　feminism

女性の権利拡張を目指す考え、女性解放論。女性の権利拡張論者をフェミニストという。女性に優しい男性をフェミニストという言い方は日本独特のもので、本来の使い方からはずれている。18世紀のヨーロッパで生まれたといわれるが、各国で起こった女性参政権運動や1960〜70年代のウーマンリブ運動なども含まれるとされる。

フェラガモ　SALVATORE FERRAGAMO

(商)イタリアの高級ファッションブランド。軽くて履きやすい靴が有名。創業者のサルヴァトーレ・フェラガモ以来の家族的経営で成功、グレタ・ガルボ、オードリー・ヘプバーンなどの映画スターに愛されたことでも有名。現在では服飾品、アクセサリー、香水などにも商品を拡大している。

プエルトリコ　Puerto Rico

(地)カリブ海大アンティル諸島東端の島。スペイン語でプエルト（港）とリコ（富める）で「富める港」の意。1898年米西戦争でスペイン領から米領に。1952年米自治領。米大統領選の選挙権はないが、市民権を有する。公用語はスペイン語と英語。首都サンファン。

フェンディ　FENDI

(商)高級毛皮ブランド。革製品、小物などにも商品展開している。アデーレ・フェンディがイタリア・ローマに開いた革製品店が始まり。その後の1930年代に狐の襟巻きなど毛皮が大流行したことから、毛皮のコートを売り出して成功した。コートの裏地に用いられていた、ふたつの「F」を組み合わせたマークがあしらわれたジャカード織地のバッグが有名。

フォード・モーター　Ford Motor

㊎アメリカの自動車メーカー大手で世界第2位。ビッグスリーの一角。ヘンリー・フォードが創設。1913年、デトロイトで自動車製造工程にベルトコンベヤーによる流れ作業を取り入れ、大量生産時代の先陣をきった。フォード、マーキュリー、リンカーンなどのブランドを有する。

フォーラム　forum

公共の問題を話し合う公開討論会。古代ローマの都市中央にあった集会場で、裁判や市民集会の場として使われたものをフォーラムといったところから。

フォルクスワーゲン（VW）　Volkswagen

㊎欧州最大のドイツの自動車メーカー。アウディ、シュコダ、セアトなどのブランドで有名。高級車から大衆車まで幅広い。

フォレスター　Forester

㊔車。SUV（富士重）。英語で「森に住む人」「森をはぐくむ人」を意味する語にちなんで命名。

フォローアップ　follow up

追跡調査。事後点検。経過監視。ある事柄を徹底するため、念をいれて検討し直したり、もう一度調べたりすること。「実施状況をフォローアップする」「前回の検査で指摘した問題点が改善されたかどうか調べるフォローアップ検査」などのように使う。

フォント　font

印刷、出版用語で、ある書体の文字のひとまとまり（字母）のこと。活版印刷では鉛の活字そのものがフォントだったが、コンピューターを使った印刷が主体となった現在は、コンピューターの中に登録されている、文字を形作る情報がフォントになっている。

フジモリ（アルベルト・〜、Alberto Fujimori）

㊇日系2世の元ペルー大統領（任期1990〜2000年）。1938年生まれ。不正蓄財疑惑の渦中に日本で大統領辞任を表明。ペルー政府は、職務放棄と市民殺害事件関与の容疑で起訴されたフジモリ氏の身柄引き渡しを求めているが、日本政府は「同氏は日本人」として拒否している。

プジョー Peugeot

㊎フランスの自動車大手。プジョー自動車、シトロエン自動車、米クライスラーから買収した会社をまとめたグループからなる持ち株会社。

フセイン（サダム・〜、Saddam Husein）

㊇イラク大統領。1937年生まれ。バース党独裁に基づく強権体制を敷く。80年からのイラン・イラク戦争、90年のクウェート侵攻とそれに続く湾岸戦争を指揮した。近年、権力基盤は縮小化しつつあるとの見方も。

ブダペスト Budapest

㊞東欧ハンガリーの首都。ドナウ川を挟んで古代ローマの植民都市に始まる右岸の城郭都市ブダと左岸の商業町ペストが1873年合併してできた。東西冷戦下の1956年同市で発生した学生、労働者のデモを契機に「ハンガリー動乱」が発生、勤労者党第一書記の解任、首相の交代に続き、政府がワルシャワ条約機構の脱退を宣言したために、ソ連が軍事介入した。

ブッカー賞 Booker Prize

イギリスで最も権威のある文学賞のひとつ。1969年創設。英連邦およびアイルランドに住む作家が書いた作品が対象となる。89年には、日系人小説家のカズオ・イシグロが「日の名残り」で受賞している。

ブッキング booking

予約。「ダブルブッキング」は、誤って予約を二重に受け付けてしまうこと（同一の指定席の券を2枚発行してしまった場合など）。「オーバーブッキング」は、定員以上に予約を受け付けてしまうこと。

フットサル　futsal

5人制のサッカー。フィールドの広さは縦40メートル、横20メートル程度。11人制の約3分の1。オフサイドはなく、スライディングタックルは禁止されている。もともと南米やヨーロッパで盛んに行われていたが、国際サッカー連盟（FIFA）が統一ルールをまとめた。日本ではJリーグ発足と相まって、近年、気軽に楽しめるスポーツとして人気が高まり、各地で大会が開かれている。スペイン語の「futbol de salon」（室内サッカー）からの造語。

プノンペン　Phnom Penh

(地)カンボジアの首都。クメール語で「ペンの丘」の意。「ペン」は仏教信仰の厚い女性の名に由来。14世紀クメール人が建設、1867年王国の首都に。

ブミプトラ政策　Bumiputra policy

マレーシアでのマレー人優遇政策。ブミプトラはマレー語で「土地の子」を意味する。マレー人の経済力を華人などの他民族に優先して引き上げる目的で1971年に始まった。

プミポン（～・アドンヤデート、Bhumibol Adulyadej）

(人)タイ国王。1927年生まれ。在位が50年を超える。街の至る所に写真が飾られるほど国民の絶大な尊敬を集める。

プライバシー権　privacy right

私生活に関する事柄をみだりに公開されない権利。また、自己に関する情報を自らコントロールする権利。作家・柳美里の小説「石に泳ぐ魚」のモデルとされた女性が作者と出版元の新潮社を相手に起こした裁判で、2001年、東京高裁はモデルの女性のプライバシー権侵害を認め、出版差し止めを命じ、作家側に「書かれる側」への配慮を求めた。

フライブルク　Freiburg

㊞ドイツ南西部の人口20万人の都市で、シュバルツバルト（黒い森）南西麓にある。1992年「自然・環境保護連邦首都」に指定され、旧市街を一般車両乗り入れ禁止にし、路面電車などの公共交通機関の使用を奨励する「環境定期券」を発行、ごみ廃棄物処理、緑化政策などの総合的な環境対策を推進している。環境先進国ドイツの中でも「エコポリス」（環境都市）として注目されている。

プライマリー・バランス　primary balance

国の予算の中で国債関係の歳出と歳入を除いた収支。基本的収支とも言う。これが赤字になると、現在の行政サービスに必要な財源を税金だけで賄えず、新たな国債発行に頼り、将来世代に負担を付け回すことになる。比較的新しい概念で、財政の中長期的な維持可能性を判断する基準として有効とされる。小泉政権はプライマリー・バランスの均衡を中期的目標として打ち出したが、政府予算は最近10年間赤字の状態が続いている（2001年度予算は11兆1400億円の赤字）。

フラウ　FRaU

㊗雑誌（講談社）。第2・4火曜発売。女性一般向け。フラウは、英語のミセスにあたるドイツ語。

ブラウザー　browser

インターネットのホームページを見るために

必要なソフトウエアのこと。インターネット・エクスプローラー（ＩＥ）や、ネットスケープ・コミュニケーター（ＮＣ）など。

プラウダ　Pravda

（商）ロシアの新聞社。コムソモリスカヤ・プラウダ紙を発行。共産党の機関紙としてレーニンやトロツキーらが創刊したが、ソ連崩壊後に独立紙となった。プラウダはロシア語で「真理」の意味。

フラクタル　fractal

各部分が全体の縮小図になっている自己相似的な図形。リアス式海岸や雲の形など、一部を拡大すると、また全体とよく似た形が現れるような、「入れ子」構造をした形。米国の数学者マンデルブロが提唱した幾何学理論で、ラテン語の「フラクタス」（不規則な断片）から作られた名称。

プラシーボ　placebo

偽薬。プラセボともいう。新薬の効果を判定するために使われる比較対照薬。乳糖や生理食塩水を薬だと言って患者に与えた結果を、新薬を投与した場合と比べ、実際に薬効があるかどうか調べるのに使われる。心理的な効果により偽薬でも治療効果が表れる場合があるため、それ以上に有意の効果が見られなければ、試験薬には薬としての価値がないと判定できる。

プラダ　PRADA

（商）皮革製品ブランド。１９１３年にマリオ・プラダがイタリア・ミラノで創業。当時の顧客層は上流階級中心だったが、マリオの孫娘、ミウッチャ・プラダの代に至り、カジュアル路線に展開。工業用ナイロン素材を用いたバッグが人気となる。現在では靴、レディースウエアなどの商品も展開している。

プラチナペーパー
人気歌手のコンサートやイベントに購入申し込みが殺到し、入手困難となる切符。プラチナは白金のことで、需要が多い割に希少なことから。

ブラックバス large-mouth bass
北米原産の淡水魚。ブラックバスは和製英語で、別名オオクチバス。1925年に箱根・芦ノ湖で放流されたが、近年はスポーツフィッシング（→p173）の流行とともに急速に各地で放流されている。食欲がおう盛で小魚などを食べることから、日本固有の在来種が減少するなど生態系に影響を与えているとされる。

ブラックボックス black box
航空機事故の原因解明のため、貨物室内などに設置されている音声記録装置（ボイスレコーダー）、飛行記録装置（フライトレコーダー）のこと。高熱や強い衝撃に耐える構造になっている。

ブラックマンデー Black Monday
暗黒の月曜日。1987年10月19日月曜日のニューヨーク株式市場株価の歴史的な大暴落をいう。それを受けて翌日の東京株式市場も空前の暴落に見舞われた。ダウ平均株価（→p188）の額で508ドル、率でいえば22・6%も下落した。

ブラックリスト blacklist
えんま帳。要注意人物の一覧表。（例）「違法行為を疑われる業者のブラックリストを監督官庁が作成した」

フラッシュオーバー flash over
建物火災で、密閉されたところに可燃性ガスが充満しているとき、そこに酸素が送り込まれると火が一気に燃え上がる現象。

フラッシュバック　flashback
映画の技法のひとつで、回想などのために過去の出来事を挿入すること。転じて、心理学用語として、犯罪被害者や麻薬中毒患者がふとしたきっかけで過去を思い出し、不安やパニック、孤独感などに襲われる症状を表す。

フラッシュメモリー　flash memory
ロム（ＲＯＭ）（↓p385）の種類のひとつ。電気的にデータの消去・書き換えが可能、電源を切ってもデータを保持できる、などの特徴があり、デジタルカメラなどで広く利用されている。

ブラッター（ゼップ・～、Sepp Blatter）
㊇国際サッカー連盟（ＦＩＦＡ）会長。スイス生まれ。スイス・アイスホッケー連盟事務総長、時計会社勤務などを経て、１９７５年にＦＩＦＡ入り。98年に第8代会長に就任。

ブラッディメリー　Bloody Mary
ウオツカ（↓p57）とトマトジュースを使った赤い色のカクテル。「血まみれのメリー」の意で、16世紀、多くのプロテスタントを処刑したイングランド女王メアリー1世にちなむ。

フラットスリー　flat-3 defense line
サッカーで、守備の最終ラインを横一列（フラット）に3人並べる防御方法。そのラインを上げ下げすることで相手の攻撃をコントロールする。日本代表のトルシエ監督が用いたもの。4バックよりも攻撃的な布陣といえるが、固定ポジションのため3人の間を相手フォワード（ＦＷ）に破られる危険性もあり、戦術としては賛否両論ある。

プラド美術館　Museo del Prado
スペイン・マドリードにある王室コレクションを基にした国立美術館。ゴヤやベラスケスなどスペインを代表する絵画を所蔵する。

ブラフ bluff

はったり。本当は困っているのだが、相手にそれをさとられないようにするため、さも裏づけがあって自信をもっているように装うこと。トランプゲームのポーカーは、かつてブラフと呼ばれていた。

フラワーアレンジメント flower arrangement

洋風生け花。花器に生けるだけでなく、季節の花を色や形を考えながら組み合わせ、ブーケ（花束）やコサージュ（花飾り）などの形にする。

フラン Fran

㊔チョコレート菓子（明治製菓）。高級イメージからの連想でフランス→フランと命名。

フランクフルト・アム・マイン Frankfurt am Main

㊞ドイツ西部の都市。「マイン川に沿ったフランク族（ゲルマン人）の渡し場」の意で、単に、フランクフルトとも。文豪ゲーテや金融財閥ロスチャイルド（独名ロートシルト）家を生んだ。現在は欧州統一通貨ユーロの番人「欧州中央銀行」（ＥＣＢ）の本部がある。

ブランソン（リチャード・～、Richard Branson）

㊟英バージン・グループ会長。若くしてバージン・レコードやバージン・アトランティックを設立するなど、英国の若手経営者として知られる。熱気球で大西洋横断に挑むなどチャレンジ精神にあふれる。

フリーエージェント（ＦＡ） free agent

プロ野球で、どのチームとも入団契約を結べる自由な立場にある選手。日本では１９９３年秋からＦＡ制度を採用。一軍登録（１年＝１５

0日以上）が9年（逆指名制度を用いた場合は10年）以上の選手は、希望するほかの球団と契約ができる。再FA資格は4年後。FA選手を獲得した球団は失った球団に、人的補償と旧年俸1年分の金銭的補償か、旧年俸の1・5倍の金銭的補償をすることが義務づけられている。どの球団とも契約が不成立の場合は、その選手は自由契約選手扱いになる。（アメリカ大リーグは6年で1度目の権利を取得できる）

フリーター

フリーアルバイターを略した造語で、1980年代後半につくられた。平成12年版「労働白書」によると、15～34歳のフリーターは、97年時点で151万人いると推定され、15年で3倍に増えている計算になる。バブル期には、組織に縛られず夢を追うこうした生き方に一定の評価を与える傾向もあったが、不況になってからは就職難のためフリーターを選ばざるを得ない若者も増えている。

ブリーダー　breeder

①犬、猫、その他、家畜などを飼育し増殖させる人。②増殖炉、増殖型原子炉。

フリーマーケット　flea market

のみ（蚤＝flea）の市。「自由市場（free）」の意味ではない。市民が公園などに不要品を持ち寄って格安で販売すること。オイルショック後、資源の有効利用が叫ばれたころから日本でも開かれるようになり、リサイクルブームにも乗って各地で盛んになった。多くの場合、売り手も買い手も一般市民なので、実利ばかりでなく、値切りの交渉や人との触れ合いなど娯楽的な要素もある。

フリーマン（キャシー・～、Cathy Freeman）

㊇豪陸上女子選手。1973年生まれ。アト

ランタ五輪でアボリジニ（→p25）初のメダリストに。シドニー五輪では開会式の最終聖火ランナーも務め、400㍍で金メダルを獲得した。

フリーライダー　free rider

ただ乗り。対価を払わずに利益だけを受け取る人。

プリウス　PRIUS

㊔車。セダン（トヨタ）。ラテン語で「～に先立って」を意味する語にちなんで命名。

ブリオ　BRIO

㊔月刊誌（光文社）。24日発売。男性向け。生活全般に関する記事を掲載。ブリオは、イタリア語で「活気・生気・快活」の意。

プリオン　prion

たんぱく質の一種。BSEやクロイツフェルト・ヤコブ病（→p121）などの病原体と考えられている。プリオンには正常型と異常型があり、異常型が体内に入ると、自らを鋳型にして正常型を次々と異常型にしてしまう性質を持つ。

プリクラ　Print Club

㊔写真シールがその場で出来る「プリント倶楽部」の略称。ゲーム機メーカーのセガ・エンタープライゼスとアトラスが1995年に共同開発、ゲームセンターなどに置かれ、300円で16枚のシールが出来る手ごろさが女子中、高校生を中心に受けて、爆発的なヒット商品となった。最近は一時のブームは下火になったが、プリクラ感覚で撮れるインスタントカメラが、プリクラ世代を中心に人気を集めている。

フリスキー　Friskies

㊔ペットフード（ネスレ）。語源は英語のfrisky（はねまわる、よくじゃれる、快活な）。猫が「明るく、元気に飛び跳ねてくれるように」という願いを込めて命名。現在ではドッグフー

ドも扱っている。

フリスビー　Frisbee

㊕空中に水平に投げて飛距離や的当てを競うプラスチック製の円盤。フリスビーは商標名で、一般名称としてはフライングディスクという。米国コネティカット州にあった製菓会社フリスビーのパイ皿で大学生が遊んだのが始まりという。

ブリッジバンク　bridge bank

つなぎ銀行。金融機関が破たんした場合、受け皿となる金融機関が見つかるまで、業務を継続するためにつなぎ（橋渡し）役を果たす銀行。金融機関が破たんすると金融整理管財人が派遣され、他との合併や譲渡の可能性を探るが、引き合いがない場合はブリッジバンクである新銀行に移行するか、清算される。

プリッツ　PRETZ

㊕菓子（江崎グリコ）。1962年発売。ビールの本場ドイツでおつまみとして親しまれているプレッツェルという菓子をヒントに開発された。プリッツの名もここに由来。最初はおつまみ用として塩味の淡白な味付けだった。おやつ用の甘い味付けのバタープリッツの発売は翌年。

プリペイド　prepaid

代金前払い。「プリ」は、「あらかじめ」「以前の」という意味の接頭辞。「プリペイドカード」＝代金前払いの磁気カード。公衆電話・券売機などで現金同様に使える。小銭を持ち歩かなくても済むので便利な反面、偽造品も多く作られており、クレジットカード、キャッシュカードに加え、プリペイドカードの偽造やその所持を処罰する改正刑法が2001年成立している。「プリペイド式携帯電話」＝コンビニエンストアなどで携帯電話の端末とプリペイドカードを購入し、登録することで簡単に使用できる携帯電話。

プリミティブ　primitive

原始的な、未開の。ラテン語の「最初の」に由来する。「プリミティブアート」は、原始人や未開民族によって描かれた壁画や彫刻、また、それらに影響を受けた現代の造形美術のこと。

ブリュッセル　Bruxelles

㊞ベルギーの首都。ブルク（湿地）とセレ（定住地）で「湿地の定住地」の意。欧州連合（EU）や北大西洋条約機構（NATO）の本部がある。

プリンス・スルタン空軍基地　Prince Sultan Air Base

サウジアラビアの首都リヤド郊外にある空軍基地。1990年代後半以降、湾岸戦争以後同国に駐留する米軍の拠点となり、米同時テロの首謀者とされるウサマ・ビンラーディンらは、イスラム教の聖地を抱える同国への米軍駐留は異教徒による占領だとして、強く反発していた。

ブルーダイヤ

㊔衣料用洗剤（ライオン）。青い（ブルー）粒を配合した混合型の洗剤で、効果として真っ白（ダイヤ）になるという意味を込めて命名。

ブルートゥース　Bluetooth

ケーブルを使わず近距離でデータをやりとりする無線通信規格。「ブルートゥース」とは、10世紀にデンマークとノルウェーを統一したバイキング王の名前で、あらゆるデジタル機器同士を見えないネットワークで結び一体化するとのイメージから名付けられた。

ブルーマウンテン　Blue Mountain

コーヒーの一品種。西インド諸島にあるジャマイカ島のブルーマウンテンという山の高地で採れるものをいう。

プルーラリズム　pluralism

多元主義。対立する問題点について、しいて意見の一致を図らず、いろいろな考え方があることを認めること。プルーラルは、「複数（の）」の意味。

ブルーリボン　blue ribbon

一等賞。最高賞。イギリスのガーター勲爵士がつける栄誉のしるしのリボンが青色だったことからきている。日本では、在京のスポーツ紙の映画担当記者が選出する映画賞や、鉄道友の会が選定する優秀車両に贈る賞に「ブルーリボン賞」の名が付けられている。

ブルカ　burka

イスラム女性の着る伝統的衣装。全身をすっぽり覆う黒や紺の服。アフガニスタンを実効支配していたタリバン（↓p193）は女性に対し着用することを強制していた。アラビア語でベールを意味するブルクーに由来。ヒジャーブとも。農村部では簡略化され、頭部だけを布で覆うことが多い。

ブルガリ　BVLGARI

㊍高級宝飾品ブランド。1884年にイタリア・ローマで創業。1977年に発売された最初の腕時計シリーズ「ブルガリ・ブルガリ」が、その洗練されたデザインから人気を博し、一挙に時計ブランドとしての知名度が上がった。バッグ、スカーフ、そして磁器などにも商品を拡大している。

ブルガリア　Bulgaria

㊞ブルガリ人の国の意で、ブルガリとは「ボルガ川から来た人」を意味する。1946年王政が廃止され、共産党の一党独裁国家に。90年

に独裁が放棄され、大統領制を採用。2001年、元国王のシメオン2世が首相に就任、国政の最高指導者に返り咲いた。首都ソフィア。

プルコギ　burgogi

韓国風すき焼き。牛肉をたれにつけ、野菜などと一緒に網や鉄板で焼く。

プルサーマル　plutonium thermal

プルトニウムを含んだ核燃料を通常の軽水炉（熱中性子炉＝サーマルリアクター）で使う方式で、使用済み核燃料中のプルトニウムを再処理して取り出し、ウランと混ぜた混合酸化物（MO_x）燃料にして使う。2001年5月、東京電力柏崎刈羽原子力発電所でのプルサーマル計画を巡り地元の新潟県刈羽村で行われた住民投票では、反対が過半数をしめ、プルサーマル計画は暗礁に乗り上げた形になった。

ブルックス・ブラザーズ　Brooks Brothers

(商)アメリカの伝統的なファッションブランド。1818年、ヘンリー・サンズ・ブルックスが英国の紳士ファッションに影響を受け、創業した。リンカーン、ルーズベルトなどの歴代大統領や、映画俳優などにもファンが多い。通称ボタンダウンと呼ばれる襟がボタンどめになっているポロカラーを考案した。現在では婦人衣料なども扱っている。

ブルネイ　Brunei

(地)東南アジア、カリマンタン島の北東部にある国。正式名称は、ブルネイ・ダルサラーム国。面積約5770平方キロ（三重県とほぼ同じ）、人口約30万。1984年英国から独立した。石油や天然ガスなどのエネルギー資源が豊富で財政が潤い、所得税はなく、教育・医療も無料。首都バンダルスリブガワン。

フルフェース　full face

フルフェースヘルメットの略。オートバイや自動車レース用の、顔をすっかり覆い、目だけ出るようにしたヘルメット。フルフェース姿の強盗が頻発したことから、フルフェース着用での入店を拒否する深夜ストアなども多い。

ブルマー　bloomers

女子学生用運動着。ブルーマ、ブルーマーとも。19世紀、アメリカで女性の権利擁護を訴えたアメリア・J・ブルマーが、女性をスカートから解放しようと考案したと伝えられる。20世紀になって、女性用の運動着として使われるようになり、日本でも長年、女子小中高生が着用してきたが、肌の露出部分が多く、嫌がる児童・生徒が多いこともあり、現在はすその長めの短パンに変える学校も多くなっている。

ブレア（トニー・～、Tony Blair）

(人)イギリス首相。労働党党首。１９５３年生まれ。97年に18年ぶりに保守党から政権を奪回。第四子が生まれた際、「産休」を取って話題になった。

ブレーク　break

①休憩、休止。②爆発的に人気が出て流行すること。③ボクシングで相手に抱きついて防御するクリンチ状態になった選手が離れること。両者を離すためにレフェリーが発する命令。④ビリヤードで競技を開始する際に、台上にまとめた的玉を手玉で打ち散らすこと。⑤サービスブレークの略。テニスで相手のサービスゲームを奪うこと。

フレーバー　flavor

口に入れたときに感じる特有の風味、香り。「フレーバーティー」は、ハーブなどで香りをつけた紅茶。

ブレーン　brain

脳。頭脳。知能。優秀な人材。ブレーントラストの略として、大統領、首相など政治家や政府の政策、企業の経営などについて助言を与え、相談相手となる組織や個人。

プレサージュ Presage

㊒車。ミニバン（日産）。フランス語で「予感」を意味する語にちなんで命名。

プレジャーボート pleasure boat

沿岸を巡航したり釣りを楽しんだりするための小型船舶を指し、モーターボート、ヨット、水上オートバイなども含まれる。プレジャーとは楽しみ、娯楽という意。バブル期のマリンレジャーブームで、所有者、愛好家が急増、プレジャーボートの数も20年前の3倍の45万隻に増え、免許保有者は200万人といわれる。それに伴い、ボートの不法係留や騒音などの苦情が多発している。

プレステ Play Station

㊒プレイステーションの略。16ビット機の世界標準となったスーパーファミコン（任天堂）を基準に、その次世代機といわれた32ビットの家庭用テレビゲーム機の事実上の世界標準機（ソニー・コンピュータエンタテインメント製）。もともとはスーパーファミコン用のCD－ROMドライブとして開発されたが、任天堂とソニーの提携が白紙になったために単体で発売されることになった経緯がある。

プレステ2 Play Station 2

㊒プレイステーション2の略。32ビット機の世界標準となったプレステの後継となる128ビット機。描画能力は一般的なパソコンを上回り、スーパーコンピューター並みの演算能力をもつとされる。DVD－ROMドライブを装備し、情報家電の中枢となるようソニーグループ

が発表した「世界戦略機」。前世代のプレステのソフトも使えるのも特徴。もはやテレビゲーム機はハイテクの塊となっており、プレステ2を買おうとしたイラクが品切れのため初代プレステを大量に買い付けるという事件も起こった。

プレゼンテーション presentation

プレゼンと略される。発表。紹介。披露。特に、広告代理店が商品の広告企画などをクライアント（注文主）にアピールし、自分たちのアイデアを採用してもらうために働きかけること、また、その発表の場（機会）をいう。複数の社にプレゼンをさせて優劣を競わせる「コンペ（コンペティション）」の形をとることもある。

【フ】

フレックスタイム flextime

出退社時間自由裁量制度。コアタイム（必ず会社内で働く時間帯）とフレキシブルタイム（いつ出退社してもいい時間帯）を設けるところが多い。通勤ラッシュの緩和、社員の士気の向上などを目的に導入する企業が増えているが、残業手当を実質的にカットするサービス残業を招いている実態もある。

プレマシー PREMACY

㊫車。ミニバン（マツダ）。英語のシュプレマシー（至上、至高）をもとに造語した。

プレミアム premium

規定の金額に上積みされる割増金。おまけ。プレミアとも。「プレミアムセール」＝景品つきの販売。「プレミアムビール」＝原材料などを厳選して造ったビールのこと。「ジャパンプレミアム」＝日本の銀行が海外から資金調達をする際に上乗せされる金利。日本の金融システムに対する不信から上昇傾向にある。

プレミアリーグ Premier League

サッカーのイングランド・リーグの最高峰。

アーセナル、マンチェスター・ユナイテッド（→p325）、リバプールなど20チームで構成。プレミアリーグの下に1～3部リーグ（各部とも24チーム）がある。

ブレンディ　Blendy

(商)コーヒー（味の素ゼネラルフーヅ）。おいしいブレンドのインスタントコーヒーという意味で命名。

ブロイ　Bräu

(商)ビール（サッポロビール）。「ブロイ」はドイツ語で「醸造したもの」の意味。今までの発泡酒にない本格的味わいを求め、時間と手間をかけた証として命名。

ブローカー　broker

株などの仲買人、仲介者。しばしば、麻薬ブローカー、臓器密売ブローカーなど犯罪の仲介者として使われることが多いため、いかがわしいイメージを持つ人もいるが、この言葉自体に悪い意味はない。

プローディ（ロマーノ・～、Romano Prodi）

(人)欧州委員会委員長。元イタリア首相。1939年生まれ。欧州委員会は欧州連合（EU）の執行機関。

ブロードウェー　Broadway

米ニューヨーク・マンハッタンの41丁目から53丁目周辺の劇場街。アメリカのミュージカルの中心地。商業的・大衆的なブロードウェーに対し、実験的・前衛的な「オフ・ブロードウェー」がある。

ブロードバンド　broadband

いっぺんに大量のデータのやり取りができる通信手段。現在では、光ファイバーやADSL（非対称デジタル加入者回線）、CATV（ケーブルテレビ）などによる通信網を指す。モデムやＩＳＤＮ（総合デジタル通信網）を使ったこれまでの通信網では難しかった音楽や映像などの大量のデータを容易にやり取りすることが可能。

フローリスト　FLORIST

㊔月刊誌（誠文堂新光社）。８日発売。園芸関係の記事を掲載。

フローリング　flooring

住宅の床用の板材。一般に板敷きの床のことを指す。英語としては、単に、「床張り」の意味。

プロクルステスの寝台　Procrustean bed

主義や制度を無理やり押し付けることのたとえ。プロクルステスはギリシャの伝説に出てくる強盗で、旅人を捕まえて鉄製の寝台に寝かせ、寝台と同じ長さになるように、引き伸ばしたり、切って縮めたりしたという。杓子定規、牽強付会と類義。

プログレ　PROGRES

㊔車。セダン（トヨタ）。フランス語で「進歩」「進取」を意味する語にちなんで命名。

プロジェクトチーム　project team

実行計画班。プロジェクトは「計画」の意味。企業や官庁などで、新規の企画・計画を行う際、いろいろな部署からその仕事に適した能力を持つ人員を集め、組織化するもの。

プロセス　process

過程。手順。ラテン語で「前に進む」を意味する言葉が語源。「プロセスチーズ」＝異なるナチュラルチーズを混ぜ乳化剤を加え、加熱、溶解、再成形という過程を経て作ったチーズ。「プロセス神学」＝世界や経験を静的なものでなく、創造的過程ととらえるイギリスの哲学者、ホワイトヘッドの思想。「プロセッサー」＝

「プロセスするもの」の意味で、コンピューターの演算処理装置、食材を素早く切ったり、砕いたりする調理器具（フードプロセッサー）などを指す。

フロッピー　floppy

フロッピー・ディスクの略。薄い円盤状をした、コンピューターの外部記憶装置。記憶容量はふつう約1・4メガ・バイトと少ないが、持ち運びの容易さ、価格の安さなどから、日常的なデータのやり取りなどで広く利用されている。フロッピーは英語で「薄っぺらの」という意味。

プロテイン　protein（ドイツ語）

たんぱく質。筋肉の生成・強化に役立つよう、大豆などを原料にたんぱく質を抽出した食品。栄養補助食品として、スポーツ選手や若者の間で人気が高まっている。

プロトコル　protocol

①外交上の儀礼。議定書。②コンピューター同士がネットワークを利用してデータ通信を行うときに、必要となる決め事。インターネット上で通信を行う際の標準となっているのがTCP／IPというプロトコルで、ホームページを見るときに使われるHTTPというプロトコルは、これをベースとしている。

プロパー　proper

専門家。専門の。生え抜きの職員。「販売プロパー」など、その道の専門職の意味で使うことが多い。販売店回りの営業マンを指して使われることも。また、「プロパー・プライス（定価）」の略として、流通・服飾業界で用いられる。

プロバイダー　provider

インターネット・プロバイダーなどとも呼ばれる。電話回線などを通じて、家庭のコンピューターとインターネットを接続することを業とする組織。日本で、プロバイダーによる商用インターネットサービスが始まったのは1992年11月のことで、それまでは、学術・研究目的で使われていた。

フロリダ州　Florida

㊞アメリカ南部フロリダ半島の州。マイアミなど観光・リゾート地が多い。大統領選における大票田だが、民主、共和両党の支持者が入り乱れ、選挙のたびに支持者が変わるため、スイング・ステートとも呼ばれる。2000年米大統領選挙の際には、同州の開票作業の混乱で勝敗が最後までもつれた。州都タラハシー。

プロローグ　prologue

序幕。劇の開幕に先立って、粗筋を説明したり、劇の展開を暗示する芝居をしたりする。オペラ、バレエ、多楽章楽曲の独立した序の部分や、文学作品の冒頭部分も指す。また、一般的に、事件などの前ぶれや発端をいうのにも使う。ギリシャ語で「前の言葉」を意味する言葉に由来。反対語は「エピローグ」。

フロンガス　flon gas

電気冷蔵庫の冷媒、半導体の洗浄、缶入りスプレーの噴霧剤などに使われた気体。不燃、無毒、金属を腐食させないなど便利な特性をもつため広く用いられた。しかし、オゾン層を破壊し、その結果、皮膚がんの発生率が高まるという警告が出され、先進国では原則として全廃され、代替品が使われている。フロンガスは略称で、正式にはクロロフルオロカーボン、問題となっているのはその中のジクロロジフルオロメタン。オゾン層の破壊を指摘したシャーウッド・ローランド、マリオ・モリーナ両教授は1995年、ノーベル化学賞を受賞した。

ブンデスリーガ Bundesliga
ドイツのサッカーリーグ。1963年創設。18チームにより構成されている。このうち、バイエルン・ミュンヘンは、2001年時点で優勝17回と他を圧倒している。

へ

ペイオフ payoff
金融機関などが破たんしたとき、預金者保護のため、払い戻し額を一定額におさえる制度。預金の元本や利息は全額が保護されるわけではなく、払い戻し保証額は原則元本1000万円と利息。制度自体は以前より創設されていたが、一度も発動はされないまま、1996年に実施が凍結されたが、2002年4月一部凍結解除された。

ベイブレード BEY BLADE
(商)伝統的玩具であるベイゴマを現代風に改良したもの。ベイゴマで戦いを繰り広げる少年マンガの連載にあわせ、タカラが発売した。プラスチック製の高さ3セン、直径6センほどの円盤形で、5つの部品を組み合わせて自由に改造できる。同マンガがテレビアニメ化されたのをきっかけに、小学生の間で爆発的な人気を呼んだ。

ベイルート Beirut
(地)地中海沿岸・中東レバノンの首都。紀元前からフェニキア人の港湾都市。「中東のパリ」と呼ばれ繁栄した商業・金融都市は、度重なる内戦やイスラエル軍による侵攻などで大きく荒廃した。1991年、全民兵組織がベイルートを退去し、内戦終結。

ベーカー（ハワード・～、Howard Baker）
(人)駐日米大使（2001年7月～）。1925年生まれ。67年から3期18年間上院議員を務め、77年から85年まで議会運営を取り仕切る共和党上院院内総務として活躍した。ナンシー・カッセボーム夫人も元上院議員。

ベーグル　bagel

　やや硬めのリング状のパン。もともとはイディッシュ語で「馬のあぶみ」が語源とされている。バターなどの動物性脂肪を一切加えない低カロリーが特徴。東欧のユダヤ人社会に広まり、19世紀後半にはアメリカに上陸、独特の風味と歯ごたえがあり、朝食などに好んで食べられるようになった。

ページェント　pageant

　野外劇。本をめくるように場面が展開していくところから、本の「ページ」に由来するともいわれる。中世イギリスで始まった宗教劇の一種で、都市の発達とともに民衆の祝祭の要素を濃くした。日本でも、大正時代、坪内逍遥が「公共劇」と訳して試みたことがある。現代では、「約4万個のイルミネーションが飾られ、光のページェントが始まった」など、オリンピック開会式など記念式典や花火大会といった大規模な野外の催しを指しても使われる。

ベースアップ　base up

　賃上げを意味する和製英語。略してベアともいう。戦後、労働組合の賃上げ要求が主として平均賃金水準を内容とするベースに基づいて交渉されることとなり、ベースアップと呼ばれるようになった。

ペーズリー　paisley

　勾玉の形の植物模様、また、その模様を織り込んだ毛織物。産地として知られたイギリス・スコットランドのグラスゴー西方の都市の名にちなむ。模様の由来は、松ぼっくりやマンゴー、カシミール地方の糸杉、やしの葉など諸説がある。

【へ】

ペーソス　pathos

哀感。哀愁。ギリシャ語の「パトス」の英語読み。受動的・一時的な情念を指し、能動的・理性的なロゴス、持続的な慣習を表すエートスと対比される。元来は、苦悩や激情といった意味合いも持つが、一般的には、「サラリーマンを巡るペーソスがしんみりと伝わってくる」など、そこはかとないもの悲しさ、寂しさをいうのに使われる。

ベオグラード　Beograd

(地)ユーゴスラビアの首都であり、連邦を構成するセルビア共和国の首都。ドナウ川とサバ川が合流するところに位置。ベオ（白い）とグラード（町）で「白い町」の意。1999年の北大西洋条約機構（NATO）によるユーゴ空爆では5月7日、当地の中国大使館が誤爆された。

ヘクトパスカル　hecto-pascal（hPa）

気圧を表す単位。「人間は考える葦である」で有名なフランスの哲学、物理学、数学者のB・パスカルの名前から。ヘクトは100倍を表す。国際単位系の採用により、日本でも1992年から従来のミリバールに代わってヘクトパスカルを使うようになったが、1ミリバール＝1ヘクトパスカルなので、変更による混乱は少なかった。

ベシャメルソース　béchamel sauce（フランス語）

小麦粉とバターをいため、牛乳を加えてつくるソース。ルイ14世の給仕長だったフランスのベシャメル侯爵が考案したことに由来する。

ペシャワル　Peshawar

(地)パキスタン北西部の都市。「国境の町」の意。西のカイバル峠を越えるとアフガニスタン。

古代より交通・交易・軍事の要路。紀元2世紀クシャーナ朝の都となり、ガンダーラ仏教美術が栄え、現在も遺跡が残る。隣国アフガンの内戦により大量の難民が流入している。

ペタンク　pétanque（フランス語）

フランスで人気のあるボールゲーム。木製の小さな目標球（ビュット）に向かって鉄製のボールを投げ、相手より近づけることによって得点を競うゲーム。ボールは投げても転がしてもかまわない。相手のボールをはじき出したり、ビュットそのものを動かしたりしてもよい。起源は紀元前のローマ時代。現在の形式は1910年ごろに南フランス・プロバンス地方でつくられたとされる。

【へ】

ヘッジファンド　hedge fund

特定の大口投資家から資金を集めて、その資金を世界中の株式、為替、先物などで運用し収益を追求するファンド（基金）。ヘッジとは「危険を回避する」意味で、もともとは「危険を回避する」投資手法（リスクヘッジ）のファンド」としての色合いが強かったが、今では投機的な性格を持つ。大規模な資金を使ってしばしばリスクの高い運用を行い、各国の市場の相場に影響を与えることもある。

ペットボトル　PET bottle

ペットはポリエチレンテレフタレートの略。軽くて割れにくいので、清涼飲料水などの容器として普及した。ペットボトルの樹脂はポリエステル繊維の原料になるため、衣料品やカーテン、果物のパックなどにリサイクルされている。リサイクルを促進するため、2002年度からすべて無色透明に。

ペットロス　pet loss

ペットを失った悲しみからなかなか立ち直れ

ない状態。ペットを家族の一員として扱い、濃密にかかわってきた結果、ペットの死亡などによる喪失感に耐えられないことをいう。アメリカでは、すでに社会問題としてとらえられ、研究やカウンセリングが進んでいる。

ペナントレース pennant race

優勝旗争奪戦。プロ野球で、セ・リーグ、パ・リーグの各6球団が総当たり制で優勝を争うリーグ戦のこと。ペナントは優勝旗の意味。約30年間、1チーム年間130試合制で行ってきたが、1997年から5試合増えて年間135試合となり、2002年現在、年間140試合。ペナントレースを制したセ、パ両リーグの2球団は、7回戦制の日本シリーズで日本一を争う。

ペプシコ PepsiCo

(企)アメリカの飲料大手。コーラ飲料などのソフトドリンクやスナックは世界有数の規模。1898年米の薬剤師が調合した消化不良の治療薬がペプシコーラのルーツ。コーラのほかにオレンジジュースや紅茶、スポーツ飲料などの各種ブランドを持つ。

ベラルーシ Belarus

(地)バルト三国の南、ポーランドの東に位置する国。1991年ソ連から独立。地名はベラ(白い)ルス(ロシア)の意で、13世紀モンゴルの支配を受けなかった「自由で純粋なロシア人」に由来する。首都ミンスク。

ヘルス health

心身が健康・健全である状態。「健康の」「健康的な」といった意味で様々な複合語を作る。「ヘルスセンター」=保養娯楽施設。ただし、英語では「ヘルスセンター」は保健所や医療施設のことで、保養娯楽施設の意味では、レクリエーションセンター、アミューズメントセンターという。「ヘルスクラブ」＝健康維持・増進のためのスポーツセンター。「ヘルスメーター」＝体重計。「ヘルスケア」＝健康管理。

ベルルスコーニ（シルビオ・～、Silvio Berlusconi）

(人)イタリア首相。1936年生まれ。若いころから商才を発揮しイタリア随一の富を築いた。94年に首相を務めていたときは贈賄疑惑などで総辞職に追い込まれている。ACミラン（→p60）のオーナー。

ペレス（シモン・～、Shimon Peres）

(人)イスラエル外相。元首相・労働党党首。1923年生まれ。2001年、リクードとの連立政権で現職。「中東和平に尽力した」として94年、ラビン・イスラエル首相、アラファトPLO議長とともにノーベル平和賞を受賞した。

ヘンケル HENCKELS

(商)包丁などの刃物製品ブランド。刃物の町として知られるドイツのゾーリンゲン市を代表するメーカー。1731年、ペーター・ヘンケルによって創業された。ナイフ、はさみ、台所用刃物類などを製造。

ペンシルビル pencil building

都市部に多い、鉛筆のように細い形状の小型雑居ビル。密閉構造や防火対策の遅れなど、従来、火災が起きた場合の危険性が指摘されていたが、2001年9月、東京・新宿の歌舞伎町で、地下2階、地上4階建て、建築面積83平方メートルの典型的なペンシルビルで火災が発生、死者44人を出す惨事となった。

ペンタゴン Pentagon

米国防総省の通称。バージニア州アーリントンにある建物が五角形（ペンタゴン）となっているところから。2001年9月に起こった同時テロでは、乗っ取られた旅客機が建物に突入、職員や乗客など多くの死者が出ている。

ベンチマーク bench mark

判断や判定の際の基準、尺度。測量における、高低測定の水準点。

ベンチャービジネス venture business

「新しい技術やアイデアを活用して行う新分野の事業やその企業」という意味の和製英語。新しい事業を行うベンチャー（冒険）から派生した言葉。単に、「ベンチャー」ともいう。コンピューターソフトのマイクロソフト社（→p316）のようにベンチャーで始めて、世界を代表する企業になった例は多い。また、リスクが大きいベンチャービジネスに投資する企業を「ベンチャーキャピタル」という。

ペンディング pending

保留。結論を出さずにいること。「ぶら下がっている」という意味で、ペンダントと同じ語源。

ホ

ボイコット boycott

排斥すること。組織的に特定商品を買わなかったり取引をやめたりすること。共同放棄。共同不参加。19世紀、アイルランドで小作人から排斥を受けた地主の差配人チャールズ・C・ボイコットの名にちなむ。

ボイス VOICE

①声、音声。「ボイスレコーダー」＝飛行機の操縦室に設けられた音声録音装置。事故などが起こった際に原因を調査するため回収し分析する。②㊇月刊誌（PHP研究所）。10日発売。男性向け総合誌。

ボーイング　Boeing

㊎アメリカの航空機メーカーで世界シェアはトップクラス。最初のジャンボジェット機であるボーイング747などのシリーズで知られる。衛星打ち上げロケット、スペースシャトルなど宇宙産業にも力を入れている。

ボージョレ・ヌーボー　Beaujolais Nouveau

ボージョレ産の新赤ワイン。ボージョレはフランス南東部のワインの産地。毎年11月第3木曜日が解禁日で、時差の関係で日本は欧米よりも早く味わうことができる。

ボーダーレス　borderless

境界がない。国境がない。様々なジャンルの垣根を取り払った状態。（例）「クラシックとポピュラー音楽の融合など音楽の世界でもボーダーレス化が進んでいる」

【ホ】

ポータビリティー　portability

持ち運びが可能であること。可搬性。また、企業年金制度において、掛け金などの自らの年金原資が、転職先に移管されることによって、転職後も確保されること。

ボーダフォン・グループ　Vodafone Group

㊎イギリスの携帯電話運営の世界最大手。アメリカのエアタッチやドイツの通信大手マンネスマンを買収、欧米大陸にも進出し、日本も含めた携帯電話の世界的な再編にかかわる。社名はボイス（音声）、データをやり取りできるフォン（電話）の合成。

ホーチミン　Ho Chi Minh

㊞ベトナム南部の特別市。フランスによる植民地支配の拠点サイゴンとして発展、1954年南北分裂後、南ベトナムの首都に。ベトナム戦争を経て76年の南北再統一とともに、北ベトナム初代大統領ホーチミンの名を取って改称さ

れた。

ホーム・アンド・アウエー　home and away
　サッカーで、対戦するチーム同士が互いの本拠地で交互に試合をする方式。「ホーム」は自分のチームのサッカー場がある本拠地、「アウエー」は相手チームの本拠地。自分の本拠地で行う方が、慣れた芝の状態、サポーターの数など有利な条件が多いため、平等を期す観点から採用される。

ホームシアター　home theater
　㊄大型モニターやスクリーン、プロジェクター（映像をスクリーンに投射する装置）といった映像機器、アンプ、スピーカーといった音声機器をそろえた空間をつくり、家庭で映画などを楽しむこと。機器の低価格化や、画質の良いDVD（デジタル多用途ディスク）の普及などが追い風となっている。なお、「ホームシアター」の名称はもともと、富士通ゼネラル社の登録商標だったが、1999年に無償開放されたもの。

ホームバンキング　home banking
　対応するソフトウエアを組み込んだパソコンや端末と、専用の通信回線を利用することによって、家にいながらにして、振り替え、振り込み、残高照会などの各種銀行取引を行うサービス、およびそのシステム。同種のものとして、専用装置・回線の代わりにパソコンとインターネットを利用する「インターネットバンキング」、一般の電話でプッシュホン操作やオペレーターによる応答で取引を行う「テレホンバンキング」などがある。

ホームページ　home page
　一般に、インターネット上でブラウザー（↓p280）を使って見ることの出来る、ひとまとまりのページの集合を指す。その集合の入り口・表紙に当たる「トップ・ページ」をこう呼ぶこともある。ワールド・ワイド・ウェブ（↓p55）という仕組みが使われているため、ウェブサイト、あるいは単にサイト（↓p138）とも呼ばれる。

ホームヘルパー　home helper

老人や病人、障害者などを介護するため、自治体などから派遣される人を指す和製英語。英語ではホームヘルプという。各家庭を巡回し、介護にあたる。介護保険導入に伴い研修制度ができ、1級から3級までの資格が認定されるようになった。

ホールディングカンパニー　holding company

持ち株会社。地域通信や各種通信会社を持つNTTなどがこれに当たる。ホールディングは保持、保有、持つこと。自らは事業を行わず、株式を持つことで傘下の企業を保有し、その経営支配や計画立案をする会社。銀行や証券会社が設立する場合は金融持ち株会社と呼ばれ、経営統合を行った「みずほホールディングス」などがある。持ち株会社の利点は、傘下の各企業が個別の業務に専念できて経営の効率化が図れ、責任の所在が明確になることにある。戦後の日本では独占禁止法で持ち株会社が禁止されていたが、国際競争するうえで不利との理由から1997年に解禁された。

ポールポジション　pole position

自動車レースで、予選で1位になった車が決勝レースでスタートするときの位置のこと。スタート時にはふつうコース上に縦に2列に並ぶが、このとき最も有利な、第1コーナーに対して外側の先頭のポジションを指す（第1コーナーまでの距離が短いときは内側になることもある)。ポールポジションを獲得したドライバーは「ポールシッター」という。

ポカリスエット POCARISWEAT

(商)飲料（大塚製薬）。発汗時の水分補給を目的とする飲料で、スエットは英語で汗。ポカリは明るくさわやかな響きのいい音ということで特別な意味はない。

ポケットボードパレ

(商)携帯情報端末（NTTドコモ）。パレはフランス語で、平たい石という意味で使われ、商品の形が絵の具のパレットにも似ていることから命名。

ポケモン Pokemon（Pocket Monster）

(商)任天堂の携帯用コンピューターゲームソフトのキャラクター「ポケットモンスター」の略称。ピカチュウ、ミュウなどの名前がつけられ、攻撃力や弱点など細かく設定されている。アニメ化もされ、ぬいぐるみなどのキャラクター商品やポケモンカードも驚異的な売り上げを記録。ブームはアメリカなど海外へも飛び火した。

ボゴタ Bogota

(地)コロンビアの首都、標高2600メートルに位置。1991年サンタフェデボゴタに改称したが、名前が長く不便だという意見が出て、2000年に元に戻された。ボゴタはインディオの族長名とされる。ちなみにサンタフェは「聖なる信仰」の意。

ポスティングシステム posting system

米大リーグ入りを希望する日本のプロ野球選手が所属球団の承認を得て海外移籍する際の入札制度。1998年に日米間で締結された。移籍希望が認められた選手に対し、獲得を希望する米球団は、日本の所属球団に支払う「移籍金」をポスティング（入札）にかけ、最高額で落札した球団が独占的交渉権を獲得する。選手との交渉が不成立に終われば、「移籍金」の支払い義務も消滅する。2000年のシーズンオフに日本人選手で初めてこの制度で海外移籍したイチローの場合、最高額で入札したシアトル・マリナーズから約14億円がオリックスに支払われた。

ポスト　post

「～以後」「～の次」といった意味を表す接頭語。反対語はプレ（～以前）。ポストモダン（脱近代主義）などのほか、ポスト構造主義、ポスト冷戦後といった和製語も多い。また有力者の名前の前につけて次期の人選を話題にする用法も目立つ。

ポストハーベスト　postharvest application

ポストは「――後の」、ハーベストは「収穫」で、もともとは「収穫後」「収穫以降」の意味。収穫された農産物の品質を保持するためになされる農薬使用や放射線照射などの処理をこう称することが多い。日本では、主に果物や野菜といった輸入農産物に使われるポストハーベスト農薬の残留が問題視されている。

ポストプレー　post play

サッカーで、攻撃時にフォワード（ＦＷ）にいったんボールを預け、そこを起点に展開していくプレー。バスケットボールなどでも使われる。

ホスピス　hospice

死期の迫った患者を収容し、延命よりも安らかに残りの人生を送れるよう、病苦をやわらげ慰安をほどこす施設。欧米では古くからあったが、日本でも生命の尊厳を重視する考えが広まるにつれ徐々に設置され、年間約6000人がケアを受けている。ホスピスのもとの意味は、修道院などが運営する巡礼者などの旅人を泊める施設。

【ホ】

ポッキー Pocky

㊢菓子（江崎グリコ）。1966年発売。「ポッキン」という食べるときの音に由来。ヨーロッパでは、MIKADOの名で販売されている（発売は1982年）。ヨーロッパでは細い竹の棒を使って遊ぶ「ミカドゲーム」というポピュラーなゲームがあり、この竹の棒とポッキーの形状が似ているので名づけられた。「ミカドゲーム」は、細い棒を山状にランダムに積み上げ、山を崩さないように棒を1本ずつ取っていく遊び。

ホットライン hot line

緊急非常用の直通電話。特に二つの国の首脳間を結ぶ緊急連絡用の直通電話を指す。ボタン一つで核戦争が勃発し、人類が消滅する危険があった冷戦時代の1963年に、偶発的核戦争を防止するため米国とソ連の最高首脳間に開設された直通電話線が有名。また緊急電話質問サービス、電話身の上相談などでホットラインという名称が使われる。

ポップアート pop art

1960年代のアメリカで流行に火がつき、大衆文化に大きな影響を与えた絵画。50年代にイギリスで生み出された大衆的な芸術（ポピュラーアート）を短縮して生まれた言葉という。キャンベルスープ缶のポスターなどで知られるアンディー・ウォーホルや、コミックの一こまのような画面を描いたロイ・リキテンスタイン、ニューヨークの地下鉄の落書きから創作活動を始めたキース・ヘリングなどがその代表的な作家。

ボツリヌス菌 botulinum

食中毒の原因となる強い毒素を持つ病原菌。ボツリヌスはラテン語で「ソーセージ」の意味で、ソーセージ（腸詰）や缶詰などから発生することが多かったことから、腸詰菌とも呼ばれる。破傷風菌と並んで地球上最強の毒素を持ち、きわめて死亡率が高い。世界的に禁止されている生物兵器でもあるが、オウム真理教はこれを散布することを計画していたという。熱に対する抵抗力は弱い。

ポトマック公園 Potomac Park

米ワシントン市のポトマック河畔にある公園。公園を彩る桜は、東京・荒川堤に明治初期に植えられた桜が明治末期、当時の尾崎行雄・東京市長により日米友好を願って送られ植樹されたもの。1996年、ポトマック川と東京・荒川が「姉妹河川」に。

【ホ】

ポピュリズム populism

大衆迎合。カリスマ（→p97）的な指導者が経済合理性より大衆受けを重視した政策で大衆の人気に頼って権力を握ること。または、一部の特権階級ではなく、労働者・農民など一般大衆の要求と支持に基づく政治・社会運動をいう。歴史的には19世紀末のアメリカの第三政党・人民党（ポピュリスト党）の運動や20世紀中葉の中南米の民族主義的政治運動などが挙げられる。

ボブスレー bobsleigh／bobsled

ハンドルやブレーキのついた鋼鉄製のそりに乗って、凍結したコースを滑走し、タイムを競う競技。2人乗りと4人乗りの2種目がある。スタート直後は、選手が全力で走ってそりを押し、スピードが乗ったところで飛び乗る。1883年にイギリス人が考案したトボガンという木製のそりが起源とされる。1924年の第1回シャモニー・モンブラン冬季五輪から正式種目に採用された。

ポポロン

㊔スナック菓子（明治製菓）。もともと持っていた「ポポロ」という商標に「ン」をつけて、はずむ感じを表現した。

ポポンS

㊔総合ビタミン剤（シオノギ製薬）。ぽぽん（擬音）＋シオノギの頭文字のSから。

ボラギノール

㊔痔疾薬のブランド名（天藤〈あまとう〉製薬）。植物のムラサキのラテン語名BORRAGINACEAEに由来。ムラサキの根は紫根と呼ばれ、そのエキスは、抗炎症、創傷治癒促進効果などがある。

ボランチ　volante

サッカーで、ミッドフィルダー（MF）のうち後方に位置し、相手の攻撃を受けたとき自陣に下がって守備を担当する選手。ブラジルで使われている用語で、日本にはJリーグ発足後に普及した。ポルトガル語で「自動車のハンドル」の意味。ブラジルではこのポジションが重要視されており、中盤のかじ取り役ともいわれる。「ダブルボランチ」はこの役割を担う選手を2人配すること。

ボランティア　volunteer

もとは志願兵、志願者の意味で、個人が自発的に、しかも基本的には無償で行う社会奉仕活動と、それに携わる人を指す。介護、点訳、音読サービスなどの福祉、海外での医療活動など様々な分野に及んでいる。また、1995年の阪神大震災のときには大きな力となり注目された。2002年のサッカーW杯をはじめオリンピックなどの大きなイベントに多くのボランティアが協力するのも恒例になりつつある。ボランティア活動中のけが、事故を保障する保険や、ボランティア活動を行うことを前提に休暇を認める「ボランティア休暇」の制度も徐々に広がりつつある。

ポリオ　**poliomyelitis, polio**

小児まひ。急性灰白髄炎。ウイルスが感染して、せき髄神経の灰白質という部分を侵し、数日間かぜを引いたような症状が現れた後、急に足や腕がまひして動かなくなる病気。世界保健機関（ＷＨＯ）は、ポリオ根絶宣言を出し、2005年までに全世界のポリオ根絶をめざしている。また、感染後15～50年たってから筋力低下や関節痛などを起こす「ポストポリオ症候群」も問題になっている。

ポリシー　**policy**

政策。方針。語源的にはポリティクス（政治、政治学）などの仲間。日常会話では信条の意味で使われることも多い。「うそをつかないのが私のポリシーだ」など。また保険証書も英語ではポリシーという。「ポリシーミックス」は、金融・財政など多分野の政策の組み合わせ。複数の目的の同時達成を目指すもの。

ポリフェノール　**polyphenol**

野菜や果物などに含まれ、健康増強作用があるとして注目されている成分の一種。体内の悪玉コレステロールは活性酸素によって酸化され動脈硬化の引き金になるが、これを抑える抗酸化作用がある。赤ワインに多く含まれていることから、ワインブームを呼んだ。

ポリプロピレン　**polypropylene**

石油を精製する際に出来るプロピレンを原料とする合成繊維。軽くて丈夫、保温性や速乾性にも優れる。価格の低さから、1960年代の日本では「夢の繊維」などと呼ばれた。成形加工が簡単なこともあって自動車部品、家電製品、食品の包装フィルムなど、幅広い用途で用いられている。リサイクルが容易、燃焼時に有毒ガスがほとんど発生しないなどの利点から、将来性が注目されている。

ボルダー Boulder

㊞米コロラド州の都市。標高1800㍍に位置し、心肺機能などの運動能力を高める高地トレーニングにふさわしいとされ、2000年シドニー五輪女子マラソンで金メダルを獲得した高橋尚子選手を始め多くのマラソン選手が合宿・練習している。

ポルターガイスト poltergeist

ドイツ語で、「音を立てる幽霊」の意。姿を見ることは出来ず、家具をあたりに投げ散らかすなどの現象を引き起こすとされる。1982年には、スティーブン・スピルバーグの原作・脚本で、この現象を題材に映画「ポルターガイスト」がつくられてヒットした。

ボルテージ voltage

電圧、および電圧量のことだが、比喩的な表現として、「優勝に向けてボルテージが上がる応援席」「ボルテージは最高潮に達した」など、物事に対する熱中度や、内にこめられた力を指して使われる。

ボルボ Volvo

㊎スウェーデンの代表的な自動車メーカー。トラックやバスは世界有数のレベル。乗用車部門をフォード・モーター（↓p276）に売却して、トラック、バス、建設機械などに専門化し、合理化を図っている。

ホログラム hologram

光を当てる角度により色や形が変わって見える処理を施されたフィルム。2次元の中に奥行きを表現することが可能。クレジットカードや商品券の隅などに見られる、偽造防止の対策のひとつ。ホログラム技術（ホログラフィー）の原理を発明した応用物理学者デニス・ガボールは、この成果で1971年にノーベル物理学賞を受賞した。ホログラムはギリシャ語で「完全な記録」という意味。

ホワイトハウス　White House
米大統領官邸。転じてアメリカの行政府のこと。第2代アダムズ大統領のときに完成、1814年にイギリス軍の攻撃で炎上、その後再建された際、外壁を白く塗ったことからホワイトハウスとよばれるようになった。20世紀初め第26代セオドア・ルーズベルト大統領のときに正式名称に。大統領自身やその直属スタッフを指して使われることもある。

ボンゴフレンディ　BONGO FRIENDEE
(商)ワンボックスカー（マツダ）。英語の「友達」をもとにした造語。

ボンズ（バリー・～、Barry Bonds）
(人)米大リーグ、サンフランシスコ・ジャイアンツの外野手。1964年生まれ。2001年に年間本塁打73本の新記録をつくった。通算記録400本塁打・400盗塁以上は史上ただ一人。

マ

マークⅡ　MARKⅡ
(商)車。セダン（トヨタ）。1957年発売のコロナから11年後、「コロナの第二世代、上級車」の意味で命名。

マージナル　marginal
中央に対して、境界や周辺にあるものを指す。「あまり重要でない」「瑣末な」「限界に近い」

などの意味でも使われる。「マージナルコスト」＝限界費用。生産量を1単位増加させるのに要する追加費用。「マージナルマン」＝境界人。二つ以上の異質の集団に属しながら、どちらにも完全には同化しきれない人。年齢的に大人と子供の中間にあって、どちらか一方の世界の価値観・基準で割り切ることができず葛藤に悩む思春期〜青年期の人間など。

マージン　margin
利ざや。あるいは、手数料。また、株や為替取引の際の証拠金。印刷関係では、各ページの余白・欄外の意味で用いられる。

マーチ　MARCH
㊫車。コンパクトカー（日産）。マーチは、英語で「行進曲」「行進」の意味で、公募により命名したもの。2002年春発表のモデルチェンジでは、発売1週間で2万5000台を受注するヒットに。

マーベリック　maverick
どの派にも属さない政治家。「所有者の焼き印を押していない牛」というのが原義で、19世紀のテキサスの牧場主、マーベリックが牛の面倒をみるのを怠け、所有する子牛に焼き印を押さなかったことに由来するという。転じて、政治家、芸術家などでどこにも属さない人、異端者、一匹狼などの意味になった。派閥抗争を終わらせる決意表明として派閥を離脱した小泉首相は英字紙などではマーベリックと評された。

マイクロソフト　Microsoft
㊪アメリカのコンピューターソフト会社。現会長のビル・ゲイツ（↓p123）が19歳で設立したベンチャー企業で、OSのウィンドウズ（↓p53）を開発。特にウィンドウズ95は複数のソフトを同時に利用でき、マルチメディア化にも

対応可能なことから、世界的なシェアを獲得した。

マイセン　Meissen

㊔ドイツの高級磁器ブランド。18世紀初頭、錬金術師ベトガーが当時の領主の命令のもと、ヨーロッパで初めての白磁器を完成させたのが始まり。製品に描かれている交差した青い2本の剣のマークは、この領主の紋章。

マイノリティー　minority

少数派。少数勢力。反対語は、マジョリティー（多数派）。また、アメリカなどの多民族国家の中で、人数の少ない民族。

マイヤー（ヘルマン・～、Hermann Maier）

㊟オーストリア・スキー選手。1972年生まれ。99年からの2シーズン連続でW杯4冠を達成。長野五輪でも二つの金メダルを獲得した。

マイレージサービス　mileage service

航空会社が、自社のマイレージ会員の乗客が搭乗した飛行距離の総マイル数（マイレージ）に応じて、無料の航空券などを提供するサービス。利用客の囲い込みのため欧米で始まり、日本では日本航空が1993年から国際線で始め、97年には国内線でも適用されるようになった。最近ではクレジットカードの機能を加えたマイレージカードが主流で、買い物をするとマイル（距離）がたまるものなどがある。また、たまったポイントを慈善団体に寄付できるなど、サービスも多様化している。

マイン　MINE

㊔月刊誌（講談社）。7日発売。女性向け。生活一般情報を掲載。家事や育児に追われていても「私の人生は私のもの」というコンセプトから、マイン（英語で「私のもの」）を誌名に。

マウス　mouse

コンピューターを操作するための装置のひとつ。形状がねずみを連想させることからこの名称となった。上面にはボタンがついており、底面につけられたボール（現在は光学的に処理する仕組みもある）が縦横の動きを感知、ケーブルを通じてコンピューターの画面上にあるマウスカーソル（入力位置を示すもの）を動かし、さまざまな操作を可能にする。

マウンテンバイク　mountain bike

舗装されていない自然の道を走れるように、溝が深く太いタイヤ、フレームなどで作られた頑丈な自転車。1970年代にアメリカで生まれ、日本でもアウトドアブームに乗って人気が出てきた。また、斜面やがけなどを含む荒れ地を走り抜けるレースも行われており、自転車のクロスカントリーは96年のアトランタ大会からオリンピック種目にもなっている。MTBと略される。

マカオ　Macao

㊞中国・広東省南端の特別行政区。航海の守護神・阿媽（アマ）に由来し、阿媽港（アマガウ）の読みがポルトガル語で短縮され「マカオ」に。中国名・澳門（アオメン）。カジノを中心とするギャンブル産業で有名。1999年12月ポルトガルから中国に返還されたが、97年に返還された香港とともに、植民地時代からの資本主義制度を許容する「一国二制度」が保たれている。

マキシシングル　maxi single

音楽CDのうち、通常のアルバムと同じ12チセンのディスクを使ったシングルCD。中身のディスクは8チセンだが、パッケージは12チセンあるものを指すことも。

マキシム　MAXIM

（商）インスタントコーヒー（味の素ゼネラルフーヅ）。英語のマキシム（金言）に由来。インスタントコーヒーの最高峰を目指して命名。

マグサイサイ賞　Magsaysay Award

アジア地域を対象に社会奉仕、社会指導、報道・文学などの分野で功績のあった個人・団体に贈られる賞。「アジアのノーベル賞」とも言われる。ラモン・マグサイサイ・フィリピン大統領を記念して作られた。日本人では黒沢明監督、婦人運動家の市川房枝元参院議員らのほか2001年に平山郁夫画伯が平和・国際理解部門で受賞している。

マグニチュード　magnitude

地震の規模を示す単位。土地の揺れの強弱を表す「震度」に対し、地震そのものの大きさを示すもので、震源のエネルギーが大きくなるほど、マグニチュードは大きくなる。より正確に地震の規模を表せる「モーメントマグニチュード」（→p338）という単位もある。

マクロ　macro

「巨大な」「巨視的」という意味で、「微小な」を表すミクロと対の言葉。マクロコスモス（巨大宇宙）のように通常、複合語として使う。経済学の分野のマクロ経済学（略してマクロ）は、国全体の所得や投資、消費などの関係性を巨視的に分析する分野を指す。

マグロウヒル　McGraw-Hill

㊭アメリカの出版・情報会社大手。ビジネスウィーク、スタンダード＆プアーズなどを通じて、ビジネスや金融などさまざまな情報サービスを発信している。専門書など教育関係書籍にも強い。

マケイン（ジョン・〜、John McCain）

（人）米上院議員（共和党）。1936年生まれ。

ベトナム戦争時に空軍パイロットとして活躍。2000年の大統領選の予備選で出馬して善戦、マケイン旋風を巻き起こした。

【マ】

マケドニア　Macedonia

㊞ギリシャの北に位置する国。紀元前のアレキサンダー大王の古代マケドニア帝国の名を復活させた。旧ユーゴスラビア連邦から1991年独立。住民の約65%はマケドニア人だが、アルバニア人も約22%居住する。2001年初めからアルバニア系武装勢力の民族解放軍（NLA）などが首都スコピエや西部テトボで政府軍と抗争を繰り広げたが、欧米の仲介で和平案が合意に達し、同年9月、NLAは解体を宣言した。なお、奉仕活動に生涯をささげたノーベル平和賞受賞者マザー・テレサはマケドニア生まれのアルバニア人。

マザーズ　MOTHERS

1999年に東京証券取引所が開設した新興企業向けの株式市場。名前の由来は「高成長新興企業株式市場」という意味の英語の頭文字と、企業を育てる「母親」の意味をかけた。上場基準を大幅に緩和し、赤字企業でも上場できる代わりに企業に情報開示の徹底を義務づけている。開設によってIT（情報技術）関連やバイオ関連などのベンチャー企業（↓p304）を市場に引き込むことができ、また企業も資金調達の選択肢が広がった。

マザリシャリフ　Mazar-i-Sharif

㊞アフガニスタン北部の中心都市。イスラム教第4代カリフ、アリー（預言者ムハンマドの女婿・いとこ）の墓があるとされ、「聖者の廟」の意。古代からゾロアスター教、仏教、イスラム教など東西文化の交流点として繁栄。

マジックナンバー　magic number

略して「マジック」ともいう。プロ野球で、あるチームが優勝するためにあと何勝すればいいか、という目安の数字。最も優位なチーム以外の全球団の自力優勝の可能性がなくなった時点で点灯する。マジック「8」が点灯した場合、自力で8勝すれば優勝できる。ただし、対象となる相手チームが負けても「1」減る。また自らが負け続けることで、点灯していたマジックが消えるケースもある。

マジックマッシュルーム magic mushroom

幻覚などの症状を引き起こす毒キノコの総称。観賞用としては法規制の対象外のため、国内でも観賞用などの名目で店頭やインターネットを通して販売されている。摂取すると幻覚症状を起こすなど、ドラッグに代わるものとして若者の間で広まるとともに多くの被害も出ている。中南米や東南アジアなどのものが多かったが、日本でもベニテングタケなど少なくとも十数種類が自生していることが分かっている。

マスゲーム mass game

大勢の人間が一糸乱れぬ統制の下に行う大規模なダンス、体操、競技。和製英語。全体主義国家などで、国威発揚の示威行為として行われることが多い。

マスターズ・トーナメント Masters Tournament

ゴルフの世界4大トーナメントのひとつ。毎年4月にアメリカ・ジョージア州のオーガスタ・ナショナル・ゴルフクラブで開催される。球聖と呼ばれたボビー・ジョーンズとA・マッケンジー博士の手による難コース。草深いラフがほとんどないことで知られていたが、1999年からプレー内容を高める目的で改良が施された。

【マ】

マダガスカル　Madagascar

㊞アフリカの南東沖、インド洋上にある日本の1・6倍の面積を持つ島国。マルコ・ポーロがソマリアのモガディシュをマダガスカルと聞き間違えて、それが島であるかのように「東方見聞録」に記したことに国名の由来がある。木を根元から引き抜き逆さに植えたようなバオバブの木や、珍種の猿アイアイなど、独特の生態が豊富。首都アンタナナリボ。

マチネー　matinée（フランス語）

「朝、午前中」の意で、演劇や音楽などの昼間興行のこと。欧米では、夜間興行（ソワレ）と並行して、二部制で同じ演目を興行することが多い。

マッキントッシュ　Macintosh

㊚1984年からアップルコンピュータ社によって発売されているパソコンのシリーズ。「マッキントッシュ」はリンゴの品種名で、社名の「アップル」にちなむ。基本ソフトの分野における、ウィンドウズ（↓p53）とのシェア競争には敗れた形だが、現在でもデザインなどの分野では広く利用されている。98年8月に第1弾が発売された「iMac（アイマック）」は、それまでのパソコンにはない、独特な形や色遣いなどが注目され、ヒット商品となった。

マックスファクター　Max Factor

㊚外資系化粧品メーカー、P&G社のブランドのひとつ。日本では「SK-II」などが有名。

マティーニ　martini

蒸留酒の一種であるジンと混成酒の一種であるベルモットを混ぜ、オリーブをそえたカクテル。カクテルの王様と呼ばれる。19世紀、イタリアのマルティーニ・エ・ロッシ社が考案したという。ジンをベルモットより多くしたのが、ドライマティーニ。

マニュアル　manual

ラテン語の「手の」を意味する言葉が語源。①手引、説明書。「マニュアル人間」は、手引書に書かれていることしかできない人（自らの判断で臨機応変に行動できない人）のこと。②ギア変換が手動の自動車のこと。自動のものは、「オートマ（オートマチック）」。

マネーサプライ　money supply

通貨供給量。金融機関以外の民間部門で保有・流通している通貨（マネー）の供給量（サプライ）。現金通貨に普通預金などの要求払い預金を加えたものをM_1、これに定期性預金を加えたM_2などをマネーサプライ統計として日本銀行が毎月発表している。「M_2＋ＣＤ」はM_2にＣＤ（譲渡性預金）を追加したもの。

マネーロンダリング　money laundering

資金洗浄。ロンダリングは洗うこと。クリーニング業の「ランドリー」と語源が同じ。麻薬や密輸などで不正に得た資金を多くの口座を通したり、偽名口座に隠し持ったりして、資金の出所や所有者が分からないようにし、適法な金に見せかけることをいう。２０００年２月、金融監督庁（現金融庁）内に専門対策機関「特定金融情報室」が設置され、同年の沖縄サミットでは対策が協議された。

マハティール（〜・モハマド、Mahathir Mohamad）

(人)マレーシア首相。１９２５年生まれ。20年を超える長期政権を担っているが、近年はその強権的な手法に批判も強まっている。

マフィン　Muffin

①小さくて丸いパンの一種。②(商)月刊誌（小学館）。７日発売。若い主婦向け。家庭情報誌。

【マ】

マミーポコ　MAMY POKO
㊔紙オムツ（ユニ・チャーム）。赤ちゃん用品にふさわしい語感のかわいらしさから命名。

マリ　クレール　marie claire
㊔月刊誌（角川書店）。23日発売。女性ファッション・生活・教養記事を掲載。

マルク州　Maluku
㊞インドネシア東部の州。英語名はモルッカ諸島、香料諸島とも呼ばれていた。スハルト政権時代に同州へのイスラム教徒の移住・優遇策がとられていたが、政権崩壊後の1999年1月以降、キリスト教徒とイスラム教徒の衝突事件・暴動が相次ぎ約3000人が死亡、2000年6月非常事態宣言が発動されるに至った。州都アンボン。

マルチ　multi
「複数の」「多数の物を一度に」「多重」などという意味の接頭語。「マルチウインドー」＝パソコンなどで複数の画面を表示できる機能。その画面ごとに異なる機能を表示・実行できる。「マルチタレント」＝多方面で才能を発揮して活躍する人物。マルチ人間も同じ。「マルチカルチャリズム」＝諸民族とその文化をそれぞれ共存させていこうとする考え方、立場。多文化政策。「マルチチャンネル」＝多重チャンネル。比喩として多くのことを同じにできる様子を表す。「マルチ商法」＝商品などを購入した人が、さらに次の客を探していく、ねずみ講に似た連鎖販売。最近、インターネットを通じて若者が被害に遭うケースが急増している。

マルチメディア　multimedia
メディアは「媒体」、マルチメディアは「複合媒体」。文字・音楽・画像など伝達手段が複数ある媒体をいう。その機器やソフトウエアなども指す。コンピューター技術のデジタル化（→p203）が進んだことで、異なる媒体が同時に処理できるようになった。「マルチメディアパソコン」＝文字や数字の処理だけでなく、音声や動画などの情報を処理できるもので、今ではパソコンの主流になっている。

マングローブ mangrove

熱帯から亜熱帯地域の海岸、特に河口や海辺などの泥地に発達する常緑の低木・高木の群落の総称。国内では沖縄・西表島を始めとする八重山諸島、奄美諸島などに分布する。呼吸のために枝から気根を下ろしたり、地中根が地上にいったん出たりして、複雑にからみあい、独特の景観を形作る。魚介類の生育・繁殖の場として生態系で重要な役割を果たすとともに、海岸線を浸食から守る働きもしている。

マンチェスター・ユナイテッド Manchester United

サッカーのイングランド・プレミアリーグ所属チーム。創立は1878年。2000～01シーズンには、リーグ戦3連覇を達成した。略称「マンU」。世界的なスーパースターのデビッド・ベッカム（MF）が所属している。ホームスタジアムは、オールド・トラフォード。そのユニホームの色から、「赤い悪魔（レッド・デビル）」と称される。

マンハッタン Manhattan

①(地)米国ニューヨーク市の中心をなす島で5区の中の一つ。「丘のある島」の意で、当地の先住民の部族名に由来。南部はダウンタウン、北部はアップタウンと呼ばれ、ウォール街や国連本部、ブロードウェー（→p294）などがある。2001年9月、南部の金融街にそびえる世界貿易センタービルにハイジャックされた旅客機

が突っ込むテロが発生、世界中を震撼させた。
②ウイスキーとベルモットにビターを加えて作ったカクテル。カクテルの女王と呼ばれる。ニューヨークの男性だけの政治的社交クラブ、マンハッタン・クラブで作られた。

ミ

ミール　Mir
ソ連が1986年2月に打ち上げた宇宙ステーション。人間の長期宇宙滞在実験を行うなどして注目を集め、欧米各国の研究者が搭乗してきたが、老朽化とロシアの財政難から廃棄が決まり、2001年3月23日に大気圏に突入、廃棄され、残骸はニュージーランド東方沖に落下、15年余りにわたる飛行を終えた。地球を通算8万6331周し、滞在した宇宙飛行士の数は100人以上。90年12月には日本人初の宇宙飛行士として秋山豊寛さんがミールを訪れている。ミールはロシア語で「平和」「世界」の意。

ミシュラン　Michelin
①㊎ヨーロッパ最大のフランスのタイヤ会社。
②㊔同社が出している、優良なホテルやレストランを網羅し、それぞれを星の数で格付けした旅行ガイドブック。正式名は「ギド・ミシュラン」（ギドはフランス語でガイドのこと）。1900年、顧客へのサービスを兼ねて発行。フランス編のほか、ドイツ編、イタリア編などがあり、世界中で愛読されている。

ミスマッチ　mismatch
不適合。組み合わせが釣り合わないこと。
（例）「実務経験を求める企業が6割近いのに、その技術を持つ求職者が2割に過ぎないという雇用のミスマッチが起きている」。また、あえて本来は釣り合わないもの同士を組み合わせて、斬新な効果を狙う場合にも使われる。(例)「伝統的な日本舞踊と即興性のあるジャズという究極のミスマッチが面白い」

ミセスロイド

㊔防虫剤(白元)。ピレスロイドを薬剤原体に利用した防虫剤で、商品の購買層が主婦(ミセス)であることから「ピレスロイド」と「ミセス」から造語して命名。

ミニッツメイド Minute Maid

㊔果汁ミックスジュース(コカ・コーラ)。米マサチューセッツ州ボストンに志願兵を集める場所があり、すぐに集まることからミニッツマンと呼ばれていた。そこに工場があったため、その地名からと、すぐできるという意味でのミニッツをかけて命名。

ミニマム・アクセス minimum access

最少(許容)輸入量。最低限これだけは輸入しなければならないと決められた量。例外なき関税化を目指していたウルグアイ・ラウンドの農業合意では、コメの関税化を免れる特例措置の代わりに日本はミニマム・アクセスを受け入れた。

ミニマリズム minimalism

装飾的な要素を一切省き、最小限の表現を行う様式。もとは、1960年代にアメリカで起こった芸術運動。美術、建築の分野で流行した。英語で「最小限の」「最低の」という意味のミニマルから派生した語。

ミニロト mini loto

数字選択式宝くじのひとつ。1から31までの数字の中から5個の数字を選ぶ。1口200円で、当選金額は発売額と当選者数によって変動する。理論上の1等当選金額は約4000万円。先行した同じ数字選択式宝くじ「ナンバーズ」

の好評を受け、1999年4月から発売されている。抽選は週1回。

ミネタ（ノーマン・～、Norman Mineta）

㊇米運輸長官。1931年生まれ。米で初めての日系人閣僚。クリントン前民主党政権では商務長官を務めていたが、現共和党政権になっても、その高い政治手腕が買われブッシュ大統領が再び閣僚として起用した。

ミャンマー Myanmar

㊞インドシナ半島西部にある国。英語なまりの旧称バーマ（ビルマ）を1989年ミャンマー語の発音通りに改称。88年のクーデター以後軍政下にある。97年、東南アジア諸国連合（ASEAN）へ正式加盟。アウン・サン・スー・チー女史（→p11）が書記長を務める最大野党・国民民主連盟（NLD）などによる民主化運動が続く。首都ヤンゴン（旧称ラングーン）。

ミューズ Muse

㊥薬用石鹸（P&G）。ギリシャ神話に出てくる女神の名に由来。

ミュール mule

かかとの部分にひものついていないサンダル。2000年夏くらいから、若い女性の間で流行。もともとは、16世紀に、靴の上に履く泥除けとして登場したのが始まりという。

ミラ Mira

㊥軽自動車（ダイハツ）。イタリア語で「羨望」を意味する語にちなんで命名。

ミラージュ MIRAGE

㊥車。ミニバン（三菱）。英語の「蜃気楼」を意味する語にちなんで命名。

ミラ・ショーン mila schön

㊥イタリアのファッションブランド。貴族出身のデザイナー、ミラ・ショーンが創立した。

一流の素材を用いた高級品を扱っており、小泉首相も2001年のジェノバ・サミットの折にこのブランドのネクタイを着用していた。1992年に開催されたバルセロナ・オリンピックのイタリア選手団のユニホームも製作した。

ミルフィーユ　mille-feuille（フランス語）
重ねた薄い生地の間にクリームや果物を挟んだパイ菓子。ミルフィユとも。「1000枚の葉」といった意味。

ミルミル
㊒飲むヨーグルト（ヤクルト）。子供に覚えやすく、言いやすい、かわいらしい響きから。

ミレニアム　millennium
千年紀。ラテン語で「千」を表す「ミレ」に由来する。千年の節目にキリストが再び現れ、千年の間、キリストを信じる者たちとともに王国を造るという思想に基づく言葉で、千年を一区切りにした期間を指す。2000年は、3番目のミレニアムの始まりの年ということで、世界各地でさまざまな催し物が行われた。

ミロ　MILO
㊒麦芽飲料（ネスレ）。「ネスレ　ミロ」のこと。古代ローマのオリンピックで6度も優勝したといわれる「ミロン」という名のレスラーに由来。ミロンのように力強く元気に育ってほしいという願いが込められている。

ミロシェビッチ（スロボダン・〜、Slobodan Milošević）
㊇前ユーゴスラビア連邦大統領。1941年生まれ。旧ユーゴ紛争中、セルビア人勢力の指導者として和平に反対し戦争を強行、国際的批判を受けた。コソボ紛争での人道に対する罪（アルバニア系住民迫害を指揮）などで起訴され、旧ユーゴ戦犯国際法廷で審理中。

【ム】

ム

ムーア（マイク・〜、Mike Moore）
㊇世界貿易機関（WTO）事務局長。元ニュージーランド首相。1999年の事務局長選出時にアジア・アフリカ諸国が推す候補とアメリカが推す同氏が対立、通常4年の任期を3年で交代することで妥協が図られた。

ムーヴ　MOVE
㊔軽乗用車（ダイハツ）。英語で「動かす、感動させる」を意味する語にちなんで命名。乗る人に感動を与え、車の価値を少しでも動かすことのできる車として。

ムーディーズ　Moody's
㊎アメリカの「ムーディーズ・インベスターズ・サービス」社のこと。1900年に設立。企業や政府が発行する債券などの元本・利払いの安全性をランク付けする格付け機関で、アメリカの「スタンダード・アンド・プアーズ」社と並ぶ、代表的な存在。企業の信用調査・分析なども手がける。

ムーニー　MOONY
㊔紙オムツ（ユニ・チャーム）。ムーン（月）のイメージと語感のかわいらしさから命名。

ムシャラフ（ペルベス・〜、Pervez Musharraf）
㊇パキスタン大統領。1943年生まれ。99年クーデターでシャリフ政権を倒し、2001年から権力基盤を強化するため大統領に。

ムシューダ
㊔衣類用防虫剤（エステー化学）。1988年発売。「無臭だ」の意味。

ムスリム同胞団　Muslim Brotherhood
1928年にエジプトで学校教師ハサン・アル・バンナーによって結成された、イスラム原理主義の最大勢力で、穏健路線をとる。非合法ながら、事実上国内最大の野党勢力となっている。なお、パレスチナのハマスなど、国外にも系列の組織を持つ。

ムバラク（ムハンマド・ホスニ・〜、**Muhammad Hosni Mubarak**）

(人)エジプト大統領。1928年生まれ。輝かしい軍歴を持ち、1981年に暗殺されたサダト大統領の後継者に推薦された。現在4選目。

ムベキ（ターボ・ムビュエルワ・〜、**Thabo Mvuyelwa Mbeki**）

(人)南アフリカ共和国大統領。1942年生まれ。マンデラ前大統領の頭脳として陰で政策立案を担当してきた。アフリカ民族会議（ANC）議長から99年に現職。

メ

メール　mail

「郵便」のことだが、カタカナ語としては、主として電子メール（eメール＝エレクトリック・メール）の略称として使われる。パソコンや携帯電話などの端末を使い、コンピューターのネットワークを通じて、文字や画像、音声といった情報を手紙のようにやりとりする仕組みのこと。「メールアドレス」は、メールを利用するときに使うアドレス（住所）。実際に会ったことはないが、メールの交換は行っている、という間柄を指す言葉が、「メール友達」、略して「メル友」。

メールマガジン　mail magazine

登録した読者のメールアドレスに、インターネットを使って電子メールを送るシステム。略して「メルマガ」と呼ばれる。その多くは無料で読むことが可能。2001年6月には、小泉首相や閣僚のメッセージなどを記した「小泉内閣メールマガジン」が創刊され、1か月を経ずして読者数200万を突破した。

メガバンク　**megabank**

巨大銀行。「メガ」は100万倍を表す接頭語だが（→p407参照）、メガヒット（大ヒット商品）、メガトレンド（大きな流れ）など、大きい規模を漠然と表現するときの接頭語として使われる。「メガバンク」は、ここ数年来の銀行の統合や合併で誕生した大規模な銀行を指す。1999年にみずほグループの構想が発表されて以来、都市銀行は三井住友銀、三菱東京グループ、UFJグループと合わせ4グループに、また大和銀行とあさひ銀行も経営統合を発表している。

メガワティ（〜・スカルノプトリ、Megawati Soekarnoputri）

(人)インドネシア大統領。1947年生まれ。同国の民族運動指導者スカルノ初代大統領の長女。党首を務める闘争民主党が1999年の選挙で第一党になりワヒド大統領退任に伴い2001年から現職。

メジャー　**major**

大きいこと、重要なもの、有名な事柄を指す言葉。①国際石油資本（メジャー・オイル・カンパニーズの略）。世界の石油供給の多くを独占してきた英、米などの巨大石油企業。反対語は「インディペンデント」（独立系）。②音楽の長調、長音階。反対語は「マイナー」（短調、短音階）。ちなみに、巻き尺の意味のメジャーは別語で、つづりは「measure」。

メジャーリーグ　**Major League**

アメリカ・プロ野球の最上級リーグ。「大リーグ」ともいう。ナショナルリーグ（ナ・リーグ）とアメリカンリーグ（ア・リーグ）の2リーグによって構成。ナ・リーグとア・リーグは、それぞれ3地区に分かれてリーグ戦を行う。各地区の優勝3チームと、残りのチームのうち勝率が最上位のチーム（ワイルドカード）（↓p377）の計4チームでプレーオフを行い、リーグ優勝を決め、両リーグの優勝チームで最後にワールドシリーズを戦う。

メスナー（ラインホルト・〜、Reinhold Messner）

㊇イタリアの登山家。1986年までに世界に14ある8000メートル級の山すべてを無酸素で登り、「超人」「史上最強」といわれる。1998年にイエティ（ヒマラヤの雪男）探索をし、「ヒマラヤグマ」と結論づけた。現在、欧州議会議員も務めており、環境問題を中心に活動している。

メセナ mécénat（フランス語）

企業の文化・社会貢献活動。古代ローマの政治家で、文化・芸術を保護したメセナスの名前に由来する。日本では1980年代後半のバブル経済時代に盛んになり、美術館やホールが造られたが、不景気になるにつれて、活動は縮小されていった。スポーツの実業団なども縮小の対象になっている。

メゾネット maisonnette

共同住宅で、一世帯分が2階にまたがっていて、上と下が内階段でつながったつくりの部屋を、こう呼ぶ。戸建ての感覚が味わえることもあって、人気を集めている。フランス語の原義は「小さな家」。

メタノール車 methanol fueled car

メタノール（メチルアルコール）を燃料にして走る自動車。低公害車のはしりとして、19

８０年代から実用化されているが、燃費が悪い、発がん物質とされるホルムアルデヒドを排出する、エンジンの耐久性に劣る、などの問題点があり、天然ガス車や電気自動車、ハイブリッド車（ガソリンと電気モーターを併用した車、↓p240）といった後発の低公害車に押され気味なのが現状。

メタンハイドレート methane hydrate

メタンが高圧、低温といった条件のもとで水と結びつき、シャーベット状になったもので、溶けるとメタンガスと水になる。日本近海を含む極地から赤道までの広い範囲の深海地層（主に５００メートル程度以深）、アラスカやロシアの凍土地域の地中で存在が予想され、新しいエネルギー源として注目を集めている。ただ、効率の良い採掘技術がまだ確立されておらず、空中に放出されるメタンが地球温暖化を加速させてしまう、凍土地域では凍土の溶解が懸念される、などの問題が残されている。

メチシリン耐性黄色ブドウ球菌（ＭＲＳＡ）
Methicillin Resistant Staphylococcus Aureus

本来なら効果的なはずのメチシリンなどのペニシリン剤を始めとする数々の薬剤に対して、強い耐性を持った黄色ブドウ球菌。１９６１年に英国で発見が初めて報告され、米国では１９７０年代、日本では１９８０年代に報告されるようになった。抵抗力の弱い人に感染すると、重篤な症状を引き起こし、死に至ることもあるため、院内感染の原因菌として問題になった。

メッカ Mecca

㊞ サウジアラビア西部の都市。教祖ムハンマド誕生の地で、６３０年以来イスラム教徒の聖地。アラビア語では「マッカ」と称し、神殿の意。毎年世界各地から数多くの巡礼者が訪れる。

メディア　media
媒体。特に新聞や放送などの情報伝達媒体を指すことが多い。マスメディアはマスコミとほぼ同義。「メディアミックス」＝新聞・放送・雑誌・広告など異なった媒体を組み合わせて効率的に情報を伝える方法。「メディアクラシー」＝メディアが巨大化し、社会を支配するほどの力を持つこと。メディアとクラシー（支配）を合成した語。また、コンピューターの分野ではデータを記録するハードディスクやCD－ROM、MOなどの媒体を指す。

メディアスクラム　media scrum
集団的過熱取材。大きな事件、事故が起きた際、関係者のもとへ多数のメディアが押し掛け、プライバシー侵害や社会生活の妨害などの問題を引き起こす状況をつくってしまうこと。メディア自身が自主的な解決を目指し、日本新聞協会などが対応策をまとめている。

メディアリテラシー　media literacy
新聞、雑誌、テレビ、広告、映画、インターネットなど様々なメディアからの情報を一方的にうのみにせず、主体的に読み解き、自らも発信する能力。リテラシーは「読み書き能力」「識字率」と訳され「高い」「低い」で表される。

メデジン・カルテル　Medellín Cartel
コロンビアの都市メデジンを本拠とし、世界最大と言われた麻薬密売組織。パブロ・エスコバルによって1980年代初めごろから組織され、コカインを世界中に密売し、ばく大な利益を上げる。麻薬組織の絶滅を掲げた政府と80年代末から全面対決に突入、無差別テロを大々的に展開した。93年12月にエスコバルが軍・警察によって射殺され、その後テロ活動は沈静化したが、依然として勢力を保っている。

【メ】

メトロポリタン美術館　The Metropolitan Museum of Art

アメリカ・ニューヨークのセントラルパークにある、世界を代表する美術館のひとつ。有史以前のものから現在に至るまで、全世界を対象に、絵画のみならず装飾品、楽器などを含め、所蔵点数200万点以上を誇る。1870年に創立。開館は1872年で、1880年に現在の位置に移転している。

メビウス　Mebius

㊫パソコン（シャープ）。ドイツの数学者メビウス（1790〜1868）にちなみ、メビウスの帯と呼ばれる無限の局面を連想して命名。

メモリースティック　memory stick

㊫家電各社が出している「小型メモリーカード」の、ソニーの商品名。メモリーカードはパソコンやデジタルカメラ、携帯電話に差し込んで、データの書き込み・読み出しができる小型カードで、大きな成長が見込まれる商品として近年注目されている。しかし統一規格ができておらず、ビデオ規格のときと同様に企業の主導権争いが起きている。

メリーズ　Merries

㊫紙オムツ（花王）。メリーゴーランドなど、かわいらしく楽しい語感から命名。

メリット　merit

価値。業績。長所。ラテン語の「報酬」を意味する言葉に由来する。反対語はデメリット。「メリットシステム」＝成績主義。実績を評価して給与や人事などに反映させるやり方。公務員の綱紀粛正に絡んで、このシステムの導入・徹底が叫ばれている。「メリットクラシー（メリトクラシー）」＝実力主義。能力主義。イギリスの社会学者、マイケル・ヤングの著書に出てくる造語で、業績が社会的成功を決定するような社会をいう。

メリルリンチ　Merrill Lynch

㊎アメリカの大手証券会社。投資銀行業のほか、事業を広げ、証券業や保険業にも進出、総合金融として世界有数レベルになった。

メルクマール　Merkmal（ドイツ語）

目印。指標。「メルクマールとなる出来事」といえば、他の出来事とは一線を画し、のちのち引き合いに出されるであろう出来事をいう。英語でいうなら、エポックメーキング（→p67）に近い。

メルトダウン　meltdown

炉心溶融。原子炉の炉心が事故で溶けること。1986年4月26日のソ連・チェルノブイリ原発事故で有名になったが、紙面には1979年の米スリーマイルアイランド原発事故の際に初めて登場する。最近では溶けて崩れ落ちる状態から転用して、「日本の金融システムのメルトダウン」「（イギリスの）保守党はメルトダウンに直面している」のようにも使われる。

メンソレータム　MENTHOLATUM

㊥傷薬（ロート製薬）。主成分であるメンソールとワセリン（petrolatum）の合成語。

メンタル　mental

精神的な。「あの選手はメンタルな部分が弱い」といえば、体力や技術ではなく精神的に弱いということ。「メンタルヘルス」＝心の健康。精神衛生。「メンタルテスト」＝知能検査。「メンタルトレーニング」＝スポーツ競技で必要な集中力などを高めるため、精神力を強化する訓練。「メンタリティー」＝精神力。精神状態。

メンテナンス　maintenance

機械や設備などの手入れ。保全。維持。管理。

「メンテ」と略される。

【モ】

モ

モア　MORE
(商)月刊誌（集英社）。28日発売。女性向けファッション・グルメ情報を掲載。

モーグル　mogul
フリースタイルスキーの一種目。モーグルは「こぶ」の意味で、凹凸（人工的なこぶ）のある急斜面を滑走しながら、ターンやジャンプなどの演技を行う。審判員が、ターン50％、スピード25％、ジャンプによる空中演技25％の比重で採点し、それぞれの得点の合計で順位が競われる。

モーゼル　Mosel
(地)フランスに源を発するライン川の支流。モーゼル川及びその支流の名をとって総称される「モーゼル・ザール・ルーバー」地域は、ドイツワイン、特に白ワインの生産地として知られる。

モーダルシフト　modal shift
「モーダル」は、輸送形態のこと。幹線の貨物輸送で、輸送法をトラックからより低公害で効率的に大量輸送が可能な鉄道や海運に変更していくこと。トラックへの過度の依存が幹線道路や大都市内での道路交通の効率低下、大気汚染物質の増加を引き起こしていることなどが背景となっている。

モーメントマグニチュード　moment magnitude
地震の規模を表す単位であるマグニチュードのひとつ。断層の面積、ずれた量から算出する。記号Ｍｗで表す。断層運動としての地震の規模を正しく反映することが出来る利点がある。1

977年にカリフォルニア工科大学地震研究所の金森博雄教授によって提唱された。95年の阪神大震災のマグニチュードは7・2と発表された（2001年に7・3に修正）が、Mwは6・9となり、発生直後にマグニチュード7・3と発表された2000年の鳥取県西部地震のMwは6・6になるという。

モール　mall

木陰のある遊歩道。ロンドンのペルメル（pall-mall）球戯場跡の緑の多い散歩道がモール（mall）と呼ばれたことに由来する。「ショッピング・モール」は、商店街。歩行者天国ふうになっていることが多い。

【モ】

モール　maul

ラグビーでボールを持った選手に他の選手が立ったまま密集した状態。

モサド　Mossad

イスラエル中央情報局。ヘブライ語で「協会」「研究所」を意味する。1951年に創設された首相直属の機関で、対外情報工作などを行う。60年にナチス・ドイツの戦犯アドルフ・アイヒマンを逮捕したことで名を上げ、第三次中東戦争（67年6月）のイスラエル勝利にも寄与。76年6月に起きたパレスチナ・ゲリラと西欧過激派によるウガンダ・エンテベ空港でのハイジャック事件では電撃的な人質奪回作戦に成功した。97年9月にはヨルダンの首都・アンマンでイスラム原理主義組織ハマスの政治部門責任者を毒殺しようとしたが、失敗している。

モジュール生産　modular production

複合生産。欧米の自動車メーカーが取り入れている新しい生産方式で、複数の部品をあらかじめ組み立てて工場に納めるというやり方。

モスク　mosque

イスラム教において、礼拝を行う所。アラビア語では「マスジド」といい、「平伏する場所」の意味。ドーム状の屋根を持つのが特徴的。内部には説教壇（ミンバル）があり、ミフラーブ（ミヒラブ）という、聖地メッカの方向を示す印がつけられている。また、多くのモスクには、外郭にミナレットと呼ばれる尖塔が数個作られる。

モスバーガー MOS BURGER

㊔モスフードサービスのファストフードブランド。ハンバーガー。

モチベーション motivation

動機付け。行動を駆り立て、目標達成に向かわせるような要因。やる気を起こさせるもとになるもの。例えば受験勉強のモチベーションは「試験に受かる」ことであり、スポーツのプロ野球なら「優勝する」「ホームランを30本打てば年俸アップ」というような出来高払い契約などがモチベーションに当たる。

モツァレラチーズ mozzarella cheeze（イタリア語）

イタリア原産の、熟成させないフレッシュチーズ。牛乳や水牛の乳から作られる。白色で軟らかく、なめらかな口あたりとかすかな酸味がある。オードブルやサラダなどに用いられるほか、加熱するととけて糸を引くことから、ピザなどの料理でも用いられる。「モツァレラ」の名は、イタリア語で「引きちぎる」という意味の言葉がもとになっている。製造工程で、固めた乳をこねたりのばしたりしたあと、引きちぎって丸めるところからこう名づけられたという。

モデム modem

コンピューターを電話回線に接続し、データのやり取りを行うときに使う装置。音声を送るために使われる電話回線では、コンピューターが扱うデジタル信号を直接送ることは出来ないため、いったんアナログ信号に変換したうえで送り、受け手のほうで再びデジタル信号に変換して、元の情報に戻す。この過程をそれぞれ変調（modulation）、復調（demodulation）と呼び、これを双方向に行うことから、頭の文字をとってこう呼ばれる。

モトローラ　Motorola

㊎アメリカの半導体・通信機器メーカー。携帯電話端末の大手。半導体、無線機器やネットワーク用の製品も手がける。

モナザイト　monazite

変成岩、花こう岩など結晶質岩に含まれる鉱物で赤や黄の褐色。モナズ石ともいう。核燃料にも使われる放射性物質トリウムや、酸化ウランが含まれる。2000年に、粉末の形で首相官邸などに郵送されるという事件があった。

モニタリング　monitoring

試験調査や体験調査、監視、観察、記録などをすること。㊀「開発事業が適切に行われているかどうかなどのモニタリングを実施する」

モノゲン　Monogen

㊔毛糸・おしゃれ着用洗剤（P&G）。第一工業製薬創始者の小野茂平（M.Ono）の「モノ」、モノゲン以前からある商標のゲンブマルセル石鹸の「ゲン」の組み合わせから命名（商標ライセンス契約によりP&Gの商品として販売）。

モノローグ　monologue

独白。演劇用語で、舞台で一人の人物が他の人物に聞かせることなく一人でしゃべるせりふ。「ハムレット」の「生きるべきか死ぬべきか」が有名。最後まで一人で演じる場合は、モノドラマ（ひとり芝居）ともいう。対話する形式のせりふは「ダイアローグ」。

【モ】

モバイル mobile
もともとは「動かしやすい」「移動可能な」といった意味だが、コンピューター関係用語としては、小型ノートパソコンやPDA（個人用携帯情報端末）などの持ち運び可能な情報機器や、それを外出先で利用することも指す。「モバイルユース」は、持ち運びながらの利用。

モラール morale
士気。やる気。フランス語から。集団のメンバーが目的の遂行に対して持つ意欲。「モラールサーベイ」＝勤労意欲調査。生産性を上げるため従業員の意欲を測定する。「モラールアップ」＝和製カタカナ語で、職場で従業員の勤労意欲が向上すること。道徳、倫理を意味するモラル（moral）は、ラテン語「慣習にあった」に由来する別の言葉。

モラルハザード moral hazard
道徳（モラル）の障害（ハザード）で「倫理の欠如」と訳される。最近では金融機関や預金者の節度を失った行動を指し、無責任さを言い表す言葉として使われる。(例)「債務者のモラルハザードを防止するため新たな規定を作ることになった」

モルガン・スタンレー・ディーン・ウィッター Morgan Stanley Dean Witter
㊎アメリカの証券会社。1997年、証券大手モルガン・スタンレーとカード・証券大手ディーン・ウィッター・ディスカバーが合併したもの。証券業務のほかクレジットカードも扱う。

モルディブ Maldive
㊞インド洋北部、マレ島中心の共和国。もとはサンスクリット語で「小高い島」の意。サンゴ礁と環礁からなる美しい島国で、近年観

光産業に力を入れる。最高海抜が約3メートルと低く、二酸化炭素などの温室効果ガス増加による地球温暖化現象で海面が上昇すると国土が水没するおそれがあり、世界各国に対策を訴えている。首都マレ。

モロッコ　Morocco

(地)北アフリカ西部の王国。イスラム教の聖地メッカの「遠方・西方の地」という意味を持つ語に由来する。中世からの美しい旧市街を持つフェズやマラケシュはユネスコ世界文化遺産に登録されている。西サハラの領有権を主張し、独立派住民組織ポリサリオ戦線と対立。首都ラバト。

モロヘイヤ　molokheiya（アラビア語）

カルシウムやビタミン、鉄分を多く含むことから、注目を浴びるようになった緑黄色野菜。切ると、粘りが出てくるのが特徴。モロヘイヤは「王様が食べる野菜」の意味で、古代エジプトの王がこのスープを食べて病気が全快したという伝説に基づく。シナノキ科の一年草で、エジプト周辺が原産地という。

モンゴル　Mongol

(地)中国の北側に位置する国。モン（勇敢な）とゴル（人）を合成した民族名「モンゴル」がそのまま国名に。漢字で「蒙古」。英国侵略前のインド最後のイスラム帝国「ムガール」はモンゴルのアラビア語なまり。1992年国名を「モンゴル人民共和国」から現在の「モンゴル国」に変更し、社会主義を放棄、市場経済化路線にシフトした。首都ウランバートル。

モンティ（マリオ・〜、Mario Monti）

(人)欧州連合の欧州委員会委員（競争政策担当）。イタリア人。

モンブラン　MONT BLANC

㊇万年筆で有名な筆記具のブランド。ブランド名はヨーロッパの最高峰モンブランによるもので、ペン先には、その標高「4810」が刻印されている。ブランドマークの白い星は、白い雪に覆われた頂をシンボライズしたもの。パソコンの普及により手書きの文字が廃れる中、ビジネスマンの間で「ポケットにモンブラン（ポケモン）」という流行語と共にひそかなブームとなっている。

ヤ

ヤクルト Yakult

㊇乳酸菌飲料（ヤクルト）。エスペラント語でヨーグルトを意味する「ヤフルト（Jahurto）」をもとにした造語。

ヤフー Yahoo!

㊅アメリカのインターネット関連会社。無料で情報をインターネットで検索できるようデータベース化されたサーチエンジン（↓p137）を運営。スタンフォード大学時代にジェリー・ヤンとデビッド・ファイロが共同で作ったサイトに始まる。

ヤングアダルト young adult

若い大人。13歳から19歳のティーンエイジャーを指す。「ヤングアダルト図書」は、アメリカでこの世代向けと定義されている書籍。大人の本と児童本しかなかった日本の出版界でも、この世代向けの本の普及活動に力を入れ始めている。

ヤンソン（トーベ・〜、Tove Jansson）

㊅フィンランドの児童文学作家、画家。1914年ヘルシンキ生まれ。45年に代表作「ムーミン」シリーズ第1作を発表、70年の最終作まで、世界34言語に翻訳され愛された。2001

年6月、86歳で死去。

ヤンバルクイナ　Okinawa Rail

ツル目クイナ科に属する、クイナの一種。沖縄本島の北部・やんばる（山原）地方の広葉樹林に生息する。1981年に発表された新種で、翌年、国の天然記念物に指定された。

ユ

ユーゴスラビア　Yugoslavia

㊞東欧のバルカン半島に位置する連邦共和国。ユーゴは「南方の」、スラビアは「スラブ人の国」の意。様々な民族が入り組み「バルカンの火薬庫」と称され、1914年、サラエボでセルビア人青年によるオーストリア皇太子暗殺事件が発生、第一次世界大戦の発火点となった。戦後、ユーゴスラビア王国が成立。45年、社会主義にもとづく連邦共和国となる。91年、連邦が解体し、スロベニア、クロアチア、ボスニア・ヘルツェゴビナ、マケドニアが独立、残るセルビアとモンテネグロが連邦共和国（新ユーゴスラビア）を構成した。ちなみにセルビア、スロベニア、チェコと分離したスロバキアも「スラブ人の土地」を意味する。首都ベオグラード。

ユートピア　Utopia

理想郷。無可有郷（むかうのさと）。現実には存在しない、完全で理想的な状態にある世界。イギリスの思想家、トマス・モアがギリシャ語の「どこにもない」と「場所」をつなげて作った言葉。モアが1516年に刊行した政治的空想物語の題名として使われ、理想郷の代名詞として普及した。

ユーロ　Euro

欧州単一通貨。欧州連合（EU）の通貨統合

で採用された単一通貨で、1999年1月に導入された。実際の流通は2002年から。紙幣の図柄には橋や門が描かれ、人物は登場しない。導入時はEU15か国中、英、スウェーデン、デンマーク、ギリシャを除く11か国でスタート。その後、ギリシャは導入したが、国民投票を行ったデンマークでは導入が否決されている。

ユダ Judas

イエス・キリストを裏切った弟子の名で、裏切り者の代名詞として使われる。イスカリオテのユダとも。イスカリオテとは「カリオテの人」の意で、12人の弟子の中でユダだけがガリラヤ出身でないことを表すとも、ギリシャ語の「刺客」に由来するともいう。

ユニクロ UNIQLO

㊠ファーストリテイリング社(本社・山口市)が展開するカジュアル衣料の量販店。店名は「ユニーク・クロージング・ウエアハウス」(ユニークな衣料品の倉庫の意)の略。従来の繊維業界の商慣行では材料、製品の返品は普通で、在庫はバーゲンか廃棄だったのを見直し、企画から販売まできめ細かな一貫体制で売れ残りを少なくし、大量生産や中国などに生産拠点を置くことにより材料費や工賃を安く抑えて、「値段の割に質の良い」製品を販売して急成長した。物価下落の象徴的存在として「ユニクロ現象」などといわれた。

ユニセックス unisex

男女の区別のないこと。男女兼用。性別に関係なく同じ服を着たり、似たような髪形をしたりすること。衣装や香水といったファッションの分野を中心に、「ユニセックス」をうたう商品も増えている

ユニックス UNIX

(商)アメリカ・AT&T社のベル研究所で開発された、コンピューターの基本ソフト（OS）。信頼性が高く、ネットワーク機能も優れていることから、大規模なコンピューター・システムで使われることが多い。

ユニバーサル・スタジオ・ジャパン（USJ）
UNIVERSAL STUDIOS JAPAN

(商)2001年3月31日に大阪市此花区のベイエリアにオープンした、アメリカ映画の大型テーマパーク。アメリカ・ハリウッド、フロリダにある人気テーマパーク「ユニバーサル・スタジオ」の、米国外進出第1号。敷地面積54㌶、総事業費1700億円。運営会社は第三セクター「ユー・エス・ジェイ」で、大阪市も出資した。

ユニバーサルデザイン　universal design

「ユニバーサル」は「普遍的な」の意味。電化製品の操作ボタンを大きく見やすくしたり、表示を日本語で書いたりするなど、高齢者や体に障害のある人にも簡単に使え、誤操作、誤作動を起こさないように工夫されたデザインのこと。

ユニバーシアード　Universiade

国際学生スポーツ大会。「ユニバーシティ（大学）」と「オリンピアード（オリンピック大会）」の合成語。国際大学スポーツ連盟（FISU）主催の「学生のオリンピック」で、2年に1度、開催される。参加資格は大学生または卒業後2年以内の17歳から28歳未満の選手。1957年にパリで第1回大会が開かれた。日本でも夏季大会が東京（67年）、神戸（85年）、福岡（95年）で、冬季大会が札幌（91年）で開かれている。

ユベントス　Juventus

イタリアのサッカー1部リーグ・セリエAの

強豪チーム。チーム創立は1897年、国内リーグ優勝25回、本拠地はトリノ。

ユンケル黄帝液

㊮ドリンク剤（佐藤製薬）。ユンケルの語源はドイツ語の Junker（貴公子）だが、読みやすいようにJをYに変えて表示している。黄帝は、古代中国の皇帝で医薬の紹介者として有名な「黄帝」の名にちなんで命名。

ヨ

ヨーロッパ　Europe

㊞ギリシャ語の「エウロペ」が変化したもので、「エウロペ」はエーゲ海の西側を意味する「エレブ」から。第二次世界大戦後、西ヨーロッパは経済共同体から出発し、1992年の欧州連合条約（マーストリヒト条約）調印を経て、欧州連合（EU）を発足させ、99年新たに単一通貨ユーロ（↓p345）を導入、加盟国も東欧にまで拡大しつつあり、近代国家主義の枠組みを超える壮大な試みが続いている。

ヨセミテ国立公園　Yosemite National Park

米国カリフォルニア州中部の大自然公園で面積約3000平方キロ。氷河の浸食による高さ1000メートルの絶壁や奇岩に富むヨセミテ渓谷を中心とする。「トンネルの木」で有名になった太古の巨木セコイアの森もある。ユネスコ世界自然遺産。

ヨハネスブルク　Johannesburg

㊞南アフリカ共和国北東部の大都市。19世紀末、金が発見されたことでゴールドラッシュが起こり発達した。1976年人種隔離政策（アパルトヘイト）に反対して同市内の黒人居住区ソウェト地区でデモ、暴動が発生し、国際的な反対運動が高まる契機となった。93年までに同

政策は撤廃され、94年黒人のネルソン・マンデラ政権が誕生した。

ヨハネ・パウロ2世 Johannes Paulus

㊇第264代ローマ法王（1978年選出）。1920年生まれ。ポーランド出身で本名カロル・ボイチワ。初の共産圏出身の法王として話題を呼んだ。2001年、ギリシャ、シリア、ウクライナ、カザフスタンを訪問するなど、外国訪問や政治指導者との会談を積極的に行っている。

ヨルダン川西岸 Jordan River

㊞アンティレバノン山脈から南流しガリレー湖を経て死海へ注ぐヨルダン川の西岸、死海の西北側に当たる地域。1948年第一次中東戦争でヨルダン・ハシミテ王国が併合、67年第三次中東戦争でイスラエルが東エルサレムとともに当地を占領し、ユダヤ人入植政策を推進、大量のパレスチナ難民がヨルダンに流入した。現在はイスラエル・パレスチナ間の合意により、西岸の12％はパレスチナ自治政府が治安・行政権を保有する自治区となっている。

ラ

ライス（コンドリーザ・～、Condoleezza Rice）

㊇米大統領補佐官（国家安全保障担当）。1954年生まれ。米国の安全保障に関して大統領の意思決定に大きな影響力を持つ同ポストに黒人女性として初めて就任した。元スタンフォード大教授。

ライスボウル Rice Bowl

アメリカンフットボールの学生チャンピオンと社会人チャンピオンが対戦する日本選手権。アメリカでは「ローズボウル」「オレンジボウル」など開催地の名産などを名前に付けるため、それにならって日本ではライス（コメ）と命名した。ボウル（bowl）は、ボール（ball）ではなく、食器の鉢、すりばち形の入れ物のことで、フットボールの競技場を指す。

ライフ life

命、人生、生涯、生活。「ライフジャケット」＝救命胴衣。「ライフセービング」＝人命救助、特に水難救助。「ライフスタイル」＝生活態様、生き方、人生（の過ごし方の）哲学。「ライフステージ」＝人間の一生を幼年期・少年期・青年期・中年期・老年期などに区分した各段階。「ライフライン」＝命綱、生命線。そこから転じて、電気・ガス・水道など、生活に必要な基本インフラ（↓p51）。

ライフリー

㊔大人用オムツ（ユニ・チャーム）。ライフ（生活）とフリー（自由）からの造語で、「介護生活の改善」という発売当時のビジョンをブランドネームに込めたもの。

ラウム RAUM

㊔車。コンパクトカー（トヨタ）。ドイツ語で「部屋」を意味する語にちなんで命名。

ラガービール lager beer

国産ビールの表示について定めた「ビールの表示に関する公正競争規約」では、熱処理の有無を問わず、貯蔵工程で熟成させたビールのことを指す。「ラガー」はもともとドイツ語で寝床、倉庫の意味。使用する酵母で分けると、製造の際に、発酵中に液の底へ沈んでいく「下面発酵酵母」を使って作られるのが「ラガービール」で、発酵中に液の上面に浮き上がっていく「上面発酵酵母」を使って作られるのが、イギリスなどで主に飲まれるエールビール。

ラクロス lacrosse

サッカー場ほどの広さのコートで、棒の先にネットのついたスティックを使い、テニスボール大の硬いゴム製のボールをパスしながらゴールを狙うゲーム。男子は1チーム10人、女子は12人で行う。北米の原住民の考案と言われ、20世紀初頭からアメリカ、カナダ、イギリスなどで行われてきた。日本では1986年に慶応大学に初めてクラブが結成されて以来、首都圏の大学を中心に愛好者が増えている。

ラサ　Lasa

㊞中国・チベット自治区の区都。チベット語で「仏陀の地」の意。1959年の動乱でチベット仏教の最高指導者ダライ・ラマが亡命するまで居住したラマ教の大宮殿・ポタラ宮があり、94年ユネスコ世界文化遺産に登録された。

【ラ】

ラジカル　radical

根本的。急進的。ラディカルとも。「根」を意味するラテン語に由来し、物事を根本まで徹底的に、かつ過激に突き止める姿勢を指す。学生紛争当時の左翼思想に関しよく使われたが、本来は、思想の内容にかかわらず抜本的な改革を目指す考え方をいう。数学の「根」、化学の「基」、言語学の「語根」も、英語では「ラジカル」。

ラスパイレス指数　Laspeyres indices

国家公務員の給与水準を100としたときの地方公務員の給与水準を示す指数。地方自治体職員の給与は高すぎるという指摘を裏付けるデータだったが、最近は26年連続して低下し、2000年4月現在の指数は100・7（総務省調べ）。19世紀の経済学者ラスパイレスが提案した方式で計算されるため、ラスパイレス指数と呼ばれる。

ラスベガス　Las Vegas

(地)アメリカ・ネバダ州の砂漠に作られた都市で、ロサンゼルスの北東に位置。スペイン語で「肥沃」の意。賭博の町として有名だが、近年家族ぐるみで楽しめるエンターテインメントの町への脱皮に成功、「観光都市」のモデルともされる。

ラップ・ミュージック rap music

楽器の演奏にのせて歌手がリズミカルにしゃべるように歌う音楽の形式。単に「ラップ」とも。1970年代に、ニューヨークの黒人街で生まれた。教会で牧師が歌うように話したことに始まるゴスペル（↓p130）が起源といわれる。80年代には、スクラッチ（回っているレコード盤を手で逆回転させて雑音を作ること）や多彩な音源を編集するスタイルで、一大ジャンルとして定着した。

ラナリット（ノロドム・～、 Norodom Ranariddh）

(人)カンボジア下院議長。1944年生まれ。シアヌーク国王の二男。

ラピタ LAPITA

(商)月刊誌（小学館）。6日発売。若者向け。ファッション・商品情報を掲載。

ラフサンジャニ（アクバル・ハシェミ・～、Akbar Hashemi Rafsanjani）

(人)イラン最高評議会の議長。1934年生まれ。89～97年、大統領。最高評議会は立法・行政・司法の三権の長などから構成される。79年イラン革命を指導したホメイニ師の下で革命とその後の体制強化に活躍した。

ラマーズ法 Lamaze method

出産の際の無痛分娩法のひとつ。1950年代、フランスの産婦人科医、F・ラマーズが考案した。妊産婦はあらかじめ夫とともに出産の仕組み、分娩の際の呼吸法などを学び、緊張や不安を取り除いて、夫の立ち会いのもと出産に臨む。

ラマッラ Ramallah

㊞ヨルダン川西岸にあるパレスチナ自治政府の自治区の一つ。2001年8月、パレスチナ解放機構の反主流派最大組織で中東和平交渉に反対するパレスチナ解放人民戦線（PFLP）の事務所をイスラエル軍の武装ヘリコプターがミサイル攻撃、アブ・アリ・ムスタファPFLP議長が「暗殺」された。

ラムサール条約 Ramsar Convention

国際湿地条約の通称。1971年、イランのラムサールで締結された。正式名称は「特に水鳥の生息地として国際的に重要な湿地に関する条約」。水鳥など湿地帯の生態系を保存することを目的とする。日本は80年に批准し琵琶湖や釧路湿原などが登録されている。2001年現在、120を超える国で1000か所以上の湿地が登録されている。3年に1回締約国会議が開かれる。

ラムズフェルド（ドナルド・〜、Donald Rumsfeld）

㊇米国防長官。1932年生まれ。強硬なミサイル脅威論者で知られる。

ラルフ・ローレン RALPH LAUREN

㊢アメリカのデザイナー、ラルフ・ローレンによるファッションブランド。1968年にトータルメンズウエアの会社を設立。その後、レディースウエアにも進出した。馬に乗ったポロの騎手のロゴが有名。2001年7月、日本の最高裁は「POLO」や「ポロ」の文字を含む商標はラルフ・ローレンの商品と混同される恐れがあるとして、他社の登録を認めない判断を

示した。

ランサー　LANCER

㊇車。セダン（三菱）。英語で「槍騎兵」を意味する語にちなんで命名。

ランチョンマット　luncheon mat

食事の際、テーブルの上に敷く小型の敷物。ランチョンは「改まった昼食」「午餐会」の意味。

ランドクルーザー　LAND CRUISER

㊇車。SUV（トヨタ）。英語のランド（陸）とクルーザー（巡洋艦）の合成語で、「陸の巡洋艦」の意。

ランバン　LANVIN

㊇老舗ファッションブランド。19世紀後半、婦人帽子店の配達係だったジャンヌ・ランバンがパリで洋裁店を開店したのが始まり。その後、香水事業にも進出、「マイ・シン」「アルページュ」などの名香を生んだ。シンボルマークの母子の絵は、ジャンヌとその娘のマリーの姿が描かれたもの。現在は紳士服、バッグ、スカーフなども広く扱っている。

リ

リアップ　RiUP

㊇発毛促進剤（大正製薬）。「リ（再び、新たに）」＋「アップ（起きる、勢いよく）」の意味。単なる育毛剤でなく、毛が抜けた地肌に新しい毛髪を生やす効果があることが認められた医薬品としては国内初の製品。

リアルゴールド　Real Gold

㊇炭酸飲料（コカ・コーラ）。高級な栄養飲料としてふさわしいイメージをもつ名称として命名された。

リー（〜・クアンユー、Lee Kuan Yew）

㊇シンガポール総理府上級相。1923年生まれ。65年のマレーシアからの分離独立以来、90年まで首相を務め、現在は顧問格の上級相に。

リー　LEE

㊔月刊誌（集英社）。7日発売。女性向け。ファッション・料理に関する記事を掲載。

リーク　leak

一般的には、漏電や漏水、ガス漏れなど、なにかが漏れ出ることを意味する。その意味からある組織や団体、個人の秘密が人為的に外部に漏らされる場合も指す。カタカナ語としては「〜する」「〜される」の形で使うことが多い。

リージョナル　regional

「地域の」「地方の」の意。「リージョナルチェーン」＝小売店舗網。全国展開する大型店には規模ではかなわないが、地域に密着したサービス、商品展開をすることができる店舗網。「スーパーリージョナルバンク」＝個人や中小企業向けの取引を中心にした地域密着型の業務を中核としつつ、都市銀行型の全国展開機能も備えた大型地域銀行。「リージョナリズム」＝地域主義。欧州連合（EU）や東南アジア諸国連合（ASEAN）のように、地域的に近い国などが結びつきを強めようとする考え方。

リーズナブル　reasonable

もとは英語で適正な、合理的なという形容詞。日常会話ではリーズナブル・プライス（適正価格）の意味で使われることが多く、手ごろな価格、商品の価値に見合った価格、納得できる価格を指す。

リーフレット　leaflet

ちらし広告。ビラ。「リーフ」は「葉」の意味で、説明や宣伝を記した一枚刷りの印刷物をいう。「レット」は「小さいこと」を表す名詞語尾。複数枚を冊子の形にとじると「パンフレット」、もう少し厚手になると「ブックレット」になる。

リカバリー recovery
回復。復調。水泳で水をかき終えた腕を次のひとかきのために元に戻す動き。アメリカンフットボールでグラウンドに転がったボールを確保すること。「ジョブレスリカバリー」＝１９９０年代初めのアメリカで特徴的だった雇用を伴わない景気回復。「リカバリーショット」＝ゴルフで前の打球のミスを取り戻すようなうまい一打。

リクード Likud（ヘブライ語）
イスラエルの右派政党で2大政党の一つ。左派は労働党。１９７3年に結党された。「団結」「連合」を意味する。対パレスチナ（→p257）の和平には消極的で、96年、政権を奪回したネタニヤフ党首のもとでは和平がうまく進まなかった。現党首で首相のシャロンは特に強硬派で、２０００年9月のユダヤ教、イスラム教共通の聖地「神殿の丘」訪問をきっかけに、パレスチナ人との衝突がさらに激化している。

リクルート recruit
新入社員などを募集すること。就職活動。原義は、新兵の意味。米軍で新兵募集の際に使われた語を、一般用語に転用したもの。日本では、１９６3年の日本リクルートセンター（現リクルート）設立後に普及した。「リクルート・スーツ」＝就職活動に臨む学生が会社訪問や試験・面接の際に着る紺やグレーのスーツ。「リクルート・カット」＝就職活動を控えた学生が面接試験のために整える髪形で、特に男子の七三に分けた短髪のこと。なお、「リクルーター」は、新しい人員や会員の募集・採用を仕事とする人。企業の新人採用担当者などをいう。

リゲイン　Regain

㊇ドリンク剤（三共）。「取り戻す」「回復する」の意味の英語リゲインから命名。

リコール　recall

①無償回収・修理。自動車に設計・構造上の欠陥が発見されたとき、自動車会社が無償で回収して修理しなければならない制度。1969年に制度化された。②解職請求。国や地方公共団体の公職者を任期終了前に住民の意思で罷免する直接請求制度。地方公共団体の場合、有権者の3分の1以上の署名を集めれば、首長、議員の解職や議会の解散を請求できる。

リストラ　restructuring

企業再構築。リストラクチャリングの略。もっぱら人員削減の意味で使われているが、本来は、企業が環境の変化に対応して経営構造を立て直すことをいう。事業の統合や再編・見直しなどを通じて、収益体質の強化を目指す経営の一手法で、不況の中で生き残っていくためには不可欠の手段。

リスボン　Lisbon

㊞ポルトガルの首都で、同国西部の港湾都市。「良い港」の意。紀元前12世紀ごろフェニキア人の植民都市建設に始まり、13世紀以来の首都。ちなみにポルトガルは「穏やかな港」の意。15～16世紀の大航海時代の世界貿易の中心地。1755年マグニチュード9に近いとされる「リスボン大地震」が発生、津波、大火によって壊滅的な打撃を受けた。

リゾット　risotto

イタリアの米料理。タマネギのみじん切りとともにバターやオリーブオイルで炒めた米に、魚介、肉、野菜などさまざまな具材を加えて、スープで炊く。

【リ】

リターナブル瓶　returnable

リターン（返却）が可能な瓶、つまりビール瓶や一升瓶のように洗って何度も使用できる瓶のこと。軽くて割れないペットボトルやアルミ缶、紙パックの容器は便利な反面、使い捨てにされることが多く、ゴミ問題深刻化の一因となっており、再使用可能なリターナブル瓶が見直されつつある。扱いやすい清酒の５００ミリ・リットル瓶なども登場している。

リタイア　retire

退職すること。退場。自動車レースで、故障・事故などのために中途で棄権すること。

リップサービス　lip service

お世辞。口先だけの好意。（例）「軽いリップサービスのつもりの発言が大問題となってしまった」

リップルウッド・ホールディングス　Ripplewood Holdings

(企)アメリカの投資会社。２０００年に旧日本長期信用銀行を買収し、新生銀行として再スタートさせた。２００１年にも音楽ソフト、ＡＶ機器の日本コロムビア、総合リゾート施設シーガイア（宮崎県）を買収して傘下に収めている。投資会社は世界から資金を集め基金（ファンド）を作り、破綻した企業などを買収し経営を立て直してから高値で売却することで利益を上げるのが典型的な経営手法である。

リテール　retail

小口取引。本来は「小売り」の意味だが、「リテールバンキング」の略として使われることが多い。おもに個人や中小企業を相手に預金や貸し出し業務をする金融機関を指す。大企業を顧客にして多岐にわたる業務をする金融機関はホールセール（大口）バンキング。日本の銀行は高度成長期にはホールセールを中心にした業務を行ってきたが、バブル崩壊後は各行とも個人向け預金や個人ローンなどリテールをも重視するようになった。

リトアニア　Lithuania

（地）ヨーロッパ東部、バルト海に臨む国。ロシア、ドイツ、ポーランド領だったこともある。第二次世界大戦当時日本領事館のあった首都カウナスで、日本政府の訓令に背いてユダヤ人6000人に査証（ビザ）を発行し、ナチスの迫害から救った領事代理・杉原千畝にちなんだ「スギハラ通り」がある。首都ビリニュス。

リナックス　LINUX

（商）フィンランドの大学生だったリナス・トーバルズによって、1991年に核となる部分（カーネル）が発表された、ユニックス（↓p346）をもとにする基本ソフト。価格が無料であることと、インターネットを通じてプログラムの内容を公開し、世界中の人々が改良を加えていったことが特徴で、独自の発展を遂げている。

リニューアル　renewal

新しくすること。再生。店舗の改装・改修、商品や市場ターゲットの見直しなど、小売店舗の全面的な活性化戦略。また、大手スーパーの進出に対抗する手段として、1980年ごろから盛んに行われるようになったデパートなどの改装や増設。そのほか、都市の再開発、契約や手形の更新、新聞・雑誌の紙面改革など、様々な分野で使われる。

リバース・モーゲージ　reverse mortgage

逆抵当融資。住宅担保年金。高齢者が融資を受けるために住宅など不動産を担保に入れ、本人が死亡したときに担保権が実行され、弁済に充当される制度。収入が限られて、融資のめどがたちにくい高齢者が資産を活用して生活費などの資金を得る方法として、米国で導入され、日本でも東京都の武蔵野市（1981年）が取り入れたのを最初に、各地方自治体が普及に努めてきた。普通の住宅ローンは返済するごとに被担保債権が減っていくのに対し、この制度は融資がなされるごとに被担保債権額が増えていく点で、逆の（リバース）経過をたどることから、リバースの名がついた。

リバイバル revival

復活。再流行。昔の映画、演劇、歌などが再び興行されたり、日の目を見たりすること。また、以前に流行したものが再び流行することも指す。

リバティ LIBERTY

㊔車。ミニバン（日産）。英語で「自由、気まま」を意味する語にちなんで命名。

リハビリ rehabilitation

リハビリテーションの略。社会復帰。体の不自由な人が、最大限度まで心身の機能を回復し、社会復帰できるようにする訓練。「ノーマライゼーション」（↓p232）とともに障害者福祉の柱とされる。

リピーター repeater

再訪者。繰り返しその場所に来る人。東京ディズニーランドやユニバーサル・スタジオ・ジャパンなどのテーマパーク（↓p202）では、リピーターをどのくらい確保できるかが経営の成否を分けるといわれる。英語では「常習犯」「落第生」を指す。

リビング・ウィル living will

リビング（生きているとき）、ウィル（意思）の組み合わせで、尊厳死宣言などと訳する。苦しみを避けるために死期を意図的に早める安楽死とは区別され、人間としての尊厳ある生を安らかに全うするため、生前の意思表示で延命治療を拒否することをいう。国内では日本尊厳死協会が普及に努めてきた。

リベロ　libero

サッカーで、特定の相手選手をマークするのではなく、ディフェンダーとしてゴール前を守りながら、チャンスのときには積極的に攻撃にも参加するという役割の選手。もともとは、「自由な」「自由人」の意味。また、バレーボールで、プレーに一定の制限をつけられた特別な選手。レシーブ能力に優れた小柄な選手に活躍の場を与えるため、１９９７年から正式採用された。他の選手と見分けがつくよう色の異なるユニホームを着て「Ｌ」の文字をつける。交代は正規の選手交代にカウントされず、何度でも入れ替われる。

リベンジ　revenge

復讐。雪辱。１９９９年、西武ライオンズの松坂大輔投手が使い、流行語になった。同年の「日本新語・流行語大賞」で、巨人・上原浩治投手の「雑草魂」、小渕恵三首相の「ブッチホン」とともに大賞に選ばれた。

リポビタンＤ

(商)ドリンク剤（大正製薬）。「リポ」は、脂肪分解の意味の Lipoclasis, Lipolysis から。発売当時は、強肝・解毒という効能があり、肝臓についた脂肪を分解するという意味で使用。「ビタン」はビタミンの略。「Ｄ」は、デリシャス（味の良い）、ダイナミック（動的）の意味がある。

リマ　Lima

(地)南米ペルーの首都。市名は街を流れるリマック川に由来。インカ帝国を滅亡させたピサロが16世紀に建設。1996年から97年にかけ、「ペルー日本大使公邸人質事件」が発生、同所が左翼ゲリラのトゥパク・アマル革命運動（MRTA）に占拠され、当時のフジモリ政権が特殊部隊を強行突入させ人質71人を救出した（ゲリラ14人全員、人質1人、兵士2人が死亡）。

リムジン　limousine

大型高級乗用車。かつては、この種の高級車はお抱え運転手付きで、屋根付き運転席が客席の外側にあり、その形がフランス・リムジン地方の羊飼いの着る長い黒色の外套に似ていたところに由来するという。また、空港の旅客を運ぶための小型バスをいうこともある。

リムパック　RIMPAC

環太平洋合同演習のこと。ベトナム戦争末期の1971年、ソ連の脅威に対抗すべく、米海軍が中心となってカナダやオーストラリアなど太平洋に面する国も参加して始められた軍事演習。冷戦後は、防衛交流の色彩が強まったが、流動化する世界情勢に対応して2000年度は難民救援の訓練も行われた。ほぼ隔年実施で、海上自衛隊も80年以来、10回以上参加。

リヤド　Riyadh

㊞サウジアラビア王国の首都。アラビア語で「庭園」の意。国名はリヤドの豪族であった初代国王の属するサウド家の名をとって付けられた。

リュージュ　luge

グラスファイバー製の小型のそりにあおむけに乗って、凍結したコースを滑走し、タイムを競う競技。そりにハンドルやブレーキはついておらず、そりの先端部を両足首で挟んでかじをとる。男子と女子の1人乗り、性別を問わない

2人乗りの3種目がある。1964年にオーストリアで開かれたインスブルック冬季五輪から正式種目に採用された。

リラクゼーション　relaxation

緊張を緩めること。精神的緊張を緩めるために行う休息や骨休め、娯楽のこと。

リリース　release

束縛・監禁していたものを自由にする、というのが本来の意味。そこから、①ニュースなどを公表する②CDなどを発売する③本や雑誌を発刊する④映画を封切る⑤釣った魚を湖や海に戻す——などを表すのに使われる。

リレハンメル　Lillehammer

㊞ノルウェー南部の都市。1994年冬季五輪開催地。

リンク　link

インターネットのホームページ上で、別のページへと接続させること。ホームページを閲覧するときには、リンク可能なページの名前やアドレスが、別の色の文字やアンダーライン（文字の下に引かれる線）、あるいはバナー（小型のイラストの画像）を使って示される。

ル

ルアー　lure

魚釣りで使う擬餌針。魚が食べる生き餌に色や形を似せて金属、プラスチック、木などで本体を作り、釣り針をつけたもの。ルアーフィッシングは魚を釣る過程を楽しみたいという人に好まれているが、ルアーそのものに凝る愛好家が多く、ルアーの手作り、収集を楽しむ人も多い。

ルイ・ヴィトン　LOUIS VUITTON

㊔木箱職人だったルイ・ヴィトンを創始者と

する、140年以上の歴史をもつバッグの老舗。イニシャルと花を組み合わせたデザイン「モノグラム」は、模倣品への対策として考案された。ヨットレースのルイ・ヴィトンカップ、世界中の車の祭典、ルイ・ヴィトンクラシックなどの主催でも知られる。

ルーカス（ジョージ・〜、George Lucas）

㊀米映画監督・製作者。特撮映画の第一人者。1944年生まれ。「スター・ウォーズ」シリーズの監督、製作で知られる。スピルバーグ（→p172）監督作品の「インディ・ジョーンズ」シリーズの製作も手がける。また、1975年に設立した「インダストリアル・ライト・アンド・マジック」は、アカデミー最優秀視覚効果賞を何度も受賞するなど、世界最高の視覚効果製作プロダクションとして名を馳せる。

ルーティン routine

「決まりきった」「型にはまった」「日常的な」の意味で、特に、日常業務（ルーティンワーク）を指すことが多い。ルーチンとも。フランス語で「踏み固められた道」の意味から。ほかに、コンピュータープログラムの中で、ひとつのまとまりを持った機能を果たす部分のこと。また、シンクロナイズド・スイミング（→p162）の課題演技のことも指す。自由に選んだ曲に合わせ、決められた要素を盛り込んで行う「テクニカル・ルーティン」と、内容、振り付けとも自由な「フリー・ルーティン」がある。

ルック

㊒住居用洗剤（ライオン）。英語の「LOOK」（見る）から。「見て！」「見る見る汚れが落ちる」といった意味を込めて命名。

ルノー Renault

㊎フランスの大手自動車メーカー。第二次大

戦後に国営化され、1996年に民営化された。日産自動車と99年に資本提携、副社長のカルロス・ゴーン氏（↓p128）が日産自動車の最高執行責任者に就任した。

ルビコン川を渡る　cross the Rubicon

重大な決心をする。ルビコン川は、古代ローマとガリアの境をなしていたアドリア海に注ぐ川。紀元前49年、カエサルが「賽は投げられた」と言ってこの川を渡り、ローマに進軍、覇権を握った。

ルフトハンザ・ドイツ　Deutsche Lufthansa

(企)ドイツの航空大手。全日本空輸との共同運航方式による日本国内線への参入が認められている。

ルマン24時間レース　24 Heures du Mans

フランスのルマン市で年1回行われる世界的に有名な24時間の自動車耐久レース。公道を含む1周約13・5キロのオープンサーキットで繰り広げられる。1923年に始まった。91年にマツダ787Bが日本車として初めて、95年には外国人ドライバーと組んだマクラーレンの関谷正徳が日本人ドライバーとして初めて総合優勝を飾っている。

ル・モンド　Le Monde

(商)1944年創刊のフランスの代表的な高級夕刊紙。政治・経済・国際関係の記事が充実しており、海外向けの雑誌も発行する。モンドは「世界」の意。

ルル

(商)風邪薬（三共）。「（風邪を）鎮める、和らげる」という意味の英語「lull」から命名。

ルワンダ　Rwanda

(地)アフリカ中部の国。バンツー語でワンダは「人々」、ルは土地を表す定冠詞。もともと少数派の牧畜民ツチ族（国民の9%）が農耕民フツ族（同90%）を支配し、ベルギー植民地時代も継続。1962年の独立後、フツ族が政権を掌握。両民族間の反目が続き、94年フツ族による ツチ族の大量虐殺が発生、犠牲者は100万人を超えるとされ、虐殺の責任者を追及する国連ルワンダ国際犯罪法廷が設置された。首都キガリ。

レ

レイオフ layoff

一時解雇。企業の経営状況などによって人員を減らす際、将来の再雇用を条件とした解雇制度。アメリカでは景気後退とともに多くの企業でレイオフが発表されている。戦後に日本でしばしば用いられた「一時帰休」は、一時的に休職させる制度で、雇用関係が続いている点でレイオフと異なる。

レイムダック lame duck

「足の不自由なアヒル」の意。アメリカで、選挙に落選したがまだ任期の残っている議員、任期を終えても再選出馬しない大統領、後任が決まって退職待ちの人などを言う。また、新製品に取りかえられる寸前のもの。役に立たなくなったもの。お払い箱。

レオタード leotard

伸縮自在の布地で体に密着するように作られた、女性の競泳用水着型の衣服。バレエやダンスなどで用いる。19世紀のフランスの空中曲芸師J・レオタードの名にちなむ。

レガシー LEGACY

㊔車。ワゴン（富士重）。英語で「大いなる伝承物」を意味する語にちなんで命名。

レガッタ regatta

競漕。ボートやヨット、カヌーなどのレース一般を指すが、特にボート競技が有名。イギリスのヘンリー・ロイヤル・レガッタやケンブリッジ大学とオックスフォード大学による対抗レガッタなどが古くから知られている。日本では埼玉・戸田のお花見レガッタや隅田川の早慶レガッタなどが人気。ただ、オリンピックや世界選手権では、ボート競技はヨットやカヌーと区別するため「レガッタ」という名称を用いず、漕ぐことを意味する「rowing」という種目名が使われる。14世紀にイタリア・ベネチアで行われていたゴンドラレースをイタリア語で「regata」と呼んだのが始まりとされる。俳句では春の季語。

【レ】

レゲエ　reggae

カリブ海のジャマイカで生まれたポピュラー音楽。伝統的な黒人ダンス音楽に米国のソウル・ミュージックが融合したもの。1970年代、ザ・ウェイラーズを率いたボブ・マーリーにより世界に広まった。カリブの黒人の先祖が暮らしていたアフリカへの望郷の念と黒人であることへの誇りが根底にある。

レジェンド　LEGEND

㊂車。セダン（ホンダ）。レジェンドは、英語で「伝説」の意。これからのホンダ車の伝説として末永く品質、思想が語り継がれるように願って命名。

レジオン・ドヌール　Légion d'honneur（フランス語）

19世紀初め、フランス帝国皇帝ナポレオン1世が制定したことに始まる勲章で、フランスの最高勲章。5等級に分かれ、民間人、軍人の別なく国家に貢献した者に与えられる。

レスビアン　lesbian

【レ】

女性の同性愛。「レスボス島の」の意味で、前6世紀、ギリシャ・エーゲ海に浮かぶこの島で生まれた女流詩人サッフォーが、少女たちに対する情熱的な愛を歌った詩を多く残したことにちなむ。サッフィズムともいう。

レタスクラブ

㊫雑誌（ＳＳコミュニケーションズ）。10・25日発売。女性向け。生活一般情報を掲載。

レッドカード　red card

サッカーで、審判が選手を即時退場処分にするとき、その選手に示す赤いカード。著しく不正なプレーをしたとき、乱暴な行為をしたとき、口汚い言葉を吐いたときなど、1枚で退場となり、次の試合も出場できない。また、一度、イエローカード（↓p38）を受けていながら、さらに不正行為を繰り返して1試合で2枚のイエローカードを受けたときも、レッドカードに該当する。

レッドデータブック　Red Data Book

絶滅の恐れのある動植物をまとめた資料集。危機を表す赤い表紙からその名がついた。1966年に国際自然保護連合（ＩＵＣＮ）が初めて作成。旧環境庁も91年に日本版を作成、順次、リストの見直しを進めている。日本版は2001年現在、「絶滅」「野生絶滅」「絶滅危惧Ⅰ類」「絶滅危惧Ⅱ類」「準絶滅危惧」などに分けられ、トキが「野生絶滅」に、メダカは「絶滅危惧Ⅱ類」に分類されている。県など地域独自のレッドデータブックを作る動きも広がりつつある。

レディーボーデン　Lady Borden

㊫アイス（ロッテ）。米国ボーデン社の創立者ゲイル・ボーデンの名前に、高級感や女性層を意識して「レディー」をつけたといわれる。

レトルト　retort

本来は高い圧力をかけて殺菌する際に使う釜の意味。一般にはレトルト食品を指す。レトルト食品は、調理ずみの食品を合成樹脂の袋などに入れて密閉したもの。長期保存ができ、数分間温めるとそのまま食べられる。1950年代のアメリカで研究が始まり、軍隊用に缶詰に代わる食料として開発が進められた。日本初のレトルト食品は、68年に発売された「ボンカレー」。

レバノン　Lebanon

㊞地中海沿岸の中東の国。南にイスラエルと接する。1972年5月イスラエル・テルアビブのロッド空港（現ベングリオン空港）乱射事件で自動小銃を乱射し約100人を殺傷した日本赤軍メンバーの岡本公三容疑者は、捕虜交換によりレバノンに滞在していたが、2000年3月同国政府によって正式に亡命が承認された。首都ベイルート。

レミュー（マリオ・〜、Mario Lemieux）

㊇北米アイスホッケーリーグ（NHL）でMVP3度で殿堂入りを果たしているかつての名プレーヤー。1965年生まれ。2000年シーズンからピッツバーグ・ペンギンズで史上初のオーナー兼選手として現役復帰。

レンズ付きフィルム

フィルムに簡易カメラが付いており、撮影後、カメラごと現像に出すもの。1986年に富士フイルムが「写ルンです」を発売したのが最初で、その後、他社も追随した。発売当時は「使い捨てカメラ」とも呼ばれたが、その後、部品の再利用が進み、リサイクルしている実態にそぐわない呼び名だとして、91年、富士フイルムとコニカの両者が呼称を「レンズ付きフィルム」に統一した。

レンタル　rental

【ロ】

短期の賃貸借（通常3年未満）。サッカーの選手が復帰を前提に期限を定めて他のチームに移籍することもレンタルという。レンタルに対し、長期間の賃貸借（通常3〜5年）はリース。ちなみに「レンタカー」は「rent（賃貸する）-a-car」で、「レンタルカー」の「ル」を省略したものではない。

ロ

ロイズTSB　Lloyd's TSB

㊭イギリスの金融業。伝統を持つロイズ銀行が、1995年に損保のTSBと合併してできた金融機関。膨大な顧客数を誇る。

ロイター　Reuters

㊭イギリスの通信会社。ドイツ生まれの通信事業家P・J・ロイターが1851年に設立した。経済関係の配信に力を入れており、ロイターが発表する商品相場は広く世界で利用されている。

ロイヤル・コペンハーゲン　ROYAL COPENHAGEN

(商)デンマークを代表する高級磁器ブランド。1775年、デンマーク王室の援助のもとに創設された。絵つけはすべて手がきで行われている。創業以来、作り続けられている白地に青の模様が描かれた「ブルーフルーテッド」のほか、豪華で優美な色彩の「フローラ・ダニカ」シリーズなどが世界的に有名。毎年、限定発売されるクリスマス・プレートはコレクターズ・プレートとも呼ばれ、珍重されている。

ロエベ　LOEWE

(商)スペインの高級バッグブランド。1846年、ドイツ人のエンリケ・ロエベがスペインのマドリードで工房を開いたのが始まり。軽い上質な革とエレガントなデザインで世界的に有名。1905年にはスペイン王室御用達となった。現在は衣料、アクセサリーなども扱っている。

ローデンストック　Rodenstock

㊔老舗メガネブランド。1877年にヨゼフ・ローデンストックが創業。ドイツでは最大のメーカー。

ロードプライシング　road pricing

特定地域に進入する車両に料金を課す制度。都心部の交通渋滞や大気汚染の緩和策として用いられる。1975年にシンガポールで採用、ノルウェーでも実施されている。2000年に和解が成立した「尼崎公害訴訟」の和解条項には、国と阪神高速道路公団がロードプライシングを早期実施することが盛り込まれた。また、東京都も石原慎太郎知事が導入に意欲を示している。

ロート目薬

㊔目薬（ロート製薬）。1909年発売。目薬の処方の原型を提供したミュンヘン大学のロートムンド博士の名から。

ローラアシュレイ　LAURA ASHLEY

㊔婦人服と家庭用の家具、食器などを扱う英国のブランド。20世紀半ばにアシュレイ夫妻が創業、美しい花柄やレースを用いたデザインが特徴。

ロールプレイング　role playing

役割（ロール）を演じること。学生の体験学習や社員の接客訓練などで、実際の場面を設定し、参加者が役割を分担して演じることにより、問題点とその解決方法を探る学習法。心理療法としても使われる。

ロールプレイングゲーム　role playing game

テレビゲームの一種。略してRPGという。

架空の物語を舞台に、プレーヤーが主人公の役割（ロール）を演じ（プレイング）、様々な冒険や戦いを経験しながら、目標や使命に向かって進んでいくゲーム。アクション（敵や障害物を技や武器で倒していく）、シューティング（襲ってくる敵や要塞を弾丸を発射して破壊する）、シミュレーション（飛行機の操縦などの擬似実験を行う）などと並ぶ典型的なゲーム・タイプのひとつ。「ドラゴンクエスト」（→p217）や「ファイナルファンタジー」（→p268）などは、シリーズ化されるほどの人気を集めた。

ログイン log in

自分のコンピューターと上位に位置するホストコンピューターを接続する手続き。IDやパスワードの確認などの手続きを行って接続することを指す。反対語はログアウト。また「ログ」とはコンピューターの使用状況を記録したもの。通信を行っていた場合は、その通信のやりとりの記録自体を「ログ」と呼ぶ。

ログハウス log house

ログは丸太で、ログハウスは丸太で造った家。丸太小屋（ログキャビン）を指すこともある。最近のアウトドアブームで、自然と一体となった素朴さから日本でも愛好家が増え、ログハウスやログハウス風の宿泊施設が各地で造られている。また、愛好家のために手作り用の材料一式が輸入されたり、丸太で家を造るログビル（ディング）の講習会が開かれたりもしている。

ロゴ logo

企業名・商品名などを視覚的に工夫を凝らして意匠化した図案。ロゴタイプ、ロゴマークとも。ロゴタイプは文字をデザイン化したもの、それに標章などを合わせたのがロゴマーク。

ロッキード・マーチン Lockheed Martin

㊎アメリカの航空機大手で軍事関係製品も手がける。680キロ上空からでも1メートルの解像度を誇る民間衛星「イコノス」は同社などが出資・設立したスペースイメージング社が打ち上げたもの。北朝鮮のテポドン発射基地とされる写真で話題になった。

ロドリゲス（アレックス・〜、Alex Rodriguez）

㊇米大リーグ、テキサス・レンジャーズの遊撃手。1975年生まれ。2001年まで4年連続40本塁打以上の強打に加え守備・走塁もトップクラスの「最も完成された選手」。2000年にシアトル・マリナーズから移籍した際結んだ10年2億5200万ドルの契約はプロ・スポーツ史上最高額。

ロビイスト　lobbyist

企業や各種団体、外国政府などから依頼されて、議会のロビー（控室）などで、議員や政党に対し、議案の成立もしくは廃案など、依頼者の利益になるような政策決定を働きかけることを業とする人のこと。英語のロビーには動詞として「議会で陳情運動をする」「議案通過・政策決定に圧力をかける」という意味もある。米国では法律制定が密室取引に左右されるのを防ぐためロビー活動を規制する法律があり、ロビイストを「労働時間の20％以上を報酬を得てロビー活動にあてる人」と定義して議会への登録を義務づけている。依頼主の名前、依頼の内容、契約した費用なども届け出が義務づけられ、その内容は公表される。

ロフト　loft

①倉庫や工場の上層階を指す。安く広いスペースが得られるので、アトリエやギャラリー、演劇のけいこのための空間に利用されることがある。ニューヨークのソーホー地区が有名。②

教会や講堂の上階や、一般家屋の屋根裏部屋。
③ゴルフのクラブのボールをたたく面の角度。

【ロ】

ロベルタ・ディ・カメリーノ Roberta di Camerino
㊍ジュリアーナ・カメリーノが1945年に創業したイタリアのファッションブランド。強烈な色遣いと「R」のマークで知られる。ベルベットを用いた華やかで気品あるデザインのバッグ「バゴンギ」は有名。ブランド名は、ジュリアーナにとっての思い出の映画、フレッド・アステア主演の映画「ロバータ」（イタリア語読みはロベルタ）からとられた。

ロベン島 Robben
㊞南アフリカ、ケープタウン沖合の島。ネルソン・マンデラ前南アフリカ大統領らが政治囚として送られ、アパルトヘイト（人種隔離政策）の一翼を担う監獄島だった。現在、刑務所は博物館となり、観光客誘致が図られている。1999年、ユネスコ世界遺産に登録された。

ロマネコンティ Romanée-Conti（フランス語）
㊍フランスの高級ワインで東南部ブルゴーニュ地方の産。一本30万円前後。ピノ・ノワールという種類のブドウから作られるが、栽培が困難で、ブルゴーニュ地方以外のところではうまく作れないといわれ、希少品。

ロリエ Laurier
㊍生理用品（花王）。フランス語のロリエ（月桂樹、栄光等の意）に由来。

ロレックス ROLEX
㊍防水時計で名高いスイスの時計ブランド。1905年、ハンス・ウィルスドルフが創業。懐中時計が主流だった当時において、初めから腕時計を扱った。26年、世界で最初の完全防水時計「オイスター」を発売。翌年にはイギリス

人女性がこの時計を着けてドーバー海峡を泳いで横断し、その性能が証明された。その後も自動巻きや日付表示機能などの技術を他社に先駆けて開発した。

ワ

ワーカーズ・コレクティブ　workers' collective
　生産協同組合。参加メンバーが共同出資し、自ら働く、自主管理事業体。環境保全・リサイクル事業、地域福祉サービスなど、1990年代から多くの分野で展開されている。

ワーカホリック　workaholic
　仕事中毒。1971年、アメリカのオーツ博士が、「ワーク」（仕事）と、アルコール中毒を意味する「アルカホリック」から作った言葉。アルコール中毒者が酒におぼれていくように、必要以上に仕事にのめりこんでいく状態をいう。

ワーキングウーマン　working woman
　働く女性。年齢にかかわらず、単純労働も含めた働く女性一般を指す。キャリアウーマン（→p107）や、比較的若い事務職の女性をいう和製英語のOLに対し、やや対象範囲が広い。

ワーキンググループ　working group
　作業部会。（委員会、調査会などで）テーマや単元別に意見を出し、まとめるための集まり。

ワーキングホリデー　working holiday
　18歳から25歳までの独身の若者を対象に、海外での文化交流の機会を与えることを目的にした制度。観光ビザでは旅行先の国で働くことはできず、労働ビザが必要だが、ワーキングホリデービザ（普通は滞在期間6か月）で入国した場合は、アルバイト程度の臨時の仕事につき、長期間の旅行も可能となる。日本は、オーストラリア、ニュージーランド、カナダ、韓国、フランス、ドイツ、イギリスとこの取り決めを結んでいる。

ワークシェアリング　work-sharing

仕事の分かち合い。雇用を維持・確保するため仕事を分かち合うこと。賃金を抑制してでも雇用の確保を優先する考え方。例えば、これまで3人が8時間かけていた仕事を4人で6時間ずつやると、2時間分の賃金は減るが1人の雇用が確保できることになる。ドイツの自動車会社のフォルクスワーゲン（↓p277）が週休2日から3日に変えることで数万人の解雇が回避できたとされる。日本でも失業率の増加とともに、ワークシェアリングが議論されるようになった。

ワークショップ　workshop

研究集会。参加者が専門家の助言を受けて、共同研究や創作などを行う集まり。

ワードローブ　wardrobe

衣装部屋、または洋服だんす。個人の持っているひとそろいの洋服を指すこともある。

ワールドカップ（サッカー）　FIFA World Cup

国際サッカー連盟（ＦＩＦＡ）が主催、2年がかりで世界各地で予選を行い、代表国によって4年に1度、夏季オリンピックの中間年に開催する（現在は冬季五輪の年）。ワールドカップと名のつく世界大会はラグビーやスキーなど多くの競技で行われているが、サッカーが最も古く、世界的な関心もオリンピックより高い。第1回は１９３０年にウルグアイで開かれ、第二次世界大戦による中断をはさんで50年に復活、第17回大会（２００２年）は日本と韓国による初めての共同開催として行われる。

ワールドゲームズ　World Games

オリンピック競技以外のスポーツ（現在約30

種類）を集めた国際競技大会で、国際ワールドゲームズ協会（ＩＷＧＡ）が主催。１９８１年第１回大会が米国サンタクララで開かれ、２００１年に６回目が日本の秋田県で催された。夏季五輪の翌年に４年ごとで開催。６回目からは五輪の旗の掲揚が認められた。トランポリン、水上スキー、綱引き、ゲートボール、オリエンテーリング、空手道など多彩な種目で競われる。

ワイルドカード　wild card

テニスで、出場資格を満たしていない選手を主催者の自由裁量で出場させる制度。または、アメリカのメジャーリーグ（→p332）で、リーグ優勝を決める際に地区優勝3チームのほかに、各地区2位チームのうち勝率1位のチームもプレーオフに参加できる制度。本来は、トランプで「どのカードの代わりにもなるカード」の意味。

ワシントン　Washington

(地)米国の首都で、どの州にも属さない。ワシントンD.C.とも称される。D.C.はコロンビア特別区（District of Columbia）の略。これは初代大統領ワシントンと〝新大陸の発見者〟コロンブスを記念して命名された。

ワシントン条約　Washington Convention

正式には「絶滅のおそれのある野生動植物の種の国際取引に関する条約」。種の国際的取引を制限することで、開発や乱獲で絶滅の危機にひんした動植物を守ろうとするもの。１９７３年ワシントンで採択され、日本は80年批准。２００１年10月の時点では１５４か国・地域が加盟。個体数の多寡などで「絶滅のおそれがあるもの」「取引等に規制を要するもの」「自主規制の必要があるもの」の三つのランクに分けて対応。ゴリラ、トラ、パンダなどは最も絶滅のおそれが大きく、最も厳しいランクに入っている。植物でも野生のランが真ん中のランクに入り、商取引が規制されている。

【ワ】

ワシントン・ポスト Washington Post

㊔アメリカの代表的な新聞。1877年に創刊。雑誌ニューズウィーク（↓p227）やテレビ報道まで広く手がける。ニクソン大統領の退陣につながったウォーターゲート事件のスクープ（1972年）は特に有名。

ワルシャワ Warszawa

㊞1611年以来、ポーランドの首都。モスクワ、サンクトペテルブルクとベルリン、ウィーン、パリをつなぐヨーロッパ交通上の一大中継地点。

主要参考文献

CD版世界大百科事典（平凡社）　日立システムアンドサービス
世界大百科事典第2版　平凡社
マイペディア電子辞書版　平凡社
外辞苑（平成　新語・流行語辞典）亀井肇　平凡社
日本大百科全書＋国語大事典スーパー・ニッポニカ　小学館
広辞苑第5版　岩波書店
理化学事典第5版　岩波書店
世界年鑑2001　共同通信社
ニュース英語小辞典2001　読売新聞宣伝部、英字新聞部編
コンサイスカタカナ語辞典第2版　三省堂
三省堂ポケットカタカナ語辞典　三省堂
コンサイス外国地名事典第3版　三省堂
クラウン仏和辞典　三省堂
リーダーズ英和辞典第2版　研究社
研究社英和辞典　研究社
例文で読むカタカナ語の辞典　小学館
英語固有名詞エピソード辞典　木魂社
経済新語辞典2001年版　日本経済新聞社
外国会社年鑑2001　日本経済新聞社
デジタル用語事典2001―2002　日経BP社
情報・通信新語辞典　日経BP社
日本語大辞典第2版　講談社
ユネスコ世界遺産　講談社（7巻など）
現代天文学事典　講談社
イスラムでニュースを読む　宮田律　自由国民

スポーツ用語辞典　学習研究社
実戦・観戦スポーツ辞典　講談社
新明解百科語辞典　三省堂
最新カタカナ語辞典第二版　講談社
社
現代用語の基礎知識2001、2002　自由国民社
イミダス2001、2002　集英社
知恵蔵2001、2002　朝日新聞社
地名の世界地図　21世紀研究会編　文春新書
民族の世界地図　21世紀研究会編　文春新書
世界地図から地名の起源を読む方法　辻原康夫　河出書房新社
世界各国要覧　二宮書店
世界史用語集　全国歴史教育研究協議会編　山川出版社
世界史事典　旺文社
世界各国要覧　10訂版　東京書籍
現代外国人名録2000　日外アソシエーツ
標準パソコン用語事典　秀和システム
WINNERS 2000　新潮社

WMO　世界気象機関（国連）
WPI　卸売物価指数
WS　ワークステーション
WTO　世界貿易機関
WWF　世界自然保護基金
WWW　世界気象監視機構

Y

YMCA　キリスト教青年会
YSX　次世代小型旅客機
YWCA　キリスト教女子青年会

Z

ZD運動　無欠点運動

地球サミット
UNCTAD 国連貿易開発会議
UNDC 国連軍縮委員会
UNDP 国連開発計画
UNEP 国連環境計画
UNESCO（ユネスコ） 国連教育・科学・文化機関
UNFPA 国連人口基金
UNHCR 国連難民高等弁務官事務所
UNICEF（ユニセフ） 国連児童基金
UNIFIL 国連レバノン暫定軍
UNOSOM 国連ソマリア活動
UNPROFOR 国連防護軍
UNRWA 国連パレスチナ難民救済事業機関
UNSC 国連安全保障理事会
UNSCOM 国連大量破壊兵器廃棄特別委員会
UNU 国連大学
UNV 国連ボランティア
UPU 万国郵便連合（国連）
URL インターネット・ホームページのある場所〔アドレス〕
USGA 米国ゴルフ協会
USTR 米通商代表部
UV 紫外線

V

VAN 付加価値通信網
VAT 付加価値税
VB ベンチャービジネス
VD ビデオディスク
VHF 超短波
VHS 家庭用VTRの一方式
VHSIC 超高速集積回路
VICS 道路交通情報通信システム
VIP 最重要人物
VLF 超長波
VLSI 超大規模集積回路
VOA 米政府海外向け放送
VPN 仮想専用網、仮想私設通信網
VR バーチャルリアリティー、仮想現実
VTR ビデオテープレコーダー

W

W杯 ワールドカップ
WB 新株引受権付き社債、ワラント債
WBA 世界ボクシング協会
WBC 世界ボクシング評議会
WECPNL 加重等価平均騒音レベル、うるささ指数
WFP 世界食糧計画（国連）
WHO 世界保健機関（国連）
WIPO 世界知的所有権機関（国連）

イル

SNF　短距離核戦力

SOHO　スモールオフィス・ホームオフィス〔自宅や小規模事務所をコンピューター・ネットワークで会社と結ぶ業務形態〕

SONAR（ソナー）　水中音波探知機

SOx　硫黄酸化物

SPC　特定目的会社

SPD　社会民主党（独）

SPDC　国家平和発展評議会（ミャンマー）

SQUID（スキッド）　超電導（伝導）量子干渉計（素子）

SRAM　記憶保持動作が不要な随時書き込み読み出しメモリー

SRBM　短距離弾道ミサイル

SS　浮遊物質（量）

SSBN　弾道ミサイル積載原子力潜水艦〔SSは艦種記号〕

SSC　超電導（伝導）大型粒子加速器

SST　超音速旅客機

STマーク　おもちゃの安全基準合格マーク

START1、2　戦略兵器削減条約

STD　性（行為）感染症

SUV　スポーツ・ユーティリティー・ビークル〔都会的に洗練されたアウトドア仕様車〕

T

TA　ターミナルアダプター〔デジタル回線接続用機器〕

TAC　米戦術空軍司令部

TB　（割引）短期国債

TDB　貿易開発理事会（国連）

TGV　超高速新幹線（仏）

TMD　戦域ミサイル防衛

TNF　戦域核戦力

TNF　しゅよう壊死（えし）因子

TOB　株式公開買い付け

TOPIX　東証株価指数

TPA　ヒト組織プラスミノーゲン活性化因子

TRON（トロン）計画　コンピューターの新体系作成計画

TSL　テクノスーパーライナー〔超高速貨物船〕

U

UAE　アラブ首長国連邦

UCI　国際自転車競技連合

UEFA　欧州サッカー連盟

UFO　未確認飛行物体

UHF　極超短波

UNCED　国連環境開発会議、

PLO　パレスチナ解放機構
PNC　パレスチナ民族評議会
POP広告 購入時点広告
POS　販売時点情報管理（システム）
ppb　十億分率
pphm　一億分率
ppm　百万分率
PPP　汚染者負担（原則）
PPP　購買力平価（説）
PPP　パキスタン人民党
PPP　パレスチナ人民党
PPP　開発統一党（インドネシア）
PTSD　心的外傷後ストレス障害
PWR　加圧水型原子炉

Q

QC　品質管理
QOL　生命の質、生活の質、生命・生活の質

R

RAM　随時書き込み読み出しメモリー
RI　放射性同位元素
RIMPAC（リムパック）　環太平洋合同演習
RMA　全米精米業者協会
RNA　リボ核酸
ROE　株主資本利益率、自己資本利益率
ROM　読み出し専用メモリー
RPG　ロールプレイング・ゲーム
RPV　遠隔操縦無人機
RV　レジャー用多目的車

S

S波　（地震の）横波
SAARC　南アジア地域協力連合
SAC　米戦略空軍司令部
SACO　沖縄施設・区域特別行動委員会
SALT　戦略兵器制限交渉（条約）
SBS　シックビル症候群
SBS方式 売買同時入札方式〔コメ輸入など〕
SDI　戦略防衛構想
SE　システムエンジニア
SEC　米証券取引委員会
SFOR　平和安定軍
SFX　特撮技術、特殊視覚効果技術
SGマーク　安全商品マーク
SIDS　乳幼児突然死症候群
SIPRI　ストックホルム国際平和研究所
SLBM　潜水艦発射弾道ミサ

O

OA　オフィスオートメーション
OAEC　アジア経済協力機構
OAPEC　アラブ石油輸出国機構
OAS　米州機構
OAU　アフリカ統一機構
OCA　アジア・オリンピック評議会
OCR　光学式文字読み取り装置
ODA　政府開発援助
OECD　経済協力開発機構
OECF　海外経済協力基金
OEM　相手先ブランドによる生産
OHP　オーバーヘッドプロジェクター
OMB　米行政管理予算局
OMR　光学式マーク読み取り装置
OOC　オリンピック組織委員会
OPEC　石油輸出国機構
OS　基本ソフトウエア
OSCE　全欧安保協力機構

P

P波　（地震の）縦波
PAC　パンアフリカニスト会議
PB　プライベートブランド
PBEC　太平洋経済委員会
PBR　株価純資産倍率
PCB　ポリ塩化ビフェニール
PDA　携帯情報端末（機器）
PDFLP　パレスチナ解放民主人民戦線
PEN　国際ペンクラブ
PER　株価収益率
PET（ペット）　ポリエチレンテレフタレート（樹脂）〔ペットボトル〕
PFI　民間資金を活用した社会資本（基盤）整備
PFLP　パレスチナ解放人民戦線
PFP　平和のためのパートナーシップ
PGA　（米）プロゴルフ協会
pH　水素イオン指数
PHS　簡易型携帯電話
PKF　国連平和維持軍〔日本が参加する場合の政府呼称は「平和維持隊」〕
PKK　クルド労働者党
PKO　国連平和維持活動
PL法　製造物責任法
PLI　新国民生活指標

ブドウ球菌
MRTA　トゥパク・アマル革命運動（ペルー）
MSA　多国間鉄鋼貿易協定
MSA　米相互安全保障法
MSF　国境なき医師団
MTB　マウンテンバイク
MX　次期戦略ミサイル（米）

N

NAACP　全米黒人地位向上協会
NACC　北大西洋協力評議会
NAFTA　北米自由貿易協定
NAFTA　北大西洋自由貿易地域
NASA　米航空宇宙局
NASDA　宇宙開発事業団
NATO　北大西洋条約機構
NBA　米プロバスケットボール協会
NBC兵器 核・生物・化学兵器
NCI　米国立がん研究所
NEC　国家経済会議（米）
NFL　米ナショナル・フットボールリーグ
NGO　非政府間機関、民間活動団体
NHL　北米アイスホッケーリーグ
NIE　新聞を教材にして授業を展開する運動、教育に新聞を
NIES　新興工業国・地域群
NIH　米国立衛生研究所
NIS　旧ソ連〔バルト三国を除く旧ソ連邦〕
NLF（FLN）　民族解放戦線
NLP　夜間離着陸訓練
NMD　全米ミサイル防衛
NNE　国民純支出
NNP　国民純生産
NOC　国内オリンピック委員会
NOW　全米女性機構
NOx　窒素酸化物
NPA　新人民軍（フィリピン）
NPD　国家民主党（独ネオ・ナチ党）
NPO　非営利組織〔商業的利益を目的とせず、公益活動に取り組むボランティア団体の総称〕
NPT　核拡散防止条約
NRA　全米ライフル協会
NSA　国家安全保障局（米）
NSC　国家安全保障会議（米）
NSI　国民生活指標
NTB　非関税障壁
NYSE　ニューヨーク証券取引所

JICA　国際協力事業団
JIS　日本工業規格
JOC　日本オリンピック委員会
JOCV　青年海外協力隊
JRC　日本赤十字社
JRR　日本の研究用原子炉
JTA　日本テニス協会

K

KEDO　朝鮮半島エネルギー開発機構
KGB　国家保安委員会（旧ソ連）
KKK　クー・クラックス・クラン（米白人の秘密結社）

L

LAFTA　ラテンアメリカ自由貿易連合
LAN　企業内情報通信網、構内情報通信網
LANDSAT（ランドサット）地球資源調査衛星（米）
LCD　液晶表示装置
LD　レーザーディスク
LDC　開発途上国
LED　発光ダイオード
LLDC　後発開発途上国
LMG　液化メタンガス
LNG　液化天然ガス
LPG　液化石油ガス
LPGA　（米）女子プロゴルフ協会
LSI　大規模集積回路

M

M&A　企業の合併・買収
MBA　経営学修士（号）
MD　ミニディスク
ME　マイクロエレクトロニクス
ME　医用電子機器
MFN　最恵国待遇
MHD　電磁流体（発電）
MIGA　多国間投資保証機関
MIRV　各個誘導多核弾頭
MIT　マサチューセッツ工科大学（米）
MMC　市場金利連動型預金
MMF　短期公社債投資信託
MO　光磁気（ディスク）
MOS　金属酸化膜半導体
MOX燃料　混合酸化物燃料（ウラン・プルトニウム混合燃料）
MPR　国民協議会（インドネシア）
MPU　超小型演算処理装置
MRFA　中欧相互兵力軍備削減交渉
MRI　核磁気共鳴映像法
MRP　機械読み取り式旅券
MRSA　メチシリン耐性黄色

（国連）
ICBM　大陸間弾道弾
ICBP　国際鳥類保護会議
ICC　国際商業会議所
ICJ　国際司法裁判所（国連）
ICPO　国際刑事警察機構、インターポール
ICRC　赤十字国際委員会
ICU　集中治療室
IDカード　身分証明書（証）
IEA　国際エネルギー機関
IF　国際競技連盟
IFJ　国際ジャーナリスト連盟
IFN　インターフェロン
Ig　免疫グロブリン
IGA　国際ゴルフ協会
IISS　（ロンドン）国際戦略研究所
IJF　国際柔道連盟
ILO　国際労働機関（国連）
IMF　国際通貨基金（国連）
IMF・JC　全日本金属産業労働組合協議会、金属労協
INS　高度情報通信システム
INTELSAT（インテルサット）国際電気通信衛星機構
IOC　国際オリンピック委員会
IOJ　国際ジャーナリスト機構
IPCC　気候変動に関する政府間パネル
IPI　国際新聞編集者協会
IQ　知能指数
IRA　アイルランド共和軍
IRB　国際ラグビーボード
IRBM　中距離弾道弾
IRC　国際赤十字
ISDN　総合デジタル通信網
ISO　国際標準化機構
ITA　情報技術協定
ITC　国際貿易委員会（米）
ITER　国際熱核融合実験炉
ITF　国際テニス連盟
ITS　高度道路交通システム
ITU　国際電気通信連合（国連）
IUCN　国際自然保護連合
IWC　国際捕鯨委員会（協定）

J

JAF　日本自動車連盟
JARO　日本広告審査機構
JAS　日本農林規格
JASRAC　日本音楽著作権協会
JC　（日本）青年会議所
JCI　国際青年会議所
JETRO（ジェトロ）　日本貿易振興会

FRS　連邦準備制度（米）
FSX　次期支援戦闘機（航空自衛隊）
FTA　自由貿易協定
FTAA　米州自由貿易圏

G

G5　先進五か国蔵相および中央銀行総裁会議
G5＝日、米、英、仏、独
G7＝G5＋伊、カナダ
GAB　（IMFの）一般借り入れ取り決め
GCC　（アラブまたはペルシャ）湾岸協力会議
GCP　医薬品の臨床試験の実施に関する基準（厚生労働省）
GDP　国内総生産
GEF　地球環境基金
GHQ　連合国軍総司令部〔一般的表記〕
GII　世界情報基盤
GIS　地理情報システム
GMT　グリニッジ標準時
GNE　国民総支出
GNP　国民総生産
GOP　米共和党〔ニックネーム〕
GPALS　限定的弾道ミサイル防御システム
GPS　全地球測位システム
GRP　域内総生産

H

HA　ホームオートメーション
HBV　B型肝炎ウイルス
HCB　ヘキサクロロベンゼン
HCV　C型肝炎ウイルス
HDD　ハードディスクドライブ
HIV　エイズウイルス、ヒト免疫不全ウイルス
HRT　ホルモン補充療法
HSST　高速地表輸送機（リニア）
HST　極超音速旅客機
HTLV　成人T細胞白血病ウイルス
HTML　インターネット・ホームページを作成するための言語

I

IAAF　国際陸上競技連盟
IAEA　国際原子力機関（国連）
IAS　国際会計基準
IBAF　国際野球連盟
IBI　国際投資銀行
IC　集積回路
ICAO　国際民間航空機関

EBRD 欧州復興開発銀行
EC 欧州共同体
EC 電子商取引
ECB 欧州中央銀行
ECCS 緊急炉心冷却装置
ECE 欧州経済委員会（国連）
ECO 経済協力機構
ECOSOC 経済社会理事会（国連）
EDC 欧州防衛共同体
EDTV 高画質テレビ、クリアビジョン
EEA 欧州経済地域
EEZ 排他的経済水域
EFTA 欧州自由貿易連合
EGF 上皮成長因子
EL 電子図書館
EMS 欧州通貨制度
EPA エイコサペンタエン酸
ESCAP（エスキャップ） アジア太平洋経済社会委員会（国連）
ESRO 欧州宇宙研究機構
ET 地球外の生物
EU 欧州連合
EZLN サパティスタ民族解放軍（メキシコ）

F

FA フリーエージェント
FAA 連邦航空局（米）
FAI 国際航空連盟
FAO 食糧農業機関（国連）
FB 政府短期証券
FBI 連邦捜査局（米）
FBR 高速増殖炉
FDA 食品医薬品局（米）
FDD フロッピーディスク駆動装置（ドライブ）
FDP 自由民主党（独）
FEMA 連邦緊急事態管理庁（米）
FF車 前部エンジン前輪駆動車
FIA 国際自動車連盟
FIEJ 国際新聞発行者協会
FIFA 国際サッカー連盟
FIG 国際体操連盟
FINA 国際水泳連盟
FIS 国際スキー連盟
FIS イスラム救国戦線
FN 国民戦線〔仏極右政党〕
FOMC 連邦公開市場委員会（米）
FR車 前部エンジン後輪駆動車
FRB 連邦準備銀行（米）
FRB 連邦準備制度理事会（米）
FRP 繊維強化プラスチック

導体
CNC　コンピューター数値制御
COCOM（ココム）　対共産圏輸出統制委員会
COD　化学的酸素要求量
COMEX　ニューヨーク商品取引所
COO　最高業務（執行）責任者
COP　気候変動枠組み条約締約国会議
CP　コマーシャルペーパー
CPI　消費者物価指数
CPU　中央演算処理装置
CRS　米議会調査局
CS　通信衛星
CSU　キリスト教社会同盟（独）
CT　コンピューター断層撮影法
CTBT　核実験全面禁止条約
CTC　列車集中制御装置
CVS　コンビニエンスストア

D

DC　キリスト教民主党（伊）
DCC　デジタルコンパクトカセット
DD原油　直接取引原油
DDX　デジタルデータ交換網
DEA　麻薬取締局（米）
DFLP　パレスチナ解放民主戦線
DGB　ドイツ労働総同盟
DHA　人道問題局（国連）
DHA　ドコサヘキサエン酸
DI　景気動向指数
DINKS（ディンクス）　共働きで子供のいない夫婦
DIY　自分で家具づくりや修繕などをすること、日曜大工
DMZ　非武装地帯
DNA　デオキシリボ核酸
DRAM　記憶保持動作が必要な随時書き込み読み出しメモリー
DTP　デスクトップ・パブリッシング、机上編集・出力
DV　家庭内暴力〔親の子に対する暴力、夫婦間の暴力など〕
DVC　デジタルビデオカメラ、デジタルビデオカセット
DVD　デジタル多用途ディスク

E

EAEC　東アジア経済会議

ATP　アデノシン三リン酸
ATS　自動列車停止装置
AV　オーディオ・ビジュアル（音響・映像）
AWACS　空中警戒管制システム、空中警戒管制機
AZT　アジドチミジン〔エイズの治療薬〕

B

BA　銀行引受手形
BBC　イギリス放送協会
BBS　電子掲示板
BC兵器　生物化学兵器
BIE　博覧会国際事務局
BIS　国際決済銀行
BJP　インド人民党
BMDO　弾道ミサイル防衛局（米）
BMEWS　弾道弾早期警報網
BMI　体格指数
BOD　生物化学的酸素要求量
BS　放送衛星
BWR　沸騰水型原子炉

C

CAB　民間航空委員会（米）
CAD　コンピューター利用設計
CAM　コンピューター利用製造
CAP　共通農業政策
CATV　ケーブル（有線）テレビ、共同アンテナテレビ
CB　転換社債
CBM　信頼醸成措置
CCD　電荷結合素子
CD　コンパクトディスク
CD（またはNCD）　譲渡性預金
CD　現金自動支払機
CDC　米疾病対策センター
CD－R　書き込み可能CD
CD－ROM　コンパクトディスクを使った読み出し専用メモリー（記憶装置）
CDS　社会民主中道派（仏）
CDU　キリスト教民主同盟（独）
CE　欧州会議
CEA　大統領経済諮問委員会（米）
CEO　最高経営責任者
CFE　欧州通常戦力交渉
CFS　慢性疲労症候群
CG　コンピューターグラフィックス
CGT　労働総同盟（仏）
CI　企業イメージ確立戦略
CIA　中央情報局（米）
CIS　独立国家共同体
CJD　クロイツフェルト・ヤコブ病
CMOS　相補型金属酸化膜半

付録2・欧文略語集

A

AAM　空対空ミサイル
ABC兵器　核・生物・化学兵器
ABM　弾道弾迎撃ミサイル
ABU　アジア太平洋放送連合
ABWR　新型（改良型）沸騰水型軽水炉
AC　公共広告機構
ACC　行政調整委員会（国連）
ADB　アジア開発銀行
ADESS（アデス）気象資料自動編集中継装置
ADF　アジア開発基金
ADIZ　防空識別圏
ADR　裁判外紛争処理手続き
ADSL　非対称デジタル加入者線
AE　自動露出
AF　自動焦点
AFDB　アフリカ開発銀行
AFTA　ASEAN自由貿易地域
AGF　アジア競技連盟
AGM　空中発射誘導ミサイル
AI　人工知能
AID　非配偶者間人工授精
AIDS（エイズ）後天性免疫不全症候群
AIH　配偶者間人工授精
AIM　空対空迎撃ミサイル
ALBM　空中発射弾道弾
ALT　外国語指導助手
ANC　アフリカ民族会議
ANOC　各国（国内）オリンピック委員会連合
AOR　大人向けのロック
APEC　アジア太平洋経済協力会議
APS　新写真システム
ARF　ASEAN地域フォーラム
ASAT　衛星攻撃兵器
ASEAN　東南アジア諸国連合
ASEM　アジア欧州会議
ASM　空対地ミサイル
AT　自動変速機
ATC　航空交通管制
ATC　自動列車制御装置
ATL　成人T細胞白血病
ATM　現金自動預け払い機
ATO　自動列車運転装置
ATP　（男子）プロテニス選手協会

カルガリー・フレームス　Calgary FLAMES
コロラド・アバランチ　Colorado AVALANCHE
エドモントン・オイラーズ　Edmonton OILERS
ミネソタ・ワイルド　Minnesota WILD
バンクーバー・カナックス　Vancouver CANUCKS
〈太平洋地区〉
アナハイム・マイティダックス　MIGHTY DUCKS of Anaheim
ダラス・スターズ　Dallas STARS
ロサンゼルス・キングス　Los Angeles KINGS
フェニックス・コヨーテス　Phoenix COYOTES
サンノゼ・シャークス　San Jose SHARKS

〈大西洋地区〉
ニュージャージー・デビルズ　New Jersey DEVILS
ニューヨーク・アイランダーズ　New York ISLANDERS
ニューヨーク・レンジャーズ　New York RANGERS
フィラデルフィア・フライヤーズ　Philadelphia FLYERS
ピッツバーグ・ペンギンズ　Pittsburgh PENGUINS
〈北東地区〉
ボストン・ブルーインズ　Boston BRUINS
バッファロー・セイバーズ　Buffalo SABRES
モントリオール・カナディアンズ　Montreal CANADIENS
オタワ・セネタース　Ottawa SENATORS
トロント・メープルリーフス　Toronto MAPLE LEAFS
〈南東地区〉
アトランタ・スラッシャーズ　Atlanta THRASHERS
カロライナ・ハリケーンズ　Carolina HURRICANES
フロリダ・パンサーズ　Florida PANTHERS
タンパベイ・ライトニング　Tampa Bay LIGHTNING
ワシントン・キャピタルズ　Washington CAPITALS
【西カンファレンス】
〈中地区〉
シカゴ・ブラックホークス　Chicago BLACKHAWKS
コロンバス・ブルージャケッツ　Columbus BLUE JACKETS
デトロイト・レッドウィングス　Detroit RED WINGS
ナッシュビル・プレデターズ　Nashville PREDATORS
セントルイス・ブルース　St. Louis BLUES
〈南西地区〉

〈東地区〉
ダラス・カウボーイズ　Dallas COWBOYS
ニューヨーク・ジャイアンツ　New York GIANTS
フィラデルフィア・イーグルス　Philadelphia EAGLES
ワシントン・レッドスキンズ　Washington REDSKINS
〈北地区〉
シカゴ・ベアーズ　Chicago BEARS
デトロイト・ライオンズ　Detroit LIONS
グリーンベイ・パッカーズ　Green Bay PACKERS
ミネソタ・バイキングス　Minnesota VIKINGS
〈南地区〉
アトランタ・ファルコンズ　Atlanta FALCONS
カロライナ・パンサーズ　Carolina PANTHERS
ニューオーリンズ・セインツ　New Orleans SAINTS
タンパベイ・バッカニアーズ　Tampa Bay BUCCANEERS
〈西地区〉
アリゾナ・カージナルス　Arizona CARDINALS
セントルイス・ラムズ　St. Louis RAMS
サンフランシスコ・49ers（フォーティナイナーズ）San Francisco 49ERS
シアトル・シーホークス　Seattle SEAHAWKS
※2002－03年シーズンからヒューストン・テキサンズが新加入。各カンファレンスが3地区制から4地区制になり、リーグ編成が変更。

NHL（北米アイスホッケーリーグ）30チーム

【東カンファレンス】

NFL（米ナショナル・フットボールリーグ）32チーム

【アメリカン・カンファレンス】AFC＝American Football Conference

〈東地区〉

バッファロー・ビルズ　Buffalo BILLS

マイアミ・ドルフィンズ　Miami DOLPHINS

ニューイングランド・ペイトリオッツ　New England PATRIOTS

ニューヨーク・ジェッツ　New York JETS

〈北地区〉

ボルティモア・レーベンズ　Baltimore RAVENS

シンシナティ・ベンガルズ　Cincinnati BENGALS

クリーブランド・ブラウンズ　Cleveland BROWNS

ピッツバーグ・スティーラーズ　Pittsburgh STEELERS

〈南地区〉

ヒューストン・テキサンズ　Houston TEXANS

インディアナポリス・コルツ　Indianapolis COLTS

ジャクソンビル・ジャガーズ　Jacksonville JAGUARS

テネシー・タイタンズ　Tennessee TITANS

〈西地区〉

デンバー・ブロンコス　Denver BRONCOS

カンザスシティー・チーフス　Kansas City CHIEFS

オークランド・レイダース　Oakland RAIDERS

サンディエゴ・チャージャーズ　San Diego CHARGERS

【ナショナル・カンファレンス】NFC＝National Football Conference

シカゴ・ブルズ　Chicago BULLS
クリーブランド・キャバリアーズ　Cleveland CAVALIERS
デトロイト・ピストンズ　Detroit PISTONS
インディアナ・ペーサーズ　Indiana PACERS
ミルウォーキー・バックス　Milwaukee BUCKS
トロント・ラプターズ　Toronto RAPTORS
【西カンファレンス】
〈中西部地区〉
ダラス・マーベリックス　Dallas MAVERICKS
デンバー・ナゲッツ　Denver NUGGETS
ヒューストン・ロケッツ　Houston ROCKETS
ミネソタ・ティンバーウルブズ　Minnesota TIMBERWOLVES
サンアントニオ・スパーズ　San Antonio SPURS
ユタ・ジャズ　Utah JAZZ
メンフィス・グリズリーズ　Memphis GRIZZLIES
〈太平洋地区〉
ゴールデンステート・ウォリアーズ　Golden State WARRIORS
ロサンゼルス・クリッパーズ　L.A. CLIPPERS
ロサンゼルス・レイカーズ　L.A. LAKERS
フェニックス・サンズ　Phoenix SUNS
ポートランド・トレイルブレイザーズ　Portland TRAIL BLAZERS
サクラメント・キングス　Sacramento KINGS
シアトル・スーパーソニックス　Seattle SUPERSONICS

ピッツバーグ・パイレーツ　Pittsburgh PIRATES　海賊
セントルイス・カージナルス　St. Louis CARDINALS　深紅・鳥の名
〈西地区〉
アリゾナ・ダイヤモンドバックス　Arizona DIAMONDBACKS　ガラガラヘビ
コロラド・ロッキーズ　Colorado ROCKIES　ロッキー山脈
ロサンゼルス・ドジャーズ　Los Angeles DODGERS　身をかわす
サンディエゴ・パドレス　San Diego PADRES　神父
サンフランシスコ・ジャイアンツ　San Francisco GIANTS　巨人

NBA（米プロバスケットボール協会）29チーム

【東カンファレンス】
〈大西洋地区〉
ボストン・セルティックス　Boston CELTICS
マイアミ・ヒート　Miami HEAT
ニュージャージー・ネッツ　New Jersey NETS
ニューヨーク・ニックス　New York KNICKS
オーランド・マジック　Orlando MAGIC
フィラデルフィア・76ers（セブンティシクサーズ）Philadelphia 76ERS
ワシントン・ウィザーズ　Washington WIZARDS
〈中地区〉
アトランタ・ホークス　Atlanta HAWKS
シャーロット・ホーネッツ　Charlotte HORNETS

カンザスシティー・ロイヤルズ　Kansas City ROYALS　王族
ミネソタ・ツインズ　Minnesota TWINS　本拠地ミネアポリスは、セントポールと「双子」都市と呼ばれていた
〈西地区〉
アナハイム・エンゼルス　Anaheim ANGELS　天使
オークランド・アスレチックス　Oakland ATHLETICS　運動選手
シアトル・マリナーズ　Seattle MARINERS　水夫（シアトルは港町）
テキサス・レンジャーズ　Texas RANGERS　森林警備隊
【ナショナルリーグ】
〈東地区〉
アトランタ・ブレーブス　Atlanta BRAVES　勇者
フロリダ・マーリンズ　Florida MARLINS　マカジキ
モントリオール・エクスポズ　Montreal EXPOS　当地で万博が開かれた
ニューヨーク・メッツ　New York METS　メトロポリタン（都会人）の略
フィラデルフィア・フィリーズ　Philadelphia PHILLIES　フィラデルフィアの愛称
〈中地区〉
シカゴ・カブス　Chicago CUBS　こぐま
シンシナティ・レッズ　Cincinnati REDS　赤いストッキング
ヒューストン・アストロズ　Houston ASTROS　宇宙
ミルウォーキー・ブルワーズ　Milwaukee BREWERS　醸造者

27 2001/07/20 - 22 イタリア　ジェノバ

ギリシャ語アルファベット

Αα アルファ　Ββ ベータ　Γγ ガンマ　Δδ デルタ　Εε イプシロン　Ζζ ゼータ　Ηη エータ　Θθ シータ　Ιι イオタ　Κκ カッパ　Λλ ラムダ　Μμ ミュー　Νν ニュー　Ξξ クシー　Οο オミクロン　Ππ パイ　Ρρ ロー　Σσ シグマ　Ττ タウ　Υυ ウプシロン　Φϕ ファイ　Χχ キー　Ψψ プサイ　Ωω オメガ

MLB（アメリカ大リーグ）30球団（2001年）

【アメリカンリーグ】

〈東地区〉

ボルティモア・オリオールズ　Baltimore ORIOLES　メリーランド州の州鳥

ボストン・レッドソックス　Boston RED SOX　赤い靴下

ニューヨーク・ヤンキース　New York YANKEES　当地方の住民に対する呼称

タンパベイ・デビルレイズ　Tampa Bay DEVIL RAYS　イトマキエイ

トロント・ブルージェイズ　Toronto BLUE JAYS　オンタリオ州の州鳥

〈中地区〉

シカゴ・ホワイトソックス　Chicago WHITE SOX　白い靴下

クリーブランド・インディアンス　Cleveland INDIANS　メジャー初のネイティブ・アメリカン選手に敬意を表した

デトロイト・タイガース　Detroit TIGERS　トラ

過去のサミット開催地

1	1975/11/15 - 17	フランス	ランブイエ
2	1976/06/27 - 28	アメリカ	プエルトリコ
3	1977/05/07 - 08	イギリス	ロンドン
4	1978/07/16 - 17	西ドイツ	ボン
5	1979/06/28 - 29	日本	東京
6	1980/06/22 - 23	イタリア	ベネチア
7	1981/07/20 - 21	カナダ	オタワ
8	1982/06/04 - 06	フランス	ベルサイユ
9	1983/05/28 - 30	アメリカ	ウィリアムズバーグ
10	1984/06/07 - 09	イギリス	ロンドン
11	1985/05/02 - 04	西ドイツ	ボン
12	1986/05/04 - 06	日本	東京
13	1987/06/08 - 10	イタリア	ベネチア
14	1988/06/19 - 21	カナダ	トロント
15	1989/07/14 - 16	フランス	アルシュ
16	1990/07/09 - 11	アメリカ	ヒューストン
17	1991/07/15 - 17	イギリス	ロンドン
18	1992/07/06 - 08	ドイツ	ミュンヘン
19	1993/07/07 - 09	日本	東京
20	1994/07/08 - 10	イタリア	ナポリ
21	1995/06/15 - 17	カナダ	ハリファクス
22	1996/06/27 - 29	フランス	リヨン
23	1997/06/20 - 22	アメリカ	デンバー
24	1998/05/15 - 17	イギリス	バーミンガム
25	1999/06/18 - 20	ドイツ	ケルン
26	2000/07/21 - 23	日本	九州・沖縄

エジプト	ポンド	100ピアストル
エチオピア	ブル	100セント
ケニア	シリング	100セント
南アフリカ	ランド	100セント
モロッコ	ディルハム	100サンチーム

計量単位換算表

【長さ】

1インチ＝2.5400cm

1フィート（＝12インチ）＝0.3048m

1ヤード（＝3フィート）＝0.9144m

1マイル＝1.6093km

【広さ】

1エーカー＝4046.9平方メートル

【重さ】

1オンス＝28.350g

1ポンド（＝16オンス）＝453.59g

1（トロイ）オンス＝31.103g　※金、銀、薬剤

1（トロイ）ポンド＝373.24g　※金、銀、薬剤

1米トン＝0.9072トン

1英トン＝1.0160トン

【その他】

1ガロン＝3.7853リットル

1バレル（石油）＝158.98リットル

1米ブッシェル＝35.238リットル

1英ブッシェル＝36.368リットル

1ノット＝1.8520km毎時　※1時間に1カイリ（＝1.8520km）進む速さ

ネパール	ルピー	100パイサ
パキスタン	ルピー	100パイサ
ミャンマー	チャット	100ピア
フィリピン	ペソ	100センタボ
ベトナム	ドン	10ハオ、100スー
マレーシア	リンギット(ドル)	100セン
アラブ首長国連邦	ディルハム	100フィル
イスラエル	新シェケル	100アゴロット
イラク	ディナール	1000フィル
イラン	リアル	100ディナール
クウェート	ディナール	1000フィル
サウジアラビア	リヤル	100ハララ
トルコ	リラ	100クルシュ
オーストラリア	ドル	100セント
ニュージーランド	ドル	100セント
アメリカ	ドル	100セント
アルゼンチン	ペソ	100センタボ
エルサルバドル	コロン	100センタボ
カナダ	ドル	100セント
キューバ	ペソ	100センタボ
コロンビア	ペソ	100センタボ
パナマ	バルボア	100セント
ベネズエラ	ボリバル	100センチモ
メキシコ	ペソ	100センタボ
アルジェリア	ディナール	100サンチーム

主な国の通貨単位と補助通貨

EUのうち12か国	ユーロ	100ユーロ・セント

（アイルランド、イタリア、オーストリア、オランダ、ギリシャ、スペイン、ドイツ、フィンランド、フランス、ベルギー、ポルトガル、ルクセンブルク）

イギリス	ポンド	100ペンス
スウェーデン	クローナ	100オーレ
デンマーク	クローネ	100オーレ
ノルウェー	クローネ	100オーレ
ロシア	ルーブル	100カペイカ
スロバキア	コルナ	100ハレル
チェコ	コルナ	100ハレル
ハンガリー	フォリント	100フィレル
ブルガリア	レフ（複数レバ）	100ストチンキ
ポーランド	ズロチ	100グロシェ
スイス	フラン	100サンチーム
韓国	ウォン	100チョン
中国	元	10角、100分
台湾	ドル（元）	100セント
香港	ドル	100セント
インド	ルピー	100パイセ
インドネシア	ルピア	100セン
カンボジア	新リエル	100サンチーム
シンガポール	ドル	100セント
スリランカ	ルピー	100セント
タイ	バーツ	100サタン

スーパーミドル級 Super Middleweight 168・76.2
ライトヘビー級 Light Heavyweight 175・79.3
クルーザー級 Cruiserweight 190・86.1
ヘビー級 Heavyweight 制限なし
※アマチュアはクラス分けやリミット体重が異なる。

また、日本では、スーパーミドル級以上のタイトル戦は行われていない。

単位の前につく主な接頭語＝国際単位系（SI）に基づく

10^{18}　100京倍　エクサ　E
10^{15}　1000兆倍　ペタ　P
10^{12}　1兆倍　テラ　T
10^{9}　10億倍　ギガ　G
10^{6}　100万倍　メガ　M
10^{3}　1000倍　キロ　k
10^{2}　100倍　ヘクト　h
10^{1}　10倍　デカ　da

10^{-1}　10分の1　デシ　d
10^{-2}　100分の1　センチ　c
10^{-3}　1000分の1　ミリ　m
10^{-6}　100万分の1　マイクロ　μ
10^{-9}　10億分の1　ナノ
10^{-12}　1兆分の1　ピコ　p
10^{-15}　1000兆分の1　フェムト　f
10^{-18}　100京分の1　アト　a

大分トリニータ OITA TRINITA
英語で三位一体を表すtrinity（＝ここでは県民、企業、行政をさす）と、「大分」を組み合わせる

プロボクシング階級

（日本ボクシングコミッションの認める、WBCとWBAの2団体のもの）
〈数字はリミット体重で、ポンド表示・キロ表示の順〉
ミニマム級 Minimumweight、Mini Flyweight、Strawweight 105・47.6
ライトフライ級 Light Flyweight、Junior Flyweight 108・48.9
フライ級 Flyweight 112・50.8
スーパーフライ級 Super Flyweight、Junior Bantamweight 115・52.1
バンタム級 Bantamweight 118・53.5
スーパーバンタム級 Super Bantamweight、Junior Featherweight 122・55.3
フェザー級 Featherweight 126・57.1
スーパーフェザー級 Super Featherweight、Junior Lightweight 130・58.9
ライト級 Lightweight 135・61.2
スーパーライト級 Super Lightweight、Junior Welterweight 140・63.5
ウエルター級 Welterweight 147・66.6
スーパーウエルター級 Super Welterweight、Junior Middleweight 154・69.8
ミドル級 Middleweight 160・72.5

イタリア語のMONTE（山）とDIO（神）を組み合わせた造語

水戸ホーリーホック　MITO HOLLYHOCK

ホーリーホックは、英語で「葵」。徳川御三家のひとつ、水戸藩の家紋から

大宮アルディージャ　OMIYA ARDIJA

スペイン語でリスを表すアルディーリャから。リスは大宮市（現さいたま市）のマスコット的存在

川崎フロンターレ　KAWASAKI FRONTALE

イタリア語で「正面の」「前飾り」の意

横浜FC　YOKOHAMA FC

（FCはfootball clubを表す）

湘南ベルマーレ　SHONAN BELLMARE

ラテン語のbellum（美しい）とmare（海）から

ヴァンフォーレ甲府　VENTFORET KOFU

フランス語のVENT（風）とFORET（林）を組み合わせる。武田信玄の「風林火山」から

アルビレックス新潟　ALBIREX NIIGATA

白鳥座の二重星アルビレオ（ALBIREO）とラテン語のREX（王）を合わせる

セレッソ大阪　CEREZO OSAKA

セレッソはスペイン語で桜。桜は大阪市の花

アビスパ福岡　AVISPA FUKUOKA

アビスパはスペイン語で蜂

サガン鳥栖　SAGAN TOSU

長い年月をかけて砂粒が「砂岩＝サガン」となるように、一人一人が小さな力を結集することを意味する。「佐賀の」にもかける

（FCはfootball clubを表す）
東京ヴェルディ1969　TOKYO VERDY 1969
ポルトガル語で緑を表すVERDEからの造語。1969は前身の読売クラブの創立年
横浜F・マリノス　YOKOHAMA F・MARINOS
マリノスはスペイン語で船乗り。Fは、1999年に吸収した横浜フリューゲルス（FLÜGELS＝ドイツ語で「翼」）の頭文字から
清水エスパルス　SHIMIZU S-PULSE
Sは「サッカー、清水、静岡」の頭文字。パルスは英語で心臓の鼓動
ジュビロ磐田　JÚBIRO IWATA
ポルトガル語、スペイン語で歓喜
名古屋グランパスエイト　NAGOYA GRAMPUS EIGHT
グランパスは英語で、名古屋のシンボル「しゃち」。エイトは名古屋市の記章で、末広がりを表す
京都パープルサンガ　KYOTO PURPLE SANGA
パープルは前身の京都紫光クラブ、サンガは「仲間、群れ」を意味する仏教用語のサンスクリット語
ガンバ大阪　GAMBA OSAKA
ガンバはイタリア語で脚。日本語の頑張るにも通じる
ヴィッセル神戸　VISSEL KOBE
英語のVICTORY（勝利）とVESSEL（船）から造語
サンフレッチェ広島　SANFRECCE HIROSHIMA
日本語の「三」とイタリア語で「矢」を意味するフレッチェを合わせる
【J 2】
モンテディオ山形　MONTEDIO YAMAGATA

付録1

Jリーグチーム一覧（2002年）

【J1】

コンサドーレ札幌　CONSADOLE SAPPORO

どさんこの逆さ読みに、ラテン語の響きをもつ「オーレ」をつけた

ベガルタ仙台　VEGALTA SENDAI

織姫星ベガと彦星アルタイルが出会う伝説から合体名に。仙台七夕に由来。

なお、1998年までは「ブランメル仙台（BRUMMEL SENDAI)」。19世紀初頭の有名な「伊達男」ジョージ・ブライアン・ブランメルに由来

鹿島アントラーズ　KASHIMA ANTLERS

アントラーは英語で鹿の枝角。「鹿」島神宮と「茨」城県からイメージされた

浦和レッズ　URAWA REDS

最高の輝きと固い結束力をイメージして、レッドダイヤモンズ（Red Diamonds）と名づけられた。「レッズ」はその愛称。

ジェフユナイテッド市原　JEF UNITED ICHIHARA

JEFはJR EAST FURUKAWAの頭文字。古河電工とJR東日本が提携して生まれたチームであることから

柏レイソル　KASHIWA REYSOL

スペイン語のREY（王）とSOL（太陽）を合体させた

FC東京　F. C. TOKYO

付録

Chuko Shinsho La Clef

中公新書ラクレ　49

新聞《しんぶん》カタカナ語《ご》辞《じ》典《てん》
人名《じんめい》、商品名《しょうひんめい》収録《しゅうろく》

2002年 5 月15日印刷
2002年 5 月25日発行

読売新聞校閲部　著

発行者　中村　仁
発行所　中央公論新社
〒104-8320
東京都中央区京橋2-8-7
電話　販売部　03-3563-1431
　　　編集部　03-3563-3666
振替　00120-5-104508
URL http://www.chuko.co.jp/
本文印刷　三晃印刷
カバー印刷　大熊整美堂
製　　本　小泉製本

定価はカバーに表示してあります。
落丁本·乱丁本はお手数ですが小社販売部宛にお送りください。送料小社負担にてお取り替えいたします。

ISBN4-12-150049-0 C1281

中公新書ラクレ刊行のことば

世界と日本は大きな地殻変動の中で21世紀を迎えました。時代や社会はどう移り変わるのか。人はどう思索し、行動するのか。答えが容易に見つからない問いは増えるばかりです。1962年、中公新書創刊にあたって、わたしたちは「事実のみの持つ無条件の説得力を発揮させること」を自らに課しました。今わたしたちは、中公新書の新しいシリーズ「中公新書ラクレ」において、この原点を再確認するとともに、時代が直面している課題に正面から答えます。「中公新書ラクレ」は小社が19世紀、20世紀という二つの世紀をまたいで培ってきた本づくりの伝統を基盤に、多様なジャーナリズムの手法と精神を触媒にして、より逞しい知を導く「鍵《ラ・クレ》」となるべく努力します。

2001年3月

論争・中流崩壊

『中央公論』編集部編

「一億総中流」といわれてきた日本社会。これを疑い、日本に「新しい階級社会が到来するのか」というテーマで百家争鳴の観を示したのが中流崩壊論争であった。『中央公論』の特集で火がついたこの大論争の必読論文を発表時のまま集約した本書は、わが国の現状に鋭く迫った話題の一冊である。『不平等社会日本』の佐藤俊樹ほか主要な論者が勢揃いし、論争のすがたをやさしく紹介した解説も付されている。21世紀を生き抜くための知のガイドブック。

論争・学力崩壊

『中央公論』編集部
中井浩一編

惨憺たる「学力低下」の現状、「ゆとり教育」の是非……。教育界の古い左右対立の図式が崩壊し、多彩な論者によって闘われた学力崩壊論争の必読論文を集めたベストセラー。論争地図を明示した中井浩一書き下ろしの解説「論争の背後にあるもの」を付し、ガイドブックとしても役立つ。攻める「学力低下」論者と守る文部省のやりとりを収め、世紀末の論壇を揺るがせた巨大論争の全貌を明らかにする。もう「学力」は教育行政に任せて済む問題ではない。

論争・少子化日本

川本　敏編

少子化に歯止めがかからない。このままでは日本の総人口は百年ももたないうちに半減するようだ。年少人口比率は漸減、老齢人口比率は急増しており、２０１６年頃には年少人口は老齢人口の半分になるものと見込まれている。そこにあらわれるのは沈んだ活力のない社会なのか？　それとも成熟し満ち足りた社会なのか？　本書は少子化問題で闘わされた最近の論争を網羅紹介する。「ラクレ論争シリーズ」第三弾。詳細な「解題」付き。

論争・東大崩壊

竹内　洋
中公新書ラクレ編集部編

学力崩壊問題が国民的論議を呼んでいる。すそ野の広いこの問題だが、本書は「東京大学」を俎上にのせ、アカデミズムからサブカルチャーまでの多彩な論者の論文を集めて一冊とした。東大生の学力崩壊は本当か？　「東大的な反東大主義」とは何か？　「教養」と「知」の復権に対する東大の役割とは……。こうした問いに答える刺激的な論文と竹内洋の巧みな解説から、東大と東大生の「いま」を明らかにする。

論争・英語が公用語になる日

中公新書ラクレ編集部
鈴木義里編

日本の将来への危機意識を背景に英語を日本の第二公用語にするという提案がわき起こった。本書は論争を仕掛けた「21世紀日本の構想」懇談会への賛否と共に代表的な主張を一冊に収録する。国際化とナショナリズムが交錯した「英語公用語」論争は、21世紀の最も刺激的な文化論争の一つだといってよい。今回の英語公用語論者は、「日本語がだめだから他の言語を」ではなく、日本語も英語も、という新しい議論の展開であった。資料、ブックガイドつき。

日本語力崩壊
―でもこうすればくい止められる
樋口裕一著

日本語力の低下は間違いだらけの「ゆとり教育」のせいだ――。国語教育の惨憺たる現状、「日本語力」の足りない学生が平気で銘柄大学に入る現実……子どもの国語力をつけるために、誰もが実行できる方法とは？　「本を好きにさせる十か条」「新聞を楽しむための五か条」といった実用コーナーも充実。子どもを持つ親ばかりでなく、学力問題・教育問題に関心のある人、文章力をつけたいと思っている人にもおすすめの一冊。

日本語のできない日本人
鈴木義里著

ヒットソングの題名や街角の若者ことば、子どもの作文、パソコンの普及による文字のアイコン化などを分析するとともに、独自にテストを行い、「日本語力」の崩壊現象を明らかにした注目の一冊。著者が見出したのは、ローマ字を言語生活において溢れさせ、漢字を理解できず、かろうじて「話す」ことはできても日本語が「書けない」日本人の姿であった。明治以来の「日本語」の歴史的変遷を背景に、現代日本の言語問題に新たな視点を投じた一冊。

ドキュメント　ゆとり教育崩壊
小松夏樹著

「ゆとり教育」から「学力再建」へ。少人数制学級の容認、学校選択制、学力向上プログラム、そしてエリートの養成へ。新指導要領導入を前にした2001年、その「ゆとり」路線を否定するかのような改革が文部科学省から矢継ぎ早に提示され、ついに教育政策は歴史的転換を迎えた。このなまなましいプロセスを、現場の動向を追いながら詳細に描いた力作。1500万の子どもに影響を及ぼす改革を知るための格好の一冊。親、教育関係者必読！

日本の科学者最前線
―発見と創造の証言
読売新聞科学部著

ノーベル化学賞受賞の白川英樹氏をはじめ、夢の青色光源を発明した中村修二氏、カーボンナノチューブを発見した飯島澄男氏……生命科学から地震学、宇宙、地理まで、日本を代表する科学者54人が率直に語った、研究の歩みとよろこび、その成果。いま若者の「科学離れ」が心配されているが、本書は最先端を行く科学の内容と現場を知るとともに、「科学の面白さ」が伝わる最良のガイドブックだ。

あたまわるいけど学校がすき
―こどもの詩
川崎　洋編

読売新聞で20年にわたって連載されている「こどもの詩」。本書は、同欄掲載作品から、選者である川崎洋が自ら秀作を集めた一冊。素直でかわいく、時にシニカルで、ちょっと可笑しい、こどもたちの視線。すがすがしい感動を与えてくれる「ことば」たちに胸を打たれたり、思わず笑みがこぼれたり……。なんでもない風景を切り取る、こどもならではのみずみずしい言葉に触れて、読後にはきっといつもと違う「日常」が見えてくる214編。